全国建设行业中等职业教育推荐教材

物业智能化系统维护与管理

（物业管理与房地产类专业适用）

主　编　周建华
副主编　屠志光　姚子敏
主　审　龙惟定　郭世民

中国建筑工业出版社

图书在版编目（CIP）数据

物业智能化系统维护与管理/周建华主编. —北京：
中国建筑工业出版社，2006
 全国建设行业中等职业教育推荐教材. 物业管理与房
地产类专业适用
 ISBN 7-112-07600-5

Ⅰ.物... Ⅱ.周... Ⅲ.智能建筑－物业管理－
专业学校－教材 Ⅳ.F293.33

中国版本图书馆 CIP 数据核字（2005）第 152471 号

全国建设行业中等职业教育推荐教材
物业智能化系统维护与管理
（物业管理与房地产类专业适用）

主　编　周建华
副主编　屠志光　姚子敏
主　审　龙惟定　郭世民

*

中国建筑工业出版社出版（北京西郊百万庄）
新华书店总店科技发行所发行
北京华艺制版公司制版
北京同文印刷有限责任公司印刷

*

开本：787×1092 毫米　1/16　印张：15　字数：362 千字
2006 年 1 月第一版　2006 年 1 月第一次印刷
印数：1—3000 册　　定价：**21.00 元**
<u>ISBN 7-112-07600-5</u>
(13554)

版权所有　翻印必究
如有印装质量问题，可寄本社退换
（邮政编码 100037）
本社网址：http://www.cabp.com.cn
网上书店：http://www.china-building.com.cn

本书是根据建设部中等职业学校建筑与房地产经济管理专业指导委员会审定的物业管理专业《物业智能化系统维护与管理》课程教学大纲的要求编写的。

本书共分七章，主要内容包括：智能建筑的基本组成和分类、楼宇设备自动化系统、智能建筑消防系统、物业安全防范系统、通讯网络系统、住宅小区智能化系统和综合布线技术。在附录中简要介绍了物业管理信息系统，以便于读者参阅。

本书可作为中等职业学校物业管理与房地产类专业的教材，也可作为物业管理从业人员的培训教材。

* * *

责任编辑：张　晶　牛　松
责任设计：董建平
责任校对：关　健　王雪竹

教材编审委员会名单

（按姓氏笔画排序）

王立霞	甘太仕	叶庶骏	刘　胜	刘　力
刘景辉	汤　斌	苏铁岳	吴　泽	吴　刚
何汉强	邵怀宇	张怡朋	张　鸣	张翠菊
邹　蓉	范文昭	周建华	袁建新	黄晨光
游建宁	温小明	彭后生		

出 版 说 明

物业管理业在我国被誉为"朝阳行业",方兴未艾,发展迅猛。行业中的管理理念、管理方法、管理规范、管理条例、管理技术随着社会经济的发展不断更新。另一方面,近年来我国中等职业教育的教育环境正在发生深刻的变化。客观上要求有符合目前行业发展变化情况、应用性强、有鲜明职业教育特色的专业教材与之相适应。

受建设部委托,第三、第四届建筑与房地产经济管理专业指导委员会在深入调研的基础上,对中职学校物业管理专业教育标准和培养方案进行了整体改革,系统提出了中职教育物业管理专业的课程体系,进行了课程大纲的审定,组织编写了本系列教材。

本系列教材以目前我国经济较发达地区的物业管理模式为基础,以目前物业管理的最新条例、最新规范、最新技术为依据,以努力贴近行业实际,突出教学内容的应用性、实践性和针对性为原则进行编写。本系列教材既可作为中职学校物业管理专业的教材,也可供物业管理基层管理人员自学使用。

建设部中等职业学校

建筑与房地产经济管理专业指导委员会

2004 年 7 月

前　言

当前，在我国的房地产开发建设中，高新科技成果的运用已越来越普遍。智能建筑的兴起和大量涌现，对传统的物业管理行业既是机遇又是挑战，现代化智能建筑物业管理迫切需要大量懂技术、懂管理的各种层次人员的加盟，特别是随着物业管理行业市场化程度的不断提高，一个物业公司往往同时管理着各种类型的物业，如住宅小区、办公楼以及智能物业等，这就要求我们的物业管理人员既要懂得物业管理的基础理论和实务，同时，对智能建筑也应有一定的了解和掌握，本书的编写，也顾及到了这类人员的需要。

本书共分七章，主要内容包括：智能建筑的基本组成和分类、楼宇设备自动化系统、智能建筑消防系统、物业安全防范系统、智能建筑通信网络系统、住宅小区智能化系统和综合布线技术。在附录中简要介绍了物业管理信息系统，以便于读者参阅。本书可作为物业管理专业及相关专业的高等职业教育和中等专业学校的教材，也可作为从事物业管理在职人员的培训教材。

本书由周建华主编、屠志光、姚子敏副主编。周建华、屠志光、姚子敏、林惠华、戚茂林编写，龙惟定、郭世民主审，周建华进行了总定稿。

由于编者水平有限，加之时间仓促，错误和疏漏在所难免，敬请广大读者批评指正。

目　录

第一章　智能建筑概论 ……………………………………………………（ 1 ）
　第一节　概述 ……………………………………………………………（ 1 ）
　第二节　智能建筑的基本组成 …………………………………………（ 5 ）
　第三节　智能建筑的分类 ………………………………………………（ 9 ）

第二章　楼宇设备自动化系统 ……………………………………………（13）
　第一节　概述 ……………………………………………………………（13）
　第二节　楼宇基本设备的监控系统 ……………………………………（20）
　第三节　楼宇设备自动化系统常见故障及检修方法 …………………（41）
　第四节　智能化楼宇设施维护与管理 …………………………………（43）

第三章　智能建筑消防系统 ………………………………………………（49）
　第一节　概述 ……………………………………………………………（49）
　第二节　火灾自动报警系统 ……………………………………………（52）
　第三节　建筑消防灭火设施 ……………………………………………（64）
　第四节　智能建筑中消防系统的维护与管理 …………………………（74）

第四章　物业安全防范系统 ………………………………………………（83）
　第一节　概述 ……………………………………………………………（83）
　第二节　安全防范系统检测与常见故障排除 …………………………（99）
　第三节　物业安全防范系统维护与管理 ………………………………（103）

第五章　智能建筑通信网络系统 …………………………………………（110）
　第一节　概述 ……………………………………………………………（110）
　第二节　通信网络系统的管理和维护 …………………………………（127）
　第三节　通信网络系统的常见故障及维修 ……………………………（137）

第六章　住宅小区智能化系统 ……………………………………………（144）
　第一节　概述 ……………………………………………………………（144）
　第二节　智能化住宅小区的管理和维护 ………………………………（169）
　第三节　智能化小区设备的检修和故障处理 …………………………（175）

第七章　综合布线技术 ……………………………………………………（181）
　第一节　概述 ……………………………………………………………（181）
　第二节　综合布线系统的管理和维护 …………………………………（200）
　第三节　综合布线系统的测试和故障诊断 ……………………………（203）

附录：物业管理信息系统 …………………………………………………（211）

参考文献 …………………………………………………………………（231）

第一章 智能建筑概论

第一节 概 述

一、智能建筑概念

1. 智能建筑的兴起

20世纪80年代以来,信息技术处理与通信技术得到了迅速的发展,推动了信息产业的发展。计算机的广泛应用,数字程控交换机、光纤卫星通信、区域网络与广域网络等的较快发展,都为智能建筑的兴起奠定了基础。

智能建筑是建筑艺术与电脑和信息技术有机结合的产物,它以建筑为平台,兼备建筑设备管理、办公自动化管理及通信网络管理等系统,集结构、系统、服务、管理及它们之间的最优组合,向人们提供一种高效、舒适、便利、安全的建筑环境。

智能建筑起源于20世纪80年代初期的美国,1984年1月美国康涅狄格州的哈特福特市(Hartford)建立了世界第一幢智能大厦。这幢大厦是由一座旧金融大楼改造过来的,定名为"都市大厦"(City Place Building)。大厦高38层,总建筑面积达10万多 m^2。大厦配有语言通讯、文字处理、电子邮件、市场行情信息、科学计算和情报资料检索等服务,使客户不必自选购置设备,便可获得语言信息、文字处理、电子邮件、市场行情信息、科学计算和情报资料检索等服务。此外大厦实现了自动化综合管理,对楼内的空调、供水、防火、防盗、供配电系统等均实现电脑控制,使客户真正感到舒适、方便和安全。

在智能建筑领域,自20世纪80年代以来,美国始终保持着技术领先的势头。根据统计,美国新建和改建的办公楼,有70%以上为智能建筑,总数超过一万幢。这一方面是因为美国的信息技术的发展相对较快,另一方面还因为美国较早地开放了信息技术市场,允许房地产开发商和业主经营智能建筑内的电话通信系统。进入20世纪90年代,美国开始实施信息高速公路计划,作为其结点的智能建筑更受到重视。

自第一幢智能化大厦诞生以后,欧洲和日本也马上作出反映,并积极跟进。日本从1985年开始建智能大厦,制定了从智能设备、智能家庭到智能建筑、智能城市的发展计划,成立了"建设省国家智能建筑专业委员会"和"日本智能建筑研究会",并于1985年8月在东京青山建成了日本第一座智能大厦"本田青山大厦"。

西欧在发展智能建筑上也不甘落后,基本上与日本同时起步。1986~1989年间,伦敦的中心商务区进行了二战之后最大规模的改造。由于英国是大西洋两岸的交汇点,因此大批金融企业特别是保险业纷纷在伦敦设立机构,带动了智能化办公楼的需求。法、德等国也相继在20世纪80年代末和90年代初建成各有特色的智能建筑。西欧的智能化大楼建筑面积中,伦敦占了12%,巴黎10%,法兰克福和马德里5%。

在亚太地区,由于经济的活跃,使新加坡、中国台北、汉城、中国香港、曼谷、雅加达、吉隆坡在20世纪80年代到90年代,也陆续建起一批高标准的智能化大楼。

新加坡政府为推广智能建筑，拨巨资进行专项研究，计划将新加坡建成"智能城市花园"。韩国准备将其半岛建成"智能岛"。印度于 1995 年起在加尔各达的盐湖开始建设"智能城"，方圆 40 英亩，是亚洲第一智能城。整个项目包括两幢 22 层的联体式建筑，1200 套命名"智能屋"的居民住房，每套住房都有一个全球性的网络终端，能满足住户各种"智能化"的需求。

中国香港建造的汇丰银行总部大楼，总楼层达到 46 层，总高度 179m，是一幢典型的智能化大楼。而泰国在智能化大楼的普及上，曾领先于世界，20 世纪 80 年代，泰国新建的大楼 60％为智能化大楼。

智能建筑作为当今高新技术与传统建筑技术的融合，已成为具有国际性的发展趋势和各国综合科技实力的具体象征，已经形成凡大厦必建智能型的总趋势，智能小区和智能住宅在世界发达国家方兴未艾。

智能建筑的最终目标是将各种硬件与软件资源优化组合，成为一个能满足用户功能需要的完整体系，它将建筑物中用于楼宇自控、综合布线、计算机系统的各种相关网络中所有分离的设备及其功能信息，有机地组合成一个既相互关联又统一协调的整体，并朝着高速度、高集成度、高性能价格化比的方向发展。智能型建筑的基本要素将是建筑柔性化、建筑物管理服务的自动化、通信系统的网络化、办公业务的智能化。

2. 智能建筑的涵义

智能建筑的产生，是人类科学技术和生产力发展的必然结果。智能建筑是"将结构、系统、服务、管理及其相互间的联系全面综合并达到最佳组合，以获得高效率、高功能和高舒适性的建筑物"，使之"能有效地管理资源，而在硬件和设备方面的寿命成本最小"。但是，由于世界各国经济发展、文化背景、价值观念的巨大差距，对智能建筑的表达不尽相同。此外，当今科学技术高速发展，大量的高科技成果运用于智能建筑，使得智能建筑从形式到内容在不断地扩充和更新，这就使得智能建筑的含义越来越难界定。

在我国，普遍认为智能建筑的重点是使用先进的技术对楼宇进行控制、通信和管理，强调实现楼宇三个方面自动化的功能，即建筑物的自动化 BA（Building Automation）、通信系统的自动化 CA（Communication Automation）、办公业务的自动化 OA（Office Automation）。国家标准 GB/T 50314—2000《智能建筑设计标准》就将智能建筑定义为"以建筑为平台，兼备建筑设备（BA）、办公自动化（OA）及通信网络系统（CA），集结构、系统、服务、管理及它们之间的最优化组合，向人们提供一个安全、高效、舒适、便利的建筑环境。"

新加坡政府的 PWD 部门在智能大厦手册内规定，一幢智能建筑必须具备下列条件：先进的自动化控制系统，该系统能够通过中央控制室对温度、湿度、灯光、保安、消防及各类设备进行调节和控制，为用户提供舒适、安全的环境；良好的内部通信网络设施，使各类数据、语音、图像在大楼内快速、通畅地传播，提供足够的对外通信设施。

美国华盛顿的智能建筑研究所将智能建筑描述为：通过对建筑物的四要素，即结构、系统、服务、管理及其内在联系的最优化设计，提供一个投资合理而又拥有高效率的优雅舒适、便利快捷、高度安全的工作环境。

我国智能建筑专家、清华大学张瑞武教授于 1997 年 6 月在厦门市建委主办的"首届智能建筑研讨会"上，就智能建筑提出了下列比较完整的涵义：智能建筑系指利用系统集成方法,将智能型计算机技术、通信技术、控制技术、多媒体技术和现代建筑艺术有机结合,通过对设备的自动监控,对信息资源的管理,对使用者的信息服务及其建筑环境的优化组合,所获得的投资合理,适合信息技术需要并且具有安全、高效、舒适、便利、灵活特点的现代化建筑物。这是目前国内智能化研究的理论界所公认的最权威的智能建筑的涵义。

智能建筑从广义上来说,应包括智能办公楼、商场、医院、住宅、小区等所有具有智能化设施系统的建筑物或是建筑群。但由于习惯上的原因,现在一般所称的智能建筑,往往是指智能大厦和楼宇,而与智能化小区、智能住宅区别开来。

3. 中国智能建筑的发展动态

我国的智能建筑建设大约始于 20 世纪 80 年代末到 90 年代初,随后便在全国各地迅速发展。位于北京的发展大厦可以说是我国智能建筑的雏形。随着信息产业在我国的迅速发展,通信基础设施状况的不断改善,为我国智能化的发展奠定了坚实的基础。特别是经济的快速发展,使得第三产业在 GDP 中所占的比重不断增加,从而形成多办公楼、特别是智能化办公楼需求的不断增加,从而推动了中国,特别是一些经济比较发达城市的智能化建筑的发展,一批具有一定水准的智能化楼宇在北京、上海、南京、广州、深圳等地陆续建成。如北京的恒基中心、中国国际贸易大厦、广州的中信大厦、南京金鹰国际商城、上海的智慧广场、金贸大厦等。上海还提出了点、线、面相结合的智能建筑发展规划。"点"是指坐落于三横、三纵交通干线交点上的智慧广场;"线"是指在淮海路建成的一系列智能化大厦,如在 1993 年年底建成的国泰证券公司大厦。南京路上的东海商都成为该条马路上第一座智能化大厦。南京路新建大楼工程、四川北路商业街改造工程,也都将大楼智能化提上议事日程。东方明珠广播电视塔、浦东新区政府办公大楼等建筑都实施了智能化施工。预计不久的将来,上海将会出现一些智能化大厦群落。

据不完全统计,到 2000 年末国内已建成的智能建筑约有 1500 栋,其中上海总数约 400 栋,北京约 300 栋,广东约 250 栋,江苏约 200 栋。其中已建 180m 以上的建筑在 1999 年底已达 35 余栋,这些建筑要求按国际标准设计、施工与管理。目前各地在建的智能建筑大厦已转向大型公共建筑,如会展中心、图书馆、体育场馆、文化艺术中心、博物馆等,其投入也不菲。如深圳图书馆和音乐中心,总投入约 16 亿元人民币,其中智能系统约 1 亿元。

我国政府对智能建筑的发展一直十分重视,并采取了相应的积极措施和部署。中国科学院计算技术研究所承担的科技攻关课题"智能化办公楼可行性研究",历时 5 年,于 1991 年通过鉴定。1995 年 7 月,上海华东建筑设计研究院率先推出上海地区的《智能建筑设计标准》(DBJ—47—95)。

为了加强设计管理,保障建筑智能化系统工程的设计质量,建设部于 1997 年 10 月发布《建筑智能化系统工程设计管理暂行规定》(建设 [1997] 290 号),该文件是一个历史性纲领性文件,为国内建筑智能化系统工程设计走向有序化拉开了新的序幕。

2000 年 10 月 1 日《智能建筑设计标准》(国家标准 GB/T 50314—2000)正式批准出台。

我国台湾和我国香港的智能大楼都起步较早,台湾在 1999 年已建成智能大楼 1300 幢,主要集中在台北等大城市,其中 233 幢具有较高智能化。台湾于 1992 年就已推出《智慧型建筑指标和基准》,对智慧型办公大楼用"安全防灾、办公通信、环境基准、电源管道及省人管理"等5项因素作为评估标准,分为"高智慧型、OACA缺乏型、BA导向型及低智慧型"4类,显示了台湾特有的使用和经营管理理念。香港自20世纪80年代建成汇丰银行大厦之后,又相继建造了立法会大厦和中银大厦等一大批智能化大厦,并以独特的商业眼光,注重智能大厦的全方位策划。

二、智能建筑的特点和功能

智能建筑所具有的3A特点,使得它比传统的建筑具有许多鲜明的特点和先进的功能,特别是自动化的功能。

1. 智能建筑的特点

(1) 由于各种高新技术和先进的电子设备不断引入智能建筑的各个系统,使得智能建筑的发展速度大大加快,且内涵越来越丰富。

(2) 智能建筑的管线设计具有较强的适应变化的能力,可以适应大楼内由于用户变更、使用方式或设备的变化而引起对管线的变化要求。

(3) 能源的利用率高,如空调系统采用了值控制、最优起停控制、设定值自动控制与多种节能优化控制措施,使大厦能耗大幅度下降。

智能建筑与传统建筑相比较,其优点还体现在以下几方面:

(1) 智能化大楼提供了最现代化的楼宇使用功能。能提供高度共享的信息资源,提高工作效率。现代各种最新技术:多媒体、ATM、基带和宽带通信、视频、图像处理、高速数据传送等等均可在智能化大楼中得到运用,卫星通信、可视电话等现代通信手段以及办公自动化等成为现实。在这样的大楼里处理政务、商务事项会极其方便,人在办公室,联络全世界,可以方便地处理千万里之外的各类事项。

(2) 智能化大楼极大地简便了楼宇的管理。在智能化大楼里,自动化监控达到了前所未有的水平,各种设备的运行,在一个控制室,甚至在一台电脑上得到全面反映,这样工作人员可以随时掌握各种设备的运行情况。某些部位发生故障,可以及时排除,可以省去大量的巡视检查和故障查找工作,楼宇发生火灾等,可以自行启动灭火装置。因此,在智能化大楼里,管理员工的数量可以减少,有的岗位可以不设,从而降低了管理成本。

(3) 智能化大楼为未来的楼宇管理的新功能打下了基础。智能化大楼不仅适应当前各种科技设备的功能,而且具有相当的拓展性,在相当一段时间内具有良好的适应性。

2. 智能建筑的功能

智能化的基础是自动化。智能建筑与传统建筑相比,其最突出的是具有各种各样的自动化功能。但是部分的自动化并不等于智能化,一些甲级写字楼,一般都不同程度地具备了某些方面的自动化功能。这些自动化功能对于大楼的管理是重要的,但是,局部的、零碎的自动化功能还不能称为智能化。一个典型的智能化建筑一般具有"3A"功能系统,即:(1) 通信自动化系统(CAS),(2) 办公自动化系统(OAS),(3) 楼宇设备自动化系统(BAS),以及把上述几个功能加以综合利用,把各个自成体系的硬件和软件加以集中起来,从而形成提高系统性能的系统集成中心(SIC)和智能建筑中连接3A系统各种控制信号的集成化通用传输系统(GCS),即综合布线系统。关于智能建筑"3A"系统、系统集成中心,以及综合布线系统将在第二节中作系统介绍。

第二节 智能建筑的基本组成

在智能建筑内体现智能化功能的是由系统集成中心（SIC）、综合布线系统（GCS）和 3A 系统等 5 个部分组成。其基本组成和功能示意如图 1-1：

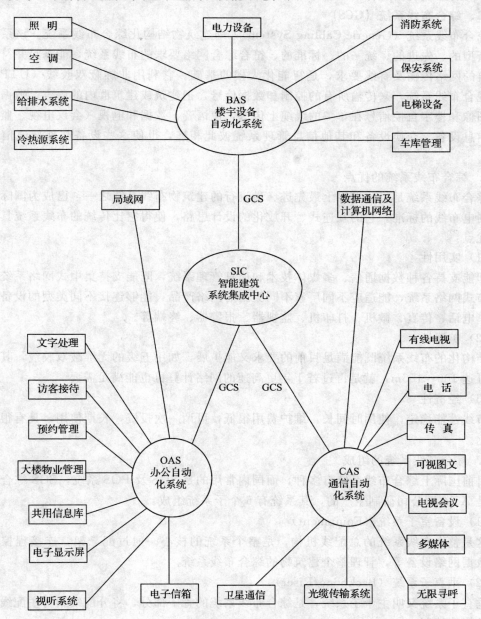

图 1-1 智能建筑总体功能示意图

一、智能建筑系统集成中心（SIC）

智能建筑系统集成中心（SystemIntegrated Center）具有各个智能化系统信息总汇集

和各类信息的综合管理的功能，一般来说，要达到以下 3 个方面的标准：

（1）能汇集建筑物内外各种信息。接口界面需标准化、规范化，以实现各智能化设备之间的信息交换和通信协议（接口、命令等）；

（2）能完成对建筑物各个智能化系统的综合管理；

（3）对建筑物内各种网络管理，必须具备很强的信息处理和数据通信能力。

二、综合布线系统（GCS）

综合布线系统（Generic Cabling System），即建筑物结构化综合布线系统。该系统是一种新型的、先进的、统一的、标准的、符合综合网络要求的布线系统，能满足并符合智能建筑的网络传输及有线要求，是智能化大楼的基础。它利用非屏蔽双胶线（UTP）和光纤混合布线系统，来传输所有的控制和数据信号，把建筑或建筑群内的语言、数据、监控、图像和楼宇自控信号在单一的线缆上传送，使语音、数据和电视（会议电视、监控电视）信息设备、交换设备和其他信息管理系统彼此相连，也使这些设备与外部通信网相连接。

1. 综合布线系统的优点

综合布线系统是目前世界上最先进、最流行的建筑物布线系统之一，已成为国际上办公楼弱电布线的标准。它的互连式、开放化的设计思路，使得它比传统的布线系统具有如下的优点：

（1）实用性

即能支持各种数据通信、多媒体技术和信息管理系统，既能支持集中式网络系统又支持分布式网络系统，能适应不同厂家不同类型的网络产品，能够连接不同类型的设备，如电视、电话、传真、微机、打印机、监视器、报警器、终端等。

（2）扩展性

结构化的布线系统既能满足目前的要求又能扩展，如用五级的无屏蔽双胶线，其传输速率可达 $100\sim155m$，就是再过若干年更高速的网络计算机也能满足需要。

（3）经济性

布线性能稳定，使用时间长，维护费用很低，可谓一次投资，长期使用，具有很好的性价比。

2. 综合布线系统的组成

目前国际上综合布线系统有多种，而国内常用的是 SGS 及 POS 系统。SGS 综合布线系统是 AT&T 公司研制生产的，其系统有 6 个子系统组成：

（1）设备室子系统（Equipment）

这是整个布线系统的总配线机构，是整个系统的核心。通过配悬架，连接程控交换机、数据网络设备等，管理整个建筑物的综合布线系统。

（2）垂直子系统（Backbone/Riser）

垂直子系统又叫主干子系统，是综合布线系统的骨干部分，将分配线架与主配线架用星形结构连接起来。

（3）管理子系统（Administration）

分布在大楼各层配线室（弱电竖井）内，是各楼层的分支管理系统，管理各个楼层的水平布线，连接相应的网络设备。

（4）水平子系统（Horizontal）

将用户工作区引至管理子系统的水平电缆系统。一般与土建配合，埋设暗管或线槽，土建完工后相对固定。

（5）工作站子系统（Work Location）

工作站子系统是最终用户的办公区域。根据用户的要求和总容量，布设信息点（插座），供用户使用。

（6）建筑物子系统（Compus Backbone）

建筑物子系统是一个建筑物、建筑群与另外一些建筑物、建筑群之间的线缆连接。

三、楼宇自动化系统（BAS）

楼宇自动化系统（building Automation System）是智能化大楼最重要的一个系统。在一幢智能化大楼内，各种各样的设备遍布大楼各个部位，及时了解掌握这些设备的运行情况，自动控制这些设备，让他们按照实际需要自动开启、关闭以及调节运行状态，这是大楼管理的迫切需要。人们对某一系统的自动化管理（如防火系统）获得了成功，而在智能化大楼里，实现了对各种主要设备系统的全面自动化控制。一般地说，楼宇设备自动化控制范围包括以下几方面：

1. 空调系统

能实现对冷水机组、热泵、新风机组、送排风机组、风机盘管等自动监视和控制。能自动设定开机和关机的时间，并根据温度、湿度等情况自动调节新风送风量和制冷量，能在运行中自动将各部位的温度传送至控制室，使控制人员及时掌握情况，当发生故障时能显示故障的位置及性质。

2. 给排水系统

能自动监视并控制生活水箱、各种水泵（生活水泵、排水泵、污水泵）、污水池及污水处理装置的运行，自动计算水流量，自动与主机通信。当生活水箱水位低于一定程度时，补水泵自动启动，当污水池污水达到一定程度时，排污水泵自动启动，当某处出现运行故障时，控制室会自动显示。

3. 供配电系统

能自动监控和记录供配电运行情况，包括电压、电流、功率、功率因素等并与管理系统联网。能在控制室实现对变配电整个系统的操作，当发生异常情况（如变压器高温）时能自动报警，当二路进线中一路发生故障时能自动切换至另一路。

4. 消防系统

有报警、自动与手动灭火、防排烟、通信、避难等与火灾相关的设备、设施；消防中心设有显示屏和控制台，显示屏包括火灾自动报警受信盘、紧急电话指示、自动喷洒水指示、消防水泵启停指示、自动喷洒水泵启停指示、气体灭火系统工作指示、消防电梯指示及其他如航空障碍灯、疏散标志灯、应急电源等指示，控制台包括紧急广播、紧急电话、防火门关闭、排烟门开闭、紧急疏散口大开、空调闸栅开闭等。

5. 保安监控系统

一般同楼宇设备管理电脑联网，由雷达、超声波、红外线装置的传感器触发报警信号和自动打印，以及监控电视系统进行跟踪录像。通过在重要位置设制监视器，能实现对重要部位的屏幕监测及录像，确保对要害部位人员进出的监视，有情况时，不仅能及时报警还能配备打印功能，及时摄录现场情况，保存报警信息。

6．照明系统

能自动设定并控制各部位照明的开和关，能利用自然光源自动调节灯光亮度，实现能源的合理使用。

7．电脑管理系统

对各种机电设备、消防和保安装置进行自动化管理和控制，对空调、给排水、供电、变配电、照明、电梯、消防、闭录电视、广播音响、通信、防盗等进行全面监控，把原始数据进行收集、分类、运算、存贮、检索、制表。

8．停车场（车库）管理系统

由计算机控制两组光电开关和地面埋设的感应线圈使车辆监测器运作，以判别车辆的进出，自动显示并记录停车场的车辆进出情况，并向中央主机自动传送信息，车辆进出能实现磁卡自动化管理。

9．电梯自动化系统

由一个全电脑控制的群控制器和每台电梯的轿厢控制器、固态传送系统及信号装置组成，能根据客流状态选择客流程序进行调配，计算各轿厢对召唤的应答时间，使得乘客能够尽快等候到电梯。

10．广播系统

包括公共广播和应急广播，两套系统由同一控制中心控制，平常时能提供背景音乐或新闻广播，当发生灾害性情况（火警、地震等）时，在相关区域内切换为应急广播。

四、通信网络系统（CAS）

通信网络系统（Communication Automation System）能高速处理智能化大楼内外各种图像、文字、语音及数据之间的通信，以完成文件的传送、数据的传输、收集、处理、信息的存贮、检索等工作。一般可分为卫星通信、图文通信、语言通信及数据通信等4个子系统。

1．卫星通信系统

它突破了传统的地域观念，实现了国际化信息的交往联系，起到了零距离时差信息传输的重要作用。

2．图文通信系统

在当今智能建筑中，它可实现传真、可视数据检索、电子邮件、电视会议等多种通信业务。由于数字传输和分组交换技术发展及采用大容量高速数字专用通信线路实现多种通信方式，使得根据需要选定经济而高效的通信线路成为可能。

3．语言通信系统

该系统可给用户提供预约呼叫、等候呼叫、自动重播、快速拨号、转移呼叫、直接拨入、用户账单报告、语音信箱、E-Mail等上百种不同特色的通信服务。

4．数据通信系统

该系统可供用户建立区域网，以联结其办公区内电脑及其外部设备完成电子数据交换业务（EDI）；多功能自动交换机系统还可使不同业主的电脑相互之间进行通信。

五、办公自动化系统（OAS）

办公自动化系统（Office Automation System）是智能化大楼的一个重要标志。智能建筑中要处理行政、财务、商务、档案、报表、文件等管理业务，安全保卫以及防灾害业务。这些业务特点是部门多、综合性强、业务量大、实效性高。没有科学的办公自动化系统来处理这些业务是不可想象的。因此办公自动化系统就成为了智能建筑在人事、财务、行政、保卫、后勤等方面的总管家、好管家。

办公自动化系统由数据处理系统、通信系统、事务系统3个系统组成。数据处理系统有个人计算机、办公计算机和终端，个人计算机进行重复计算或统计制表处理，办公计算机进行票据、报表处理和制成管理资料，终端和中央计算机联机；通信系统有传真机、多功能电话和内部交换机；事务系统则有文字处理机、图像文件信息装置、多功能复印机等。

办公自动化系统赋予了办公人员的良好的工作条件，并提供了充分而及时的信息，从而大大地提高了他们的工作效率。不同的办公人员均能从办公自动化系统得到不同的信息和帮助。

第三节 智能建筑的分类

智能建筑的产生，是人类科学技术和生产力发展的必然结果，是建筑艺术与电脑和信息技术有机结合的产物，它能使人与人之间的交流实现零距离。由于用户对智能建筑功能需求的不同，智能建筑的发展正呈现出形式多样化、功能多元化的特征，智能建筑的种类也分门别类，有智能化办公楼、智能化商业楼宇、智能住宅、智能厂房、公共卫生智能建筑和智能小区等。

一、智能大楼

1. 智能化办公楼

智能化办公楼是指运用电子信息技术，实现对大楼的设备、通信、办公等多方面自动化的有机结合，通过对建筑物的四要素，即结构、系统、服务、管理等基本要素的内在联系的最优化设计，来提供一个投资合理而又拥有高效率的舒适、便利、快捷、安全的办公环境。智能化办公楼一般应具备3个条件：

(1) 先进的自动化控制系统，用于调节办公楼内的各种设施，包括温度、湿度、灯光、保安、消防，为用户提供比较舒适的环境。

(2) 良好的通讯网络设施，使数据能在大楼内进行通信。

(3) 提供足够的对外通讯设施。

智能化办公楼从使用功能上来看，一般可分为：

(1) 单纯型办公楼：指仅有办公一种功能的办公楼、政府部门办公楼等，例如，上海市人民政府办公的人民大厦。

(2) 商住型办公楼：指有办公和居住两种功能的办公楼，例如，上海的启华大厦、北京的北京国际大厦。

(3) 综合型办公楼：指以办公为主，同时又有其他多种功能的办公楼，例如，上海的久事复兴大厦、上海的金钟广场，其中有办公室，有百货商场，还有餐饮、娱乐场所等。

2. 智能化商业楼宇

智能化商业楼宇是指配置了相应的智能化设备系统，从而使商品的流通活动既快捷、高效，同时又安全、保密的商业楼宇。从使用功能上来看，智能化商业楼宇一般可分为单一型和综合型两种。单一型智能化商业楼宇的营业面积全部供商品零售使用。建筑物内配置的智能化系统属于基本型，以能基本达到消防、治安、技术防范、结算账务、室内空气品质等自动化为度，装修较为普通。综合型智能化商品楼宇的营业面积不仅供商品零售使用，同时还有饮食、娱乐、商品展示等，也有少量的楼层用于办公或居住。该类建筑物内配置的智能化设备设施较为全面，包括了楼宇自控系统（BAS）、消防报警系统（FSA）、监控防盗报警系统（SAS）、结算账务联网系统、通信网络系统、中央空调系统、客货分用电梯、车辆停放管理系统等。综合型商业楼宇的装修也较为考究。

二、智能住宅

智能住宅一般不同于智能大楼，其要实现的目标是："将家庭中各种与信息相关的通信设备，家用电器和家庭保安装置通过家庭总线技术（HBS）连接到一个家庭智能化系统上进行集中的或异地的监视、控制和家庭事务性管理，并保持这些设施与住宅环境的和谐与协调。"

智能住宅也强调自动化，是住宅自动化和家庭自动化，简称为 HA（House Automation）。同时，智能住宅还充分重视人的主观能动性，注重人与居住系统的协调，从而构成安全、舒适、便利的信息化居住空间和生活环境。

智能住宅的构成一般应具备以下几个基本条件：

（1）具有相当于住宅"神经系统"的家庭内网络，即指具有家庭总线系统（HBS）等的信息传输设备，它能使各设备之间保持有机联系，并且任何人随时随地都可以自由地选择家庭内外的一切信息。

（2）能够通过这种网络提供各种服务，即指用来支援家庭的信息活动的服务功能，并通过住宅内设备控制执行，这里所谓的家庭活动可分为 4 类：家务、管理、文化活动和通信。

（3）能与外部进行信息连接，即能进入国际 Internet 网和地区性 Internet 网。

三、智能化厂房

智能化厂房是指在建筑物内配置了完整的自动化控制系统、信息化网络系统、空气品质控制系统、消防和安全防范系统等的生产企业、科研单位安置生产设备与实验设备进行生产活动或科学试验的物业及其附属设备设施，他是先进生产手段的基础。

智能化厂房在管理中应十分注意以下几个方面：

1. 安全管理

（1）厂房内不得用作生活居住，易燃、易爆、有腐蚀性的危险物品要有专门仓库堆放并制定运输、使用、废气的有关规定；工业污水未经处理不得排入雨水阴沟，管道及绿地等公共场所，不得排放有害气体，对超过规定分贝的噪声要责令采取降噪措施。

（2）入驻企业对厂房需作分割、改造和安装设备时，施工前要同物业管理公司取得联系、提供施工图纸并经有关部门同意，施工时不得损坏厂房结构，重量不得超过楼面允许的载重负荷。

（3）电梯应严格按照劳动部门的严格规定使用。

（4）要求入驻企业制订安全生产、防火及安全用电等管理制度，在显目处设置安全生产的标识、标记，对不得挪用或损坏消防用品以及不得在消防通道堆物作出管理规定。

2. 环境管理

(1) 要保持工业厂房内外通道和楼梯的畅通。

(2) 要严格对厂房区域进行管理，制止在空地上堆物或在空地上及建筑物的屋面、外墙、技术层等处搭建和安装设备，对在外墙、屋顶、绿地、场地上设置企业标志、标识或广告的申请程序要作出规定。

(3) 督促入驻企业执行市容卫生管理的严格规定，确保公用场所的清洁卫生，并做好"三废"的处理工作。

3. 保卫管理

(1) 要确保安全护卫工作的实施，组建保安队伍，实行 24 小时值岗和巡逻。

(2) 建立门卫制度，对入驻企业的员工、车辆、货物出入厂区进行监督检查。

并建立入驻企业例会制度，定期召开会议，加强同入驻企业的联络、沟通，听取他们的意见和建议，同时及时反馈管理中的要求。

四、公共性智能化物业

公共性智能化物业的种类很多，大致上有以下一些：

(1) 文化、体育、艺术、娱乐类：包括学校、图书馆、博物馆、档案馆、文化馆、活动中心、体育场馆、影剧场、游乐场、夜总会、度假村等。

(2) 传媒类：包括电台、电视台、电视塔、影视基地等。

(3) 餐饮类：包括宾馆、旅店、酒楼、饭店、咖啡屋、茶坊、啤酒屋等。

(4) 卫生、民政类：包括医院、卫生所、疗养院、药检所、敬老院、殡仪馆等。

(5) 交通类：包括车站、码头、机场、停车场、隧道、桥梁等。

公共性物业的种类繁多，由于使用功能的不同，其建筑与设备、设施以及规模、规格往往有所区别，使用对象与使用时段也不尽相同。因此，要根据公共性物业的各种使用功能实施具有针对性的管理服务；对于建筑物及其附属设备设施的维护和保安、清洁、绿化、车辆等各类工作，也要依照不同的特点实施有效的管理服务。

五、智能小区

与智能大楼相对应，具有智能化系统和功能的居住小区常被称为智能小区，是智能建筑中专门的一类。它以住宅为对象，以计算机网络为核心，是信息技术向建筑行业的渗透，在满足以人为本、环境优先、节能为重的同时，向人们提供高效、舒适、便利、安全的建筑环境，满足高速信息交换的社会需求，将科学技术与文化相互融合，体现出建筑艺术与信息技术较完美的结合，成为当今建筑业最大的群体和市场。

由于技术程度高低的不同，智能化小区的种类大致可以分为以下几类：

(1) 高智能化小区：这类小区的基本特点是，在任何时候都能与世界各地进行信息交流，它的居住对象主要是来自经济发达国家或港澳台地区在本地投资的高级管理人员。

(2) 先进型智能化小区：这类小区的特点是，住宅功能与家庭事务处理功能并重。

(3) 实用型智能化小区：这类小区的特点是更多地强调住宅功能，居民可以根据自己的需要，通过公众通信网处理。

小区的住宅功能包括：(1) 居住环境，比如绿色环境营造和室内空气调节，主要家电控制，废水及生活垃圾的处理等；(2) 安全环境，小区内外的安全；(3) 医疗保健环境，即在小区内建立以家庭为单位的医疗保健及诊疗档案查询系统，使老人和重病者可在家接受诊疗；(4) 小区信息服务环境，包括经济、教育、休闲娱乐活动信息等；(5) 小区物业管理与服务环境，如三表（水、电、煤气）自动抄读、收费与查询，居民室内设备报修等；(6) 小区住户信息管理与查询，等等。

1999年，国家建设部出台了《全国住宅小区智能化系统示范工程建设要点与技术导则》，这给智能住宅小区的建设和认定提供了国家标准，有关内容将在后面章节介绍。

思 考 题

1. 何为智能建筑？
2. 简述智能建筑的分类。
3. 何为智能建筑的"3A"？
4. 智能建筑有哪些基本特点？
5. 智能建筑有哪些基本功能？
6. 简述智能建筑的基本组成。
7. 简述综合布线系统的组成。

第二章 楼宇设备自动化系统

第一节 概 述

一、楼宇设备自动化系统的定义与功能

1. 楼宇设备自动化系统的定义

楼宇设备自动化系统又称建筑设备自动化系统,它实质上是一套采用计算机、网络通信和自动控制技术,对楼宇中的设备(电力、照明、空调、给排水等)进行自动化监控管理的中央监控系统。楼宇设备自动化系统通过对建筑物内的各种设备实行综合自动化管理,以达到舒适、安全、可靠、经济、节能的目的,为用户提供良好的工作和生活环境,并使系统中的各个设备常处于最佳化运行状态,从而保证系统运行的经济性和管理的智能化。楼宇设备自动化系统是智能化楼宇必不可少的基本组成部分,已在世界各地广泛应用,并受到重视。

2. 楼宇设备自动化系统的基本功能

楼宇设备自动化系统能提供安全舒适的高质量工作环境和先进高效的现代化管理手段,能省时、省力、节能和提高效率,它的基本功能归纳如下:

(1) 自动监视并控制各种机电设备的启、停、显示或打印当前运行状态。

(2) 自动检测、显示、打印各种设备的运行参数及其变化趋势或历史数据,如温度、湿度、压差、流量、电压、电流、用电量等等,当参数超过正常范围时,自动实现越限报警。

(3) 根据外界条件、环境因素、负载变化情况,自动调节各个设备始终运行于最佳状况,如空调设备可根据气候变化,室内人员多少自动调节温度、风量,自动优化到既节能又感觉舒适的最佳状况。

(4) 监测并及时处理各种意外、突发事件,如检测到停电、燃气泄漏等偶然事件时,可按预先编制的程序迅速进行处理,避免事态扩大。

(5) 实现建筑物内各种机电设备的统一管理,协调控制。

(6) 能源管理:自动进行对水、电、燃气等的计量与收费,实现能源管理自动化。自动提供最佳能源控制方案,达到合理经济地使用能源。自动控制设备的用电量以实现有效的节能。

(7) 设备管理:包括设备档案管理(设备配置及参数档案)、设备运行报表和设备维修管理等。

此外,根据建筑物的用途,还应具有停车场管理、客房管理和建筑群管理等方面的功能。

二、楼宇设备自动化系统监控的范围

楼宇设备自动化系统涉及的范围很广,它适用于需要集中管理、现代化管理水平要求高的场所,如大型综合建筑物、重要或特殊的建筑,监控范围如图 2-1 所示,广义的 BA 定义,还应包括火灾报警系统(FA)与保安自动化(SA),有关 FA 与 SA 的内容在其他章节中详述。本章主要讨论电力、照明、空调与冷热源、环境监控与给排水、电梯、停车场管理等内容。

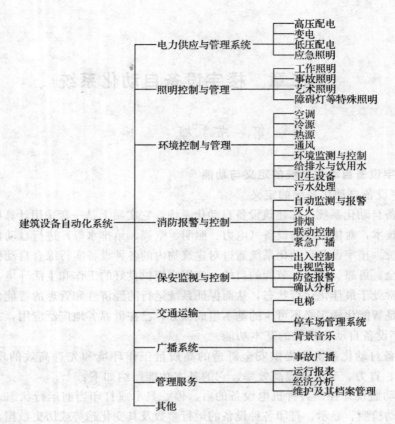

图 2-1 楼宇设备自动化系统监控的范围

1. 电力系统

安全、可靠的供电是智能楼宇正常运行的先决条件。电力系统除继电保护与备用电源自动投入等功能要求外，必须具备对开关与变压器的状态、系统的电流、电压、有功功率和无功功率等参数的监测，进而实现全面的能量管理。

2. 照明系统

照明系统能耗很大，在大型高层建筑中往往仅次于供热、通风与空调系统（HVAC），并导致冷气负荷的增加。智能照明控制应十分重视节能，例如：人走灯熄，用程序设定开/关灯时间，如客户需要加班则可用电话通知中心监控室值班人员，在电脑上修改时间设定，利用钥匙开关、红外线、超声波及微波等测量方法，一旦人离开室内，5秒钟以内自动熄灯。国外的分析报告指出，按这三种设计方案的照明控制大约可节约 30%～50% 的照明用电。

3. 空调与冷热源系统

空调系统在楼宇中的能耗最大，故在保证提供舒适环境的条件下，应尽量降低能耗。主要节能控制措施如下：

(1) 设备最佳启/停控制；

(2) 空调及制冷机组的节能优化控制；

(3) 设备运行周期控制；

(4) 电力负荷控制；
(5) 储冷系统的最佳控制等。

4. 环境检测系统

楼宇自动化系统环境检测系统是为保证人们的工作和生活环境条件具有一定的质量而实施对周边环境的监测，主要有以下内容：
(1) 智能楼宇的声环境；
(2) 智能楼宇的视环境；
(3) 智能楼宇的热环境；
(4) 智能楼宇的空气环境；
(5) 智能楼宇的电磁辐射环境。

5. 给排水系统

给排水系统的管理也是由现场控制站和管理中心来实现，其最终目的是实现管网的合理调度，也就是说用户用水无论怎样变化，管网中各个水泵都能及时改变其运行方式，实现最佳运行方式。主要监控范围有：
(1) 水泵的自动启停控制；
(2) 水位流量、压力的测量与调节；
(3) 用水量、排水量的计测；
(4) 污水处理设备运转的监视、控制；
(5) 水质检测；
(6) 节水程序控制；
(7) 故障及异常状态报警及记录等。

6. 电梯系统

大型建筑均配置多组电梯，需要利用计算机实现群控，以达到优化传送、控制平均设备使用率与节约能源运行管理等目的。对电梯楼层的状况、电源状态、供电电压、系统功率因素等监控，并联网实现优化管理。

7. 停车场管理系统

停车场管理常采用读卡方式，内部车库不计费时，汽车经读卡器确认属该系统后，即可进入停车场。另一种为停车计费方式，通常分为两种计费形式。第一种是当汽车经读卡器进入车库后即开始计时，在出口处按时收费；第二种是在停车场每个车位设一车位传感器，当车停在该车位时，就开始计时，当车辆离开车位时计费停止。

三、楼宇设备自动化系统的组成与系统结构

1. 楼宇设备自动化系统的基本组成与结构

楼宇设备自动化系统是一个综合集成化管理监控系统。它是一种分散控制系统，又称集散控制系统，它利用计算机网络和接口技术将分散在各个子系统中不同楼层的直接数字控制器连接起来，通过联网实现各个子系统与中央监控管理及计算机之间及子系统相互之间的信息通信，达到分散控制、集中管理的功能模式。系统组成主要包括中央操作站、分布式现场控制器、通信网络和现场就地仪表，其中通信网络包括网络控制器、连接器、通信器、调制解调器、通信线路。现场就地仪表包括传感器、变送器、执行机构、调节阀、接触器等。

楼宇设备自动化系统的结构如图2-2所示。

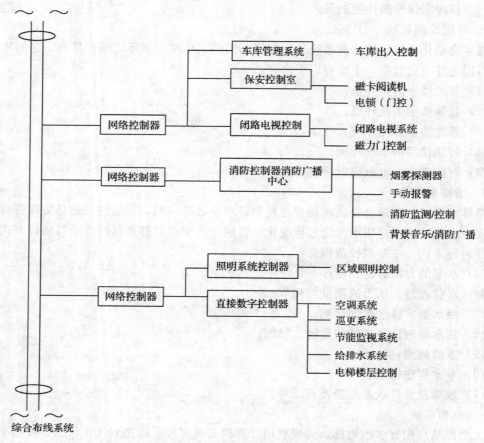

图 2-2 楼宇设备自动化系统结构

目前，智能传感器、智能执行器和具有互操作性的开放式现场总线技术得到了飞速发展和广泛应用，在具有集中结构的现场控制站这一层，采用现场总线技术，将智能I/O模块、智能传感器、智能执行器以及各种智能化电子设备连接起来，构成延伸到现场仪表这一级的分布式控制站，即将原有的集中式现场控制站变成分布式现场控制站，在传统的集散控制系统网络底层再引入一层现场总线网络。这项技术已在楼宇设备自动化系统中得到应用。采用现场总线技术的楼宇设备自动化系统结构如图2-3所示。

2. 集散型控制系统

集散型计算机控制系统又名分布式计算机控制系统，简称集散控制系统（DCS），是利用计算机技术对生产过程进行集中监视、操作、管理和分散控制的一种新型控制技术，它是由计算机技术、信号处理技术、测量控制技术、通信网络技术和人机接口技术相互发展、渗透而产生的，它是在分散的仪表控制系统和集中式计算机控制系统的基础上发展起来的一门工程技术，具有很强的生命力和显著的优越性。自20世纪70年代第一套集散控制系统问世以来，已经在楼宇设备自动化系统中得到广泛的应用。

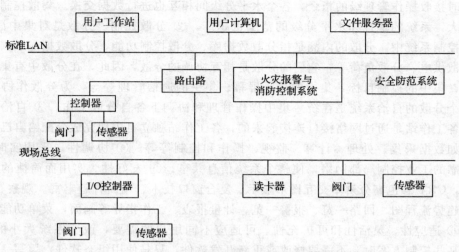

图 2-3 采用现场总线技术的楼宇设备自动化系统结构

(1) 集散控制系统的基本构成

集散控制系统是由中央管理操作系统、分散过程控制部分和通信网络系统3大部分所构成,如图2-4所示。中央管理部分又可分为工程师站、操作员站和管理计算机。工程师站主要用于组态和维护,操作员站则用于监视和操作,管理计算机用于全系统的信息管理和优化控制。分散过程控制部分按功能可分为现场控制站和数据采集站。通信网络系统连接集散系统的各个分布部分,完成数据,指令及其他信息的传递。

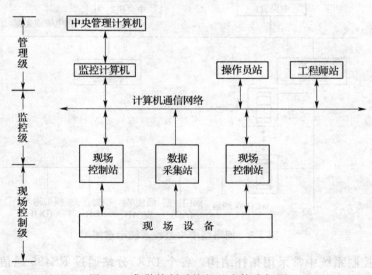

图 2-4 集散控制系统的基本构成框图

(2) 集散控制系统的特点

集散控制系统是采用标准化、模块化和系列化设计,由过程控制级、控制管理级和生产管理级所组成的一个以通信网络为纽带的集中显示操作管理,控制相对分散、具有灵活配置、组态方便的多级计算机网络系统结构。它的主要特点:① 分级递阶控制,即垂直方向和水平方向都是分级的,各个控制级之间相互协调,它们把数据向上送达操作管理级；同时接收操作管理级的指令，各个水平分级间相互也进行数据交换。集散控制系统的规模越大，系统的垂直和水平分级的范围也越广。② 分散控制。分散是对集中而言的，在集散控制系统中，分散的内涵是指分散数据库、分散控制功能、分散数据显示、分散通信、分散供电、分散负荷等，它们的分散是相互协调的分散，因此，在分散中有集中的数据管理，集中的控制目标，集中的显示屏幕，集中的通信管理等等，为分散作协调和管理。各个分散的自治系统是在统一集中操作管理和协调下各自分散工作。③ 自治性。系统上的各工作站是通过网络接口连接起来的，各工作站独立自主地完成分配给自己的规定任务，如数据采集、处理、计算、监视、操作和控制等等。④ 协调性。采用实时性的、安全可靠的工业控制局部网络，使整个系统信息共享。⑤ 友好性。实用而简捷的人机对话系统，CRT 彩色高分辨率交互图形显示、复合窗口技术、画面日趋丰富。观察、控制、调整、趋势流程图、回路一览、报警一览、计量报表、工作指导等画面，菜单功能更具实时性。⑥ 适应性、灵活性和可扩充性。可适应不同用户的需要，改变系统大小的配置，在改变某些控制方案时，不需要修改或重新开发软件，只是使用组态软件，填写一些表格即可实现。⑦ 可靠性。系统结构采用容错设计，使得在任何一单元失效的情况下，仍保持系统的完整性，即使全局性通信或管理站失效，局部站仍能维持工作。

3. 中央监控系统的构成与软件

网络型中央监控系统如图 2-5 所示。在计算机监控系统中常见的网络结构是指局域网 LAN 上各个节点（也叫站）之间的互联方式。局域网 LAN 的主要拓扑结构有星形、环形和总线结构以及环星形结构等。

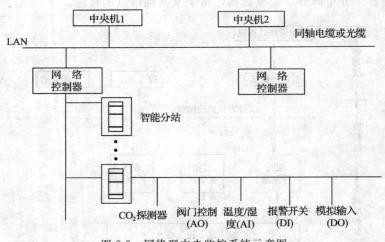

图 2-5 网络型中央监控系统示意图

在集散型控制系统中常采用拓扑结构，各个 DDC 分站通过 RS485 通信接口与上位机连接。采用星形拓扑结构有利于共享一个中心（DG）和 8 个场点（SC）之间的直接通信和数据交换，同时体现了通信的速度、结构可靠性以及经济性等优点。星形拓扑结构的通信与数据网关（DG）的主要功能如下：

（1）通信登记功能；
（2）信息传送路径的设定；
（3）系统全部数据的备份；

(4) 远程通信网络的监视和控制；

(5) 提供智能通信接口，以建立和其他独立设置的计算机或智能微处理器设备之间的通信和数据交换。

中央监控系统的软件有管理软件（SC）和通信与数据网关软件（DG）两大类。管理软件提供对楼宇内各系统及其各系统的集中和全面管理；通信与数据网关软件提供楼宇内计算机终端，智能分站之间共享通信线路及通信路径的分配信息数据资料交换和存贮，以及提供智能通信接口建立与其他独立设置的计算机系统或网络进行信息资料交换等。

系统软件采用开放式、标准化和模块化设计，系统的管理软件模块可以根据系统的集成度来决定其配置，可以简易、灵活、方便地实现中央管理软件功能的增减；系统的界面软件设计是面向那些不懂计算机专业知识的系统管理和操作人员，实用又简便；系统软件具有自动纠错提示功能和设备故障指示功能；系统软件提供对智能卡系统软件的支持和与电话、寻呼系统直接通信的能力；系统外围智能分站（现场控制盘）的软件设备不依赖于中央控制软件，当监控中心计算机发生故障时，各外围智能分站能够完全独立地监视和控制所属区域的设备。

这样管理软件包括如下的功能模块：

(1) 系统操作管理（ACC）；

(2) 报警/信息显示和打印（MSG）；

(3) 图形显示/控制器（GCTC）；

(4) 警报的处理（ALARM）；

(5) 文本显示（ADV）；

(6) 系统操作指导（HELP）；

(7) 巡更管理（GUARD）；

(8) 系统辅助功能设定（UTIL）；

(9) 系统工程编制（ENGRG）；

(10) 智能卡系统管理（CAU）；

(11) 系统故障自诊断（DIAC）；

(12) 直接数字控制模块（DDC）；

(13) 组成控制设定（WIED）；

(14) 节假期设定（CLOK）；

(15) 快速信息检索（ZOOM）；

(16) 系统信息传播（OPER）；

(17) 设备节能控制（BAS）；

(18) 系统远程通信（IVRS）。

4. 智能分站的控制功能与软件

系统区域智能分站的主要任务如下：

(1) 进行过程信息数据的采集，即对系统监控设备中的每个过量和状态信息、过限报警进行快速采集，使之得到进行数字控制、阶梯控制、中断控制、开/闭环控制、设备监测、状态报告等过程所需的信息输入。

(2) 进行直接数字控制。根据控制组态数据库、控制算法模式来实施实时过程量（如开关量、模拟量等）的控制。进行监控设备过程变量的自动计算，分析是否由本级处理或向中央管理级传送，确定对被控装置实施调节的参量，以及必要时实施报警、出错、诊断报告等措施。

（3）实施安全性、冗余化方面的措施。一旦发现计算机系统硬件或智能分站模块板有故障，就立刻实施备用切换，以保证整个系统的安全运行。

智能分站监控软件功能有：
(1) 采样点与调控点的处理；
(2) 控制命令的执行；
(3) 报警设定；
(4) 直接数字控制；
(5) 阶梯控制方式；
(6) 事件/时间响应程序；
(7) HVAC 系统的节能管理；
(8) 分散电力需求控制；
(9) 高级控制模式；
(10) 循环控制方式；
(11) 时间区控制方式；
(12) 最佳停止/启动控制方式；
(13) 数学与逻辑运算功能；
(14) 趋势运行记录；
(15) 紧急警报功能。

第二节 楼宇基本设备的监控系统

一、电气设备监控系统

1. 供配电监测系统

供配电是为楼宇提供能源，为保证供电可靠性，对一级负荷都设两路独立电源，自动切换、互为备用，并且装应急备用发电机组，以便在15秒内保证事故照明、消防用电等。配电部分也分为"工作"和"事故"两个独立系统，并在干线之间设有联络开关，故障、检修时能够互为备用。

（1）供配电系统的监测内容

① 检测运行参数，如电压、电流、功率和变压器温度等，为正常运行时的计量管理、事故发生时的故障原因分析提供数据。

② 监视电气设备运行状态，如高低压进线断路器、主线联络断路器等各种类型开关的当前分、合状态；提供电气主接线圈开关状态画面；如发现故障，自动报警，并显示故障位置、相关电压和电流数值等。

③ 对楼宇内所有用电设备的用电量进行统计及电费计算与管理（包括空调、电梯、给排水和消防喷淋等动力用电和照明用电）；绘制用电负荷曲线（如日负荷、年负荷曲线）；并且实行自动抄表、输出用户电费单据等。

④ 对各种电气设备的检修、保养维护进行管理，如建立设备档案，包括设备配置、参数档案、设备运行、事故和检修档案等。

(2) 供配电系统的监测方法

① 高压线路的电压及电流监测。6～10kV 高压线路的电压及电流的测量方法如图 2-6：

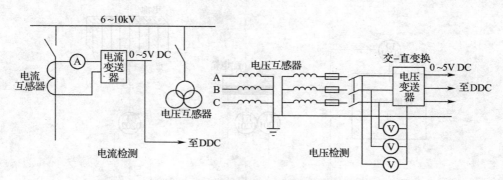

图 2-6　高压线路的电压及电流的测量方法

② 低压端的电压及电流监测。低压端（380/220V）的电压及电流测量方法与高压侧基本相同，只不过是电压和电流互感器的电压等级不同。

③ 功率、功率因素的检测。通过流量电压与电流的相位差，壳测得功率因素。有了功率因素、电压、电流数值即可求得有功功率和无功功率。因此，可以先测量功率因素，然后间接得出功率。这是一种间接的测量功率的方法。比较精确的测量功率方法是采用模拟乘法器构成的功率变送器，或者用数字化测量的方法（高速采样电压、电流数据，再对数字信号进行处理），直接测量功率。

④ 应急柴油发电机与蓄电池组的监测。为了保证消防泵、消防电梯、紧急疏散照明、防排烟设施和电动防水卷帘门等消防用电，必须设置自备应急柴油发电机组，按一级负荷对消防设施供电。柴油发电机应启动迅速，自启动控制方便，市网停电后能在 10～15s 内接带应急负荷，作应急电源。应急柴油发电机组监测的内容包括电压、电流等参数、运行状况、故障报警和日用油箱液位等。应急柴油发电机组的监测原理如图 2-7 所示。

高层建筑物中的高压配电室对继电器保护要求严格，一般的纯交流或整流操作难以满足要求，必须设置镉镍蓄电池组，以提供控制、保护自动装置及事故照明等所需要的直流电源。镉镍电池体积小、重量轻，不产生腐蚀气体，无爆炸危险，对人体无健康影响而获得广泛应用。对镉镍电池组的监测包括电压监测、过流过电压保护及报警等，如图 2-6 所示。

(3) 供电品质的监测

供电品质的指标通常是电压、频率和波形，其中尤以电压和频率最为重要。电压质量包括电压的偏移、电压的波动和电压的三相不平衡度等。

① 频率。在电气设备的标识牌上都标有额定频率。我国电力的标准频率为 50Hz。频率直接影响电子设备的工作，因此对于频率的偏差要求很严格，国家规定电力系统对用户的供电频率偏差范围为 ±0.5%。对电网频率的监测可在低压侧进行，在电网频率偏差超过允许值时，监测系统应予以报警，必要时应切断市电供电，改用备用电源或应急发电机供电。

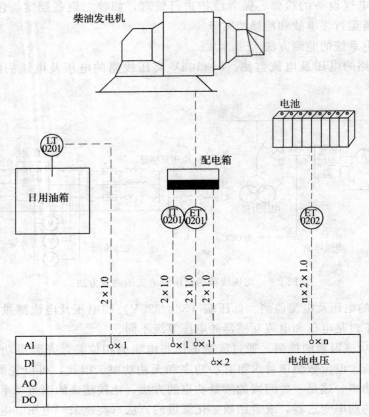

图 2-7 应急柴油发电机组与蓄电池的监控原理
IT—电流变送器　ET—电压变送器　LT—液位传感器/变送器

② 电压偏移。各种电压设备的标识牌都标有它的额定工作电压。但在实际运行中由于电力系统负荷变化或用户本身负荷变化等原因，往往使用电设备的端电压偏离额定值。电压低于额定值往往是发生在高峰负荷长线路的末端，电压高于额定值往往是发生在低负荷时线路的始端。电压过高或过低时，监测系统予以报警，同时需采用系统或局部的调压及保护措施。对电压偏移的改善一般要求在电网的高压侧采取措施，使电网的电压随负荷的增大而升高，反之负荷减少电压降低。对于重要的负荷，宜在受电或负荷端设置调压及稳定器。

③ 电压波动及谐波。电动机的启动，电梯、电焊类冲击负荷的工作，将引起供配电系统中的电压时高时低，这种短时间的电压变化称为电压波动。电力系统中交流电的波形从理论上讲应该是正弦波，但实际上由于三相电气设备的三相绕组不完全对称，带有铁芯线圈的励磁装置，特别是大型晶闸管装置、电力电子设备的应用，在电力系统中产生了与 50Hz 波成整数倍的高次谐波，于是电压的波形发生畸变，成为非正弦波。电压波动及谐波对电气设备运行是有害的。照明和电子设备对电压波动比较敏感。此外，电压波动和谐波对通信系统和计算机系统也有较大的影响，因此，消除抑制谐波是十分重要的。20 世纪 70 年代中期，有源电力滤波器问世（APF，Active Power Filter），它是消除和抑制谐波的新型技术，从理论上讲，它可以完全消除谐波，同时也可完全补偿无功电流。有源电力滤波器原理如图 2-8 所示。

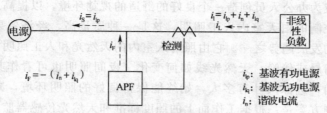

图 2-8 有源电力滤波器原理

④ 电压的不平衡度。在低压系统中一般采用三相四线制,单相负荷接于相电压上。由于单相负荷在三相电压不可能完全平衡,因而三个相电压不可能完全平衡。电压的不平衡度可以通过测量三个相电压及三个相电流的数据,再经过相互比较其差值来检测。差值越大则不平衡度越大。当这个不平衡电压加于三相电动机时,会使电动机负序电流增加,因而增加了转子内的热损失。在设计中应尽量使单相负荷徘徊地分配在三相中,对相电压不平衡敏感的负荷(如电子计算机类设备)应采用分开回路的措施,同时监测系统应予报警。

2. 照明设备监控系统

电气照明是建筑物的重要组成部分。照明可以烘托建筑造型,美化环境,照明质量的好坏直接影响人们的工作效率和视力保护。如何做到既保证照明质量又节约能源,是照明控制的重要内容,不同用途的场所对照明要求各不相同。照明系统的监控原理如图 2-9 所示。

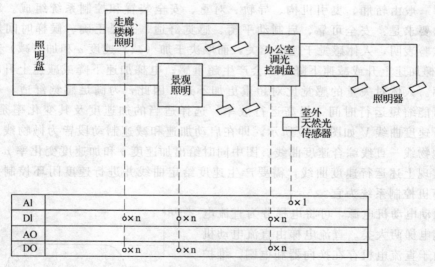

图 2-9 照明系统的监控原理

(1) 走廊、楼梯照明监控

走廊、楼梯照明除保留部分值班照明外,其余的灯在下班后及夜间可以及时关闭,以节约能源。因此,可按预先设定的时间,编制程序进行开/关控制,并监视开、关状态。例如,自然采光的走道,白天、夜间可以切断照明电源,但在清晨、傍晚上下班前后应予接通。

(2) 办公室照明监控

办公室照明应为办公人员创造一个良好的舒适的视觉环境,以提高工作效率。办公室照明宜采用自动控制的白天室内人工照明,这是一种质量高、经济效果好的人工照明系统,是照明设计的发展趋势之一。它由照射入室内的天然光和人工照明协调配合而成。不论晴天、阴天,清晨或傍晚,天然光线如何变化(夜间照明也可看作其中的一个特例),也不论房间的朝向,进深尺寸有多大,始终能保持良好的照明环境,减轻人们的视觉疲劳。它的调光控制方案是:根据工作面上的照度标准和天然光传感器监测的天然光亮度变化信号自动控制照明灯具,分别编制照明时区控制程序,如白天、工作、休息、午餐、晚间等照明度。

(3) 障碍照明、建筑物立体照明监控

航空障碍灯根据当地航空部门的要求设定,一般装在建筑物顶部,属一级负荷,应接入应急照明回路,可根据预先设定的时间程序控制,并进行闪烁或室外自然环境照度来控制光电器件的动作,达到开启/断开。

对智能楼宇进行立体照明可采用投光灯,给人以美的享受。投光灯的开启/断开可编制时间程序进行定时控制,同时监视开关状态。

(4) 应急照明

应急照明的应急启/停控制、状态显示,用以保证市电停电后的事故照明,疏散照明。

3. 电梯监控系统

(1) 电梯概述

电梯已成为高层建筑中必备的交通工具,包括普通客梯、观光梯、货梯及自动扶梯等。电梯一般由轿厢、曳引机构、导轨、对重、安全装置和控制系统组成。对电梯监控系统的要求是:安全可靠、启制动平衡、感觉舒适、平层正确、候梯时间短和节约能源。试验表明,人体感觉于速度无关,而取决于加(减)速度 a 和加(减)速度变化率 ρ。电梯加速上升或减速下降时,会产生超重感;电梯加速下降或减速上升时,会产生失重感。人体对失重的感觉比对超重更加不适。因此,为满足感觉舒适、平层正确并且尽可能缩短运行时间、提高运行效率,选择适当的加速度及其变化率是重要的。电梯运行速度曲线 V 如图 2-10 所示。即在启动加速和减速制动段皆为抛物线,中间为直线的抛物线—直线综合速度曲线。图中同时给出加速度 a 和加速度变化率 ρ 的变化曲线。为实现上述运行速度曲线,需要产生速度给定曲线并进行速度闭环控制系统,以采用计算机控制系统为宜。

按驱动电动机电源,可将电梯分为直流电梯和交流电梯两大类。直流电梯由直流电动机拖动,由于直流电机存在换向器和电刷,维护保养工作量大,而且体积、重量和成本都比的交流电机大。交流电梯由结构简单、成本低和维修方便的异步电动机拖动,采用计算机控制的变频调速系统既可以满足电梯运行速度的要求,又可以节约能源。在高层楼宇中,对电梯的启动加速、制动减速、正反向运行、调速精度、调速范围和动态响应都提出了更高的要

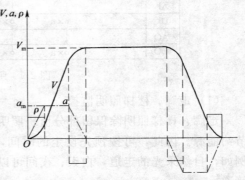

图 2-10 电梯运行速度曲线

求。因此，应该选择自带计算机控制系统的电梯系统，并且应留相应的信息接口。

(2) 电梯监控内容

① 按时间程序设定的运行时间表启/停电梯、监视电梯运行状态、故障及紧急状态报警。

运行状态监视包括启/停状态、运行方向，所处楼层位置等，通过自动检测并将结果送入DDC，动态地显示出各台电梯的实时状态。故障检测包括电动机、电磁制动器等各种装置出现故障后，自动报警，并显示故障电梯的地点、时间、状态等。紧急状况检测通常包括火灾、地震状况检测和发生故障时是否关人等，一旦发生立即报警。电梯运行状态监视原理图如图2-11所示。

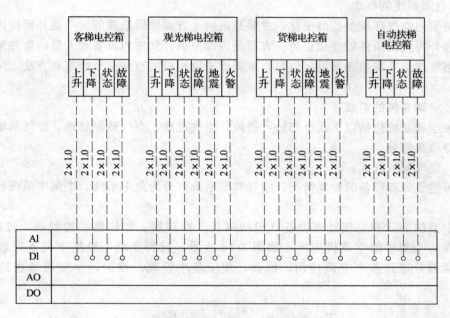

图 2-11 电梯运行状态监视原理图

② 多台电梯群控管理。以办公大楼中的电梯为例，在上下班、午餐时间客流量十分集中，其他时间又比较空闲，如何在不同客流时期，自动进行调度控制，达到既能减少候梯时间，最大限度地利用现有的交通能力，又能避免数台电梯同时响应同一召唤造成空载运行、浪费电力，这就需要不断地对各厅站的召唤信号和轿厢内选层信号进行循环扫描，根据轿厢所在位置、上下方向停站数、轿厢内人数等因素来实现分析客流变化情况，自动选择最适合于客流情况的输送方式。群控系统能对运行区域进行自动分配，自动调配电梯至运行区域的各个不同服务区段。服务区域可以随时变化，它的位置与范围均由各台电梯通报的实际工作情况确定，并随时监视，以满足大楼各处不同厅站的召唤。

在客流量很小的"空闲状态"，空闲轿厢中有一台在基站待命，其他所有的轿厢被分散到整个运行行程上，为使各层站的候车时间最短，将从所有分布在整个服务区中的最近一站调度发车，不需要运行的轿厢自动关闭，避免空载运行。

上班时，客流基本上都是上行，可转入"上行客流方式"，各区电梯都全力输送上行乘客，乘客走出轿厢后，立即反向运行。下班时，则可转入"下行客流方式"。午餐时，上、下行客流量都相当大，可转入"午餐服务方式"，不断地监视各区域的客流量，随时向客流大的区域分派轿厢，以缓解载客高峰。

群控管理可以大大缩短候梯时间，改善电梯交通的服务质量，最大限度地发挥电梯作用，使之具有理想的适应性和交通应变能力。这是单靠增加台数和梯速所不易做到的。

③ 配合安全防范系统协同工作。当接到防盗信号时，根据保安级别自动行驶至规定楼层，并对轿厢实行监控。当发生火灾时，普通电梯直驶首层、放客、切断电源；消防电梯由应急电源供电，在首层待命。

二、空调与冷热源监控系统

1. 空调系统的概念

影响室内空气环境参数的变化，主要是由两个方面原因造成的：一是外部原因，如太阳辐射和外界气候条件的变化；另一方面是内部原因，如室内设备和人员的散热量、散湿量等。当室内空气参数偏离设定值时，就需要采取相应的空气调节措施和方法，使其达到规定值。

(1) 空调系统的组成

一般空调系统包括以下几个部分：进风、空气过滤、空气热湿处理、空气的输送和分配以及冷热源部分。

(2) 空气调节方式

按照空气处理设备的设置情况，空气调节系统可分为集中系统、半集中系统和全分散系统。

集中系统的所有空气处理设备（包括风机、冷却器、加热器、加湿器、过滤器等）都设置在一个集中的空调机房内，如图 2-12 所示，其特点是，经集中设备处理后的空气，用风道分送到各个空调房间，因而，便于集中管理、维护，空气质量也达到较高的水平。

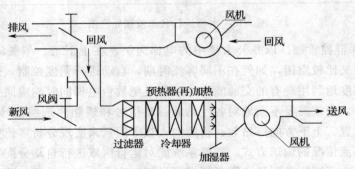

图 2-12 典型的集中式空调系统

分散系统也称局部空调机组。这种机组通常把冷、热源和空气处理、输送设备（风机）集中设置在一个箱体内，形成一个紧凑的空调系统。房间空调器属于此类机组，它不需要集中的机房，安装方便，使用灵活，移动方便。

半集中空调系统，除了集中空调机房外，还设有分散在被调节房间的二次设备（又称末端装置）。变风量系统、诱导空调系统以及风机盘管系统均属于半集中空调系统。

在智能楼宇中，一般采用集中式空调系统。除空气处理设备集中设置在专用的机房里，冷热源部分也专门设有冷冻站和锅炉房。

（3）处理空气的方式

按照处理空气的来源，集中式空调系统可分为循环式系统、直流式系统和混合式系统。循环式系统的新风量为零，全部使用回风，其冷热量消耗最省，但空气质量差。直流式系统的回风量为零，全部采用新风，其冷热量消耗大，但空气品质好。由于循环式系统和直流式系统的上述特点，两者都只在特定情况下使用。对于绝大多数的场合，采用适当比例的新风和回风相混合。这种混合系统既能满足空气品质的要求，经济上又较合理，因此，混合系统是应用最广泛的一类集中式空调系统，如图2-13所示。

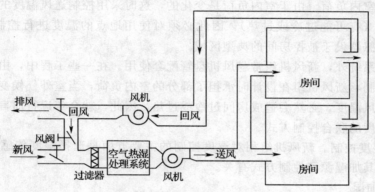

图2-13 集中式空调系统的原理

冷源系统包括冷水机组、冷冻水系统、冷却水系统和冷却塔组。在空调系统中，常用的制冷方式有压缩式制冷和吸收式制冷，制冷剂是水，少数场合也有采用混合水溶液。热源系统是指锅炉供热，这里指的供热是热水和蒸汽，用于空调系统的采暖，也可用于生活热水。

智能化建筑需配合现代化的锅炉房，作为空调、采暖、生活热水供应，以及厨房、卫生等供热的热力站。先进的锅炉燃烧装置具有全自动启动程序控制、自动点火、燃烧监察、联锁保护等功能。

燃气发动机驱动热泵系统如图2-14所示，燃气发动机直接驱动热泵的压缩机。热泵冷凝器的冷凝热作为热源，供采暖或供热水，蒸发器则作为冷源为建筑物供冷。高温的发动机排热（80℃的发动机冷却水排热和500℃～600℃的排气排热）回收，或者与热泵冷凝热一起用于供热，或者作为吸收式冷温水机组的驱动热源，或者用于蓄热燃气发动机热泵蒸发热、冷凝热、发动机排热三种热量都可以利用，因此，用它可以实现冷暖空调、冷冻、供热水和除湿等多种功能。

2. 空调机组设备监控系统

集中空调机组设备常见的形式有新风机组、一次回风系统、定风量系统，变风量系统、变新风比系统等，它们各自有其特点，以适应不同场合空气调节的要求。本书重点

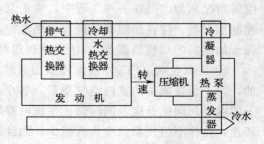

图2-14 燃气发动机驱动热泵系统

介绍部分空调系统的自动控制方法。

(1) 新风机组的控制

新风机组控制主要包括：送风温度控制、送风相对湿度控制、防冻控制、二氧化碳浓度控制及各种联锁内容。

① 送风温度控制是指定出风温度的控制，其适用条件通常是该新风机组是以满足室内卫生要求而不是负担室内负荷来使用的，因此，在整个时间内，其送风温度以保持恒定值为原则。由于冬、夏季对室内要求不同，因此送风温度也有不同的要求，也就是说必须考虑控制器冬、夏工况转换的控制值。

② 室内温度控制。对于一些直流式系统，新风不仅能使环境满足卫生标准，而且还可以承担全部室内负荷。由于室内负荷是变化的，这时采用控制送风温度的方式必然不能满足室内要求（有可能过冷或过热），因此必须对使用地点的温度进行控制。由此可知，必须把温度传感器设于被控房间的典型区域。

除直流式系统外，新风机组常与风机盘管配套使用。在一些工程中，由于考虑风机盘管除湿能力限制，新风机组在设计时承担了部分的室内负荷，当室外气候变化较大时，如果继续控制送风温度，必然会造成房间过冷或过热，因此，就全年运行而言，应采用送风温度与室内温度的联合控制方式。

③ 相对湿度控制。新风机组相对湿度控制的主要方面是选择湿度传感器的设置或控制参数，这与其加湿源和控制方式有关。

A. 蒸汽加湿

对于要求较高的场所，应根据被控温度的要求，自动调整蒸汽加湿量。蒸汽加湿器应用调节阀门（直线特性），调节器采用 PI 型控制器。湿度传感器可设于机房内送风管道上。

对于一般要求的建筑物而言，可以采用位式控制方式，即位式加湿器（配快开型阀门）和位式调节器，对降低投资是有利的。

B. 高压喷雾、超声波加湿及电加湿

这三种都属于位式加湿方式，其控制手段和传感器的设置情况与采用位式方式控制蒸汽加湿的情况相类似，即：控制器采用位式，控制加湿器启停（或开关），湿度传感器应设于典型房间区域。

C. 循环水喷水加湿

循环水喷水加湿与高压喷雾加湿在处理过程上是有所区别的。理论上前者属于等焓加湿，而后者属于无露点加湿。如果采用位式控制器控制喷水泵启停时，则设置原则与高压喷雾情况相似。但在一些工程中，喷水泵本身并不做控制而只与空调机组联锁启停，为了控制加湿器，应在加湿器前设置预热盘管，如图 2-15 所示，通过控制预热盘管的加热量，保证加湿后的"机器露点"，达到控制相对湿度的目的。

④ 二氧化碳（CO_2）浓度控制。通常新风机组的最大风量是按满足卫生要求而设计的，为了保证基本的室内空气质量，各个房间均可设 CO_2 浓度控制器，控制其新风支管上的电动风阀的开度，同时防止系统内静压过高，在总送风管上设置静压控制器控制风机转速，这样不但使新风冷负荷减少，而且风机能耗也下降。

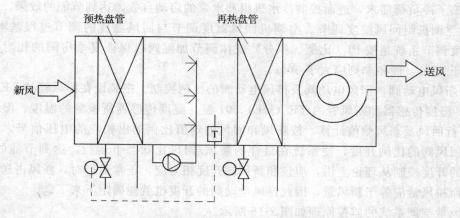

图 2-15 喷水泵常开的空调机组的加湿量控制

⑤ 防冻及联锁。在冬季室外气温低于 0℃ 的地区，应考虑盘管的防冻问题。除空调系统设计中本身应采用的预防措施外，从机组电气控制方面，也应采用一定的手段，如：限制热盘管电动阀的最小开度。最小开度设置后应能保证盘管内水不结冰的最小水量 W_{min}。设置防冻温度控制。通常可在热水盘管出水口（或盘管回水连箱上）设以温度传感器，测量回水温度。当其所测值低于 5℃ 左右时，防冻控制器动作，停止空调机组运行，同时开大热水阀。联锁新风阀。为了防止冷风过量的渗透引起盘管冻裂，应在停止机组运行时，联锁关闭新风阀，机组启动时，则打开新风阀（通常先打开风阀，后启动风机，防止风阀压差过大无法开启）。

除风阀外，电动水阀、加湿器和喷水泵等与风机都应进行电气联锁。在冬季运行时，热水阀应优先于所有机组内设备的启动而开启。

（2）定风量空调系统的监控

定风量空调系统采用全空气送风方式，水管不进入空调房间，从而避免了一些意外发生，系统的特点是通过改变送风量来满足室内冷（热）负荷变化的。定风量系统的自动控制内容主要有空调回风温度自动调节、空调回风湿度自动调节及新风阀、回风阀、排风阀的比例控制，分述如下：

① 空调回风温度的自动调节。回风温度自动调节系统是一个定值调节系统，它把 TE502 温度传感器测量的回风温度送入 DDC 控制器与给定值比较，根据 ±ΔT 偏差，由 DDC 按 PID 规律调节表冷器回水，调节阀开度以达到控制冷冻（加热）水量，使房间温度保持所需的恒定值。

在回风温度自动调节系统中，新风温度是随气候而变化的，这一变化对回风温度调节系统是一个扰动量，使得回风温度调节总是滞后于新风温度的变化。为了提高系统的调节品质，把 TE501 温度传感器测量的温度作为前馈信号加入回风温度调节系统。如夏季中午新风温度 T 增高，设此时回水阀开度正好满足室内冷负荷的要求处于平衡状态，新风温度传感器测量值增大，这个温度增量经 DDC 运算后输出一个相应的控制电信号，使回水阀开度增大即冷量增大，补偿了新风温度增高对室温的影响。

因为楼宇设备自动化控制系统对空调机组进行最优化的控制，使各空调机的回水阀始终保持最佳的开度，恰到好处地满足了负荷的要求，其结果反映到冷冻站供水干管上，真实的反映了冷负荷需求,进而控制冷水机组和水泵的启动台数,达到节能的效果。

② 空调机组回风湿度调节。空调机回风湿度调节与回风温度的调节过程基本相同,回风湿度调节系统是按 PI(比例、积分)规律调节加湿阀以保证夏季房间的相对湿度保持在小于 75%,而冬季则应大于 30%。

③ 新风电动阀、回风电动阀及排风电动阀的比例控制。把装设在回风管的 TE(HE)502 温、湿度传感器和新风管的 TE(HE)501 温、湿度传感器所检测的温度、湿度送入 DDC 进行回风及新风焓值计算,按新风和回风的焓值比例输出相应的电压信号,控制新风阀和回风阀的比例开度,使系统在最佳的新风/回风比状态下运行,达到节能的目的。排风阀的开度控制从理论上讲,应该和新风阀开度相对应,正常运行时,新风占送风量的 30%,而排风量应等于新风量,因此排风电动阀的开度也就能确定下来了。

定风量空调系统的监控原理如图 2-16 所示。

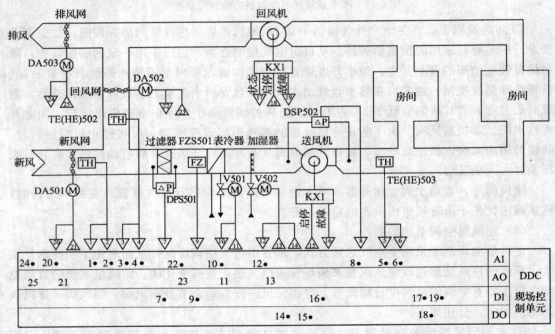

图 2-16 定风量空调系统的监控原理图

(3) 变风量空调系统的监控

由于楼宇中空调系统的耗电量大,节能运行在楼宇自动化系统中就显得格外重要。采用变风量系统节能率可达 5%,因此,近几年国内一些超高层建筑物常采用变风量空调系统。

变风量空调系统属于全空气送风方式,系统的特点是送风温度不变,而改变送风量来满足房间对冷热负荷的需要,就是说表冷器回水调节阀开度恒定不变,用改变送风机的转速来改变送风量。由于送风机的电机多为三相交流异步电动机,因此常用变频调速器来调节电机的转速。

① 送风量的自动调节

在变风量系统中,通常把系统送风主干管末端的风道静压作为变风量系统的主调节参数,根据主参数的变化来调节被调风机转速,以稳定末端静压。稳定末端静压的目的就是要使系统末端的空调房间有足够的风量来进行调节,以满足末端房间对冷/热负荷的要求。

如果系统是单区系统(即空调机只有一根主干风道,为一个区域供冷/热水的系统)就取系统末端70%~100%段管道静压作主参数。

如果系统是多区系统(即空调机出口有两根以上的主干风道,为两个以上的区域供冷/热水的系统)则将每根主干管末端的风道静压取出,输入到DDC进行最小值选择,把最小静压作为变频调速器的给定信号,变频调速器根据此信号调节送风机的转速以稳定系统静压。

系统的调速过程:当房间负荷需要风量增加(减少)时,管道静压降低(升高),传感器把静压变化量$\pm\triangle P$检出,回馈给DDC,经PI运算后输出控制信号,主变频器、变频器根据此信号调速,当风量逐步与所需负荷平衡时,静压恢复到原来状态,系统在新的平衡下工作。

② 回风机自动调节

在变风量系统中,调节回风机风量是保证送、回风平衡运行的重要手段,在正常工况下运行时回风机随送风机而动,也就是送风量改变风量时要求回风量改变风量,二者从量上讲回风量小于送风量,如果送、回风机功率相等、特性相同的话,那么回风机的转速小于送风机转速,在实际中,采用较多的以风道静压控制和风量追踪控制,系统原理分述如下:

A. 风道静压控制。回风机和送风机用同一个系统末端的静压来控制,首先确定送、回风量的差值,确定对风机进行给定值设定,然后送、回风机共同遵循末端静压信号调节风机的转速。

B. 风量追踪控制。取送、回风机前后风道压差信号,使它们之间保持固定的差值,当出现超差时,调节风机转速以维持给定的风量差。

③ 相对湿度的自动控制

为了保证房间有良好的舒适性,室内相对湿度可通过改变送风含湿量来实现。工程中通常取回风管道的相对湿度作主调参数,根据主参数的变化调节蒸汽加湿阀的开度,以温度系统的相对湿度。

④ 新风电动阀、回风电动阀及排风电动阀的比例控制

把TE(HE)601温/湿度传感器测量的回风温、湿度和TE(HE)603测量的新风温、湿度输入到DDC控制器进行回风及新风焓值计算,按新风和回风的焓值比例控制回风阀的比例开度。

由于新风量占送风量的30%左右,排风量应等于新风量,故排风阀开度也就是新风阀的开度。

⑤ 变风量系统的联锁控制

新风电动阀和排风电动阀与风机联锁,以防换热器受冻及减少空气粉尘进入风道,风机停机联锁切断电加热器电源或切断蒸汽发生器电源,火灾发生时自动关闭空调机等。

变风量空调系统的监控原理如图2-17所示。

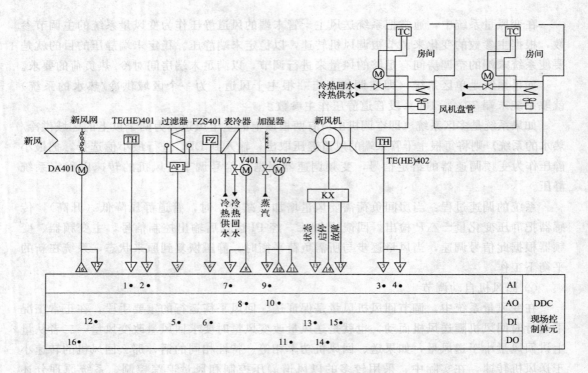

图 2-17 变风量空调系统的监控原理图

3. 冷热源机组设备的监控系统

（1）冷水机组的监控与自动控制

冷水站一般由多台冷水机组及辅助设备共同构成了冷冻水系统和冷却水系统，由DDC直接控制每台冷水机组的运行和监测冷冻水、冷却水系统的流量、温度和压力等参数。

冷冻水系统：把冷水机组所制成冷冻水泵送入分水器，由分水器向各空调分区的风机盘管、新风机组或空调机组供水后返回到集水器，经冷水机组循环制冷的冷冻水环路，称为冷冻水系统。

冷却水是指制冷机组的冷凝器和压缩机的冷却用水。在高层楼宇中常采用循环冷却系统。冷却水由冷却水泵送入冷冻机进行冷却，然后循环进入冷却塔再对冷却水进行冷却处理，这个冷却水环路称为冷却水系统。

冷冻站运行参数的监测（以三台冷水机组为例）

① 冷水机组出口冷冻水温度。采用 TE104、TE105、TE106 温度传感器测量冷水机组出口水温度，并在 DDC 及中央操作站（COS）显示。

② 分水器供水温度。采用 TE110 温度传感器测量分水器冷冻水温度，并在 DDC 及 COS 显示。

③ 集水器回水温度。采用 TE111 温度传感器测量集水器回水温度，并在 DDC 及 COS 显示。分水器供水温度及集水器回水温度测量值之差的大小，反映了空调房间冷

（热）负荷的大小。

④ 冷却水泵进口水温度。采用 TE101、TE102、TE103 温度传感器测量冷却水泵进口温度，并在 DDC 和 COS 显示。

⑤ 冷水机组出口冷却水温度。采用 TE107、TE108、TE109 温度传感器测量冷水机组出口冷却水温度，并在 DDC 和 COS 显示。冷却水泵进口温度与冷却机组冷却水管出口水温度之差，间接反映了冷负荷的变化，同时也反映了冷却塔的冷却效率。

⑥ 冷水机组出口冷冻水压力。采用 PT101、OT102、PT103 压力变送器测量冷冻水压力，并在 DDC 和 COS 显示。

⑦ 冷冻水回水流量。采用 TE107 电磁流量计测量冷冻水回水流量，并在 DDC 和 COS 显示，计算。

⑧ 旁通电动阀开度显示。取 V101 旁通电动反馈信号（0～10V）作为阀门开度显示信号。

⑨ 运行状况及故障报警。冷水机组、冷却塔的运行状态信号取主电路接触器辅助接点。冷冻水泵、冷却水泵的运行状态水采用 ES101～FS106 流量开关进行监测。当水泵接受启动指令后开始运行，其出口管内即有水流，流量开关在流体、动能作用下迅速闭合，输出接点信号显示水泵确实进入工作状态。故障报警信号取自冷水机组、冷冻（却）水泵、冷却塔电机主电路热继电器的辅助常开接点。

冷水机组运行参数的自动控制

冷却水环路压差的自动控制。为了保证冷却水泵流量和冷水机组的水量稳定，常采用固定供回水压差的办法。当负荷降低时，用水量下降，供水管道压力上升；当供回水管压差超过限定值时，DPC101 压差控制器动作，DDC 根据此信号开启分水器与集水器之间连通管上的电动旁通阀，使冷冻水经旁通阀流回集水器，减少了系统的压差。当压差回到设定值以下时，旁通阀关闭。

冷水机组的联锁控制

为了保证机组的安全运行，对冷水机组及辅助设备实施启、停联锁控制。

① 启动顺序控制：冷却塔→冷冻水泵→冷水机组。

② 停机顺序控制：冷水机组→冷冻水泵→冷却水泵→冷却塔。

冷水机组的监测与自动控制原理如图 2-18 所示。

(2) 锅炉机组的监测与自动控制。

锅炉运行参数的检测（以四台为例）：

① 锅炉出口热水温度。采用 TE201～TE204 铂电阻温度计测量锅炉出口水温度，并在 DDC 和 COS 显示，超限报警。

② 锅炉出口热水压力。采用 PT201～PT204 压力变送器测量锅炉出口热水压力，并在 DDC 和 COS 显示。

③ 锅炉出口热水流量。采用 FE201～FE204 电磁流量计（或节流孔板）测量锅炉出口热水流量，并在 DDC 和 COS 显示，计算。当采用节流孔板测量时，需在现场增加流量变送器把热水流量转换成 4～20mA 电流信号送入 DDC。

④ 锅炉回水干管压力。采用 PT205 压力变送器测量锅炉回水干管压力，并在 DDC 和 COS 显示。同时为补水泵启停提供控制信号。

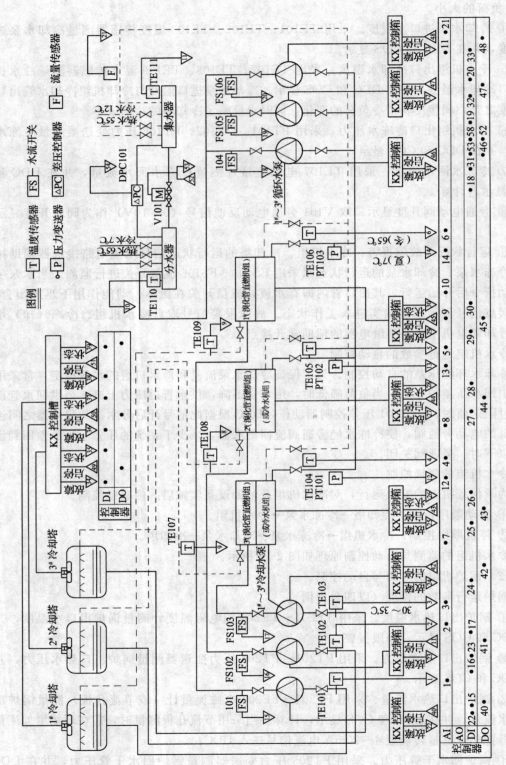

图 2-18 冷水机组的监测与自动控制原理图

⑤ 锅炉用电计量。采用电流、电压传感器计量锅炉用电量，用于锅炉房成本核算。

⑥ 单台锅炉的热量计算。根据 TE201～TE204 及 TE204 铂电阻温度计及 TE201～TE204 电磁流量计的测量值，直接计算单台锅炉的发热量，用以考核锅炉的热效率。

锅炉运行参数的自动控制：

① 锅炉补水泵自动控制。采用 PT205 压力变送器测量锅炉回水压力。当回水压力低于设定值，DDC 自动启动补水泵进行补水。当回水压力上升到限定值，补水泵自动停泵。当工作泵出现故障，备用泵自动投入工作。

② 锅炉供水系统的节能控制。锅炉在冬季供暖时，根据分水器、集水器的供、回水温度及回水干管的流量测量值，实时计算空调房间所需热负荷，按实际热负荷自动启、停锅炉及给水泵的台数。

锅炉的联锁控制：

① 启动顺序控制：给水泵→锅炉。

② 停车顺序控制：锅炉→给水泵。

锅炉机组的监测与自动控制如图 2-19 所示。

三、给排水设备监控系统

1. 智能化楼宇给排水系统

（1）智能化楼宇大多是高层建筑，由于对生活卫生及保安防火设施要求较为严格，因此必须具有标准较高的给排水系统，以保证给水排水的安全、可靠，使人们在良好的环境中学习、工作和生活。

（2）高层建筑的高度大，造成给水管道的静压力较大。过大的水压，不但影响使用，浪费水量而且增加维修工作量，为此给水管道系统、热水管道系统及消防给水系统必须进行竖向分区。

（3）高层建筑发生火灾的因素很多，一旦着火，火势猛、蔓延快、扑救不易、人员疏散也极困难，一般城市消防车仅能扑灭 10 层以下建筑物的火灾，当高度超过 10 层以上时，要求建筑内消防系统须有自救能力，为此高层建筑要设置独立的消防供水系统。

（4）高层建筑物内设备复杂，各种管道交错，必须搞好综合布置，要求不渗不漏；另外对防震、防沉降、防噪声等要求也较高，因此在给排水设备工程中还需要考虑抗震、防噪声等措施。

鉴于以上情况，要求智能化楼宇给排水工程的规划、设计、使用材料和设备及施工等方面，必须全面规划、相互协作，做到技术先进，经济合理，工程安全可靠。

2. 给水设备的监控

（1）高位水箱给水系统

这种系统的特点是以水泵将水提升到最高处水箱中，以重力向给水管网配水，如图 2-20 所示。对楼顶水池（箱）水位进行监测及当高/低水位超限时报警，根据水池（箱）的高/低水位控制水泵的启/停，监测给水泵的工作状态和故障，当工作使用水泵出现故障时，备用水泵需自动投入工作。

高位水箱给水系统用水是由水箱直接供应，供水压力比较稳定，且有水箱储水，供水较为安全。

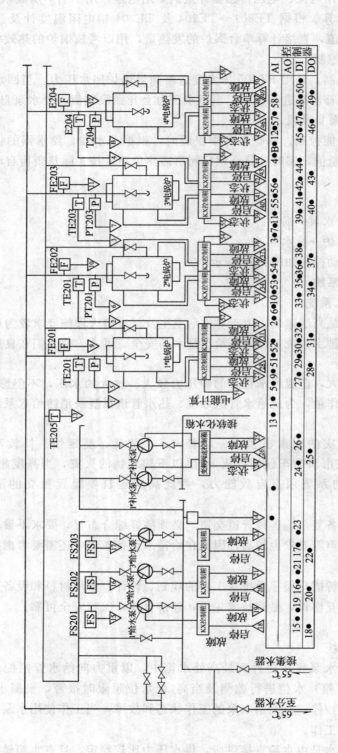

图 2-19 锅炉机组的监测与自动控制原理图

(2) 气压给水系统

考虑到重力给水系统的种种缺点，为此，可考虑气压供水系统。即不在楼层中或屋顶上设置水箱，仅在地下室或某些空余之处设置水泵机组、气压水箱（罐）等设备，利用气压来满足建筑物的供水需要。

水泵—气压水箱（罐）给水系统是以气压水箱（罐）代替高位水箱，而气压水箱可以集中于地下室水泵房内，这样可以避免楼房设置水箱的缺点，如图 2-21 所示。气压水箱需要金属制造，投资较

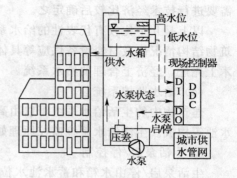

图 2-20 高位水箱给水系统框图

大，且运行效率较低，还需设置空气压缩机为水箱补气，因此耗费动力较多。目前大多采用密封式弹性隔膜气压水箱（罐），可以不用空气压缩机补气，既可节省电能又可防止空气污染水质，有利于优质供水。

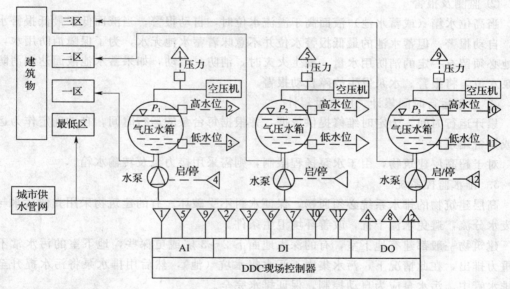

图 2-21 气压装置给水系统

(3) 水泵直接给水系统

以上所讨论的给水系统，无论是用高位水箱的，还是气压水箱的，均为设有水箱装置的系统。设水箱的优点是预储一定水量，供水直接可靠，尤其对消防系统是必要的。但存在着上述很多缺点，因此有必要研究无水箱的水泵直接供水系统。这种系统可以采用自动控制的多台水泵并联运行，根据用水量的变化，开停不同水泵来满足用水的要求，以利节能。如采用计算机控制更为理想。

水泵直接供水，较节能的方法是采用调速水泵给水系统，即根据水泵的出水量与转速成正比关系的特性，调整水泵的转速而满足用水量的变化。

无水箱的水泵直接给水系统，最好是用于水量变化不太大的建筑物中。因为水泵必须长时间不停地运行。即便在夜间，用水量很小时，也将消耗动力，且水泵机组投资较高，

需要进行技术经济比较后确定之。

以上是几个比较有代表性的给水系统，如何选用，应根据使用需求、用水量大小、建筑物结构情况以及材料设备供应等具体条件全面考虑。在用水安全可靠的前提下，考虑技术上先进，经济上合理的给水系统。

(4) 给水监控系统

建筑物中的生活给水系统可以由高位（屋顶）水箱、生活给水泵和低位（或地下）蓄水池等构成。生活给水系统监控原理如图 2-22 所示。

① 生活泵启/停控制

生活泵启/停由水箱和蓄水池水位自动控制。生活水箱设有 4 个水位，即溢流水位、最低报警水位、生活泵停泵水位和生活泵启泵水位。DDC 根据水位开关送入信号来控制生活泵的启/停：当高位水箱液面低于启泵水位时，DDC 送出信号自动启动生活泵投入运行；当高位水箱液面高于停泵水位或蓄水池液面达到停泵水位时，DDC 送出信号自动停止生活泵。当工作泵发生故障时，备用泵自动投入运行，自动显示水泵启/停状态。

② 监测及报警

当高位水箱（或蓄水池）液面高于溢流水位时，自动报警；当液面低于最低报警水位时，自动报警。但蓄水池的最低报警水位并不意味着蓄水池无水，为了保障消防用水，蓄水池必须留有一定的消防用水量。发生火灾时，消防泵启动，如果蓄水池液面达到消防泵停泵水位，将报警。水泵发生故障自动报警。

③ 设备运行时间累计、用电量累计

累计运行时间，为定时维修提供依据，并根据每台泵的运行时间，自动确定作为运行泵或是备用泵。

对于超高层建筑物，由于水泵扬程限制，则需采用接力泵及转输水箱。

3. 排水监控系统

高层建筑物的排水系统必须通畅，保证水封不受破坏。有的建筑物采用粪便污水与生活废水分流，避免水流干扰，改善环境卫生条件。

建筑物一般都建有地下室，有的深入地面下 2~3 层或更深些，地下室的污水常不能以重力排出，在此情况下，污水集中于污水集水坑（池），然后用排水泵将污水提升至室外排水管中。污水泵应为自动控制，保证排水完全。

建筑物排水监控系统的监控对象为集水坑（池）和排水泵。排水监控系统的监控功能有：

(1) 污水集水坑（池）和废水集水坑（池）水位监测及超限报警。

(2) 根据污水集水坑（池）与废水集水坑（池）的水位，控制排水泵的启/停。当集水坑（池）的水位达到高限时，联锁启动相应的水泵；水位高于报警水位时，联锁启动相应的备用泵，直到水位降至低限时联锁停泵。

(3) 排水泵运行状态的监测以及发生故障时报警。

(4) 累计运行时间，为定时维修提供依据，并根据每台泵的运行时间，自动确定为工作泵或是备用泵。

建筑物排水监控系统通常由水位开关、直接数字控制器（DDC）组成，如图 2-23 所示。

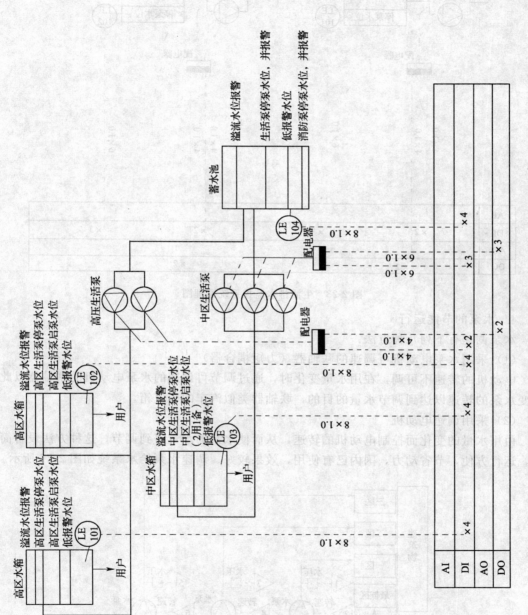

图 2-22 生活给水系统监控原理图

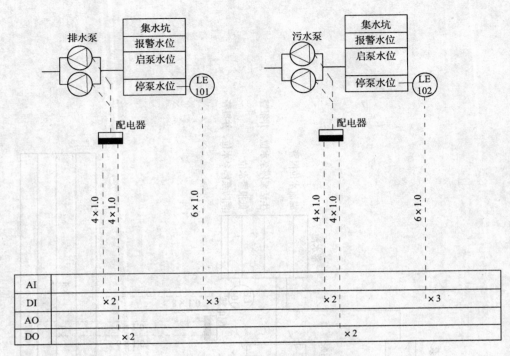

图 2-23　生活排水监控系统原理图

4. 水泵的节能运行

水泵调速有下列几种方法：

（1）采用水泵电动机可调速的联轴器（力矩耦合器）

电动机的转速不可调，在用水量变化时，通过调节可调速的水泵电动机的联轴器以此改变水泵的转速以达到调节水量的目的，联轴器类似汽车的变速箱。

（2）采用调速电动机

由用水量的变化而控制电动机的转速，从而使水泵的水量得到调节。这种方法设备简单，运行方便，节省动力，国内已有使用，效果较好。调速水泵给水系统如图 2-24 所示。

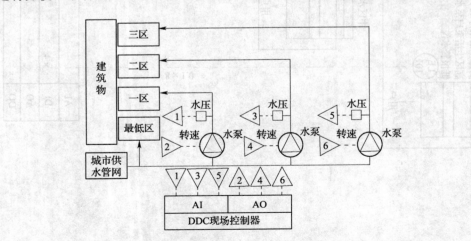

图 2-24　调速水泵给水系统

近来国外研究一种自动控制水泵叶片角度的水泵,即随着水量的变化控制叶片角度的改变来调节水泵的出水量,以满足用水量的需要。这种供水系统设备简单,使用方便,它是一种有前途的新型水泵给水系统。

第三节　楼宇设备自动化系统常见故障及检修方法

引起高层建筑自动控制系统故障的原因一般有两个方面:系统的外界环境条件和系统内部自身故障。由外界环境条件引起故障的因素主要有工作电源异常、环境温度变化、电磁干扰、机械的冲击和振动等,其中许多干扰对于集散控制系统中分站使用的DDC控制器以及中央站的PC机等设备的影响尤其严重。系统内部的故障有现场硬件(包括各种传感器、变送器、执行器等)故障,以及控制器的故障,例如元器件的失效、焊接点的虚焊脱焊、插接件的导电接触面氧化或腐蚀、接触松动、线路连接开路和短路等。

检查系统故障常常先从外部环境条件着手,首先检查工作电源是否正常、工作环境是否符合要求,然后再检查系统内部产生的故障,如各执行部件是否正常,在检查硬件之前通常检查相关参数的设定、操作方式(自动、手动)选择是否正确。

根据高层建筑控制系统的原理、构造,在检查维修时通常采用以下几种方法:模拟测试法、分段检测法、替代法、经验法。

模拟测试法:根据BAS编程逻辑设定满足设备运行的条件,测试判断故障点的类型,属于硬件故障还是软件故障。

分段检测法:通过模拟测量判断出故障处在某一回路后,将此回路分段检测,通常以DDC控制盘为分段点,这样能迅速确定故障点范围。

替代法:用运行正常的元器件、代替怀疑有故障的元器件,来判断故障点。在使用这种方法时,要先确认替代元器件的完好性。

经验法:根据实际的运行维护经验、相关元器件的使用性能及损耗周期等特点,有针对性的检查。

在实际检修中,以上几种方法都会交叉使用。

智能化系统常见故障的分析与解决方法

空调系统常见故障及方法

故障现象一:在设定的运行时间段里,风机不能自动运行。

故障分析:时间程序错乱,风机控制柜电力拖动故障,过滤网堵塞报警。

处理方法及步骤:

首先在中央控制主机上检查风机是否有报警,如果有,手动复位,用模拟测试法,手动开启风机,如果有运行反馈状态,那么执行输出回路是正常的。根据经验,故障应是过滤网堵塞或压力继电器故障。如以上措施不能解决问题,重新调整逻辑控制程序。

故障现象二:风机运行正常,但房间温度较高。

故障分析:冷冻电磁阀故障;温度传感器故障。

室内温度调节器故障处理方法及步骤:首先在中央控制主机上检查回风温度读值是

否正常，如果读值为－50℃，说明温度传感器内部短路；如果为150℃，则温度传感器内部开路。如果读数正常。将总电磁阀开启度手动设定一个任意值，同时在现场观察电磁阀是否工作，如果工作正常，再检查室内温度控制器控制的电磁阀是否正常，具体的方法是将温控器开关关闭，观察电磁阀是否动作，如果不能复位，则该区域电磁阀故障。

给排水系统常见故障分析及排除方法

故障现象一：水泵不能自动启动。

故障分析：程序设定错误，浮球等相关水位检测元件失控，执行元器件故障（如继电器执行模块接线松脱）。

排除故障方法及步骤：

检查排除程序设定出错，将水泵启动控制开关、水泵运行反馈状态、浮球液位状态设定在自动运行状态，查看是否有时间程序控制。

模拟测试法检查：首先在中央控制主机上将水泵启动控制开关合上，观察是否有运行状态反馈，可以确定故障范围在控制信号的输入回路，如：浮球输入模块、连接线等。这时继续用模拟测试法判断输入模块是否完好，在中央控制主机上手动设定浮球液位为低液位报警即满足水泵自动启动条件，如果水泵不启动，那么输入模块有故障的可能性最大。这种情况下，采用替代法，更换一块正常的模块确定故障点是否在模块上。如果水泵启动，那么可确定输入模块是正常的，这显然是浮球至DDC段有故障。用模拟测试法，在DDC盘上将低液位信号短接，观察水泵是否运行，如果运行，故障点一般是在浮球内部微动开关故障，更换浮球即可。

如果在中央控制主机上手动将水泵控制开关合上，没有运行状态反馈，那么故障点一般在执行回路上。根据经验通常在水泵电气控制柜，现场手动启动水泵，如果运行正常，那么故障在自控弱电执行回路；当确定故障在弱电自控执行回路时，应先用万用表检测自控执行继电器工作电压是否正常，如果正常，采用替代法判断执行输出模块是否正常，在这种情况下一般是执行输出模块故障。

故障现象二：生活水池高液位报警，但水泵一直运行不停。

故障分析：出现这种故障现象，一般是执行输出回路有问题，而不应考虑输入回路浮球有问题，因为既然收到了高液位报警反馈信息，说明浮球各触点及反馈输入模块是不会有故障的。

排除方法与步骤：

根据经验，先检查自控执行继电器常闭触头是否熔焊，测量执行继电器是否有持续的工作电压，如果没有，则可判断是电力拖动回路故障；如果有持续的工作电压，应属执行输出模块故障或逻辑控制程序出错，这时用替代法，更换一块正常的执行输出模块测试；如果水泵停止，那么就是模块故障；如果仍不能停止，表明是逻辑程序不对，这时进入BAS的逻辑控制程序里更改逻辑即可。

供配电及照明系统故障分析及排除方法

故障现象一：电流或电压值等参数读数误差很大。

故障分析：互感器、变送器故障，DDC箱执行输出模块故障或逻辑控制程序故障。

排除方法：

如果是电流或电压互感器有故障，可用相应表计替代检测，不难排除。

如果是变送器故障，可检测相应输入输出参数值比较得出。

如果是 DDC 箱执行输出模块故障或逻辑控制程序出错，处理方法及步骤同前面情况类似。

故障现象二：控制操作失灵

故障分析及排除方法：

电气控制柜手/自动开关置于手动位置，BAS 无法控制，置回自动位置。

执行元件继电器故障：检测继电器工作电压是否正常，继电器是否插接良好，继电器动作是否灵敏及触点导通良好。

中央控制室 PC 机操作设定运行时间不对。

DDC 箱执行输出模块故障或逻辑控制程序出错，处理方法及步骤同前面情况类似。

常见的 BA 系统通信故障及排除方法

故障现象一：DDC 只有部分在线

故障分析：DDC 只有部分在线，不一定说明不在线的 DDC 都有故障，可能是某一个 DDC 的通信模块故障引起，也可能是总的 BUS 线，主机通信模块故障。

处理方法及步骤：首先逐个检查不在线 DDC 盘通信指示灯是否正常，如果指示灯不亮，那么肯定此通信模块故障；观察其他 DDC 是否回到线上，如果仍然没有回，说明 DDC 是好的；用同样的方法检测其他 DDC，如果都正常，说明 BUS 线主机通信模块故障，可以采用替代法来判断排除故障。

第四节 智能化楼宇设施维护与管理

一、智能化楼宇设施维护管理的基本概念

建筑物本体及其中的水泵设施都是有寿命的。通常建筑物本体的寿命在 60～70 年左右，而设备设施的寿命在 6～25 年不等。

建筑物一经投入使用，就需要良好的经营管理和维护管理。对建筑物本体和其中的设备设施，要定期进行测试和诊断，及时进行维护和修理以保证建筑物即设施的完好，这不仅可以降低其寿命周期成本（Life Cycle Cost，缩写为 LCC），延长使用寿命，而且还可以使物业增值。

国外，对物业设施管理（Facility Management，缩写为 FM）十分重视。对 FM 所下的定义是："以保持业务空间高品质的生活和提高报资效益为目的，以最新的技术对人类有效的生活环境进行规划和维护管理的工作。"

根据国际物业设施管理协会的分类，FM 的业务内容主要为以下 9 项：

① 物业的长期规划；

② 物业管理的年度计划；

③ 物业的财务预测和预算；

④ 不动产的获得及其处理；

⑤ 物业规划、业务房间装修标准的设定、机器和备品的设置以及房间管理；

⑥ 建筑和设备的规划和设计；

⑦ 新建筑或原建筑的改造更新；
⑧ 维护管理和运行管理；
⑨ 物业的支援机能和服务。

1. 物业设施管理的工作目标

物业设施管理 FM 是一门科学。它是从建筑物业主、管理者和使用者利益出发，对所有的设施与环境进行规划、管理的经营活动。FM 这一经营管理恒定的基础是为使用者提供服务，为管理者提供创造性的工作条件以使其得到尊重和满足，保证其建筑物业主投资的有效回报并不断的得到资本升值，为社会提供一个安全舒适的工作场所并为环境保护作出贡献。

智能化的物业由于采用了高度自动化装备和先进的信息通信与处理设备，能全面获得建筑物的环境、人流、业务、财务、设备的信息，并从经营战略的高度进行设施管理，因而与传统的设施管理有很大的区别。两者差别对比如表 2-1 所示。

传统的物业管理与现代的智能建筑设施管理的比较　　　　表 2-1

内容	传统的物业管理	现代的智能建筑设施管理
英文词义	Property Management	Facility Management
管理目标	资产保值	通过资产的有效利用使资产增值
管理特点	现场管理	经营战略管理
主要目的	维护保养	通过设施运行的最优先提高设施利用者的满意率，提高知识生产的生产率
管理特点	有问题的设施	全部固定资产
管理方式	静态（完好率）	动态（使用率）
管理手段	人工	信息平台
对象时点	保全设施的现状（现在）	保全设施的寿命周期和未来设施（现在、将来）
管理内容	以最小代价保证设施的完好	成本最小化、效用最大化、设施的灵活性、节能、环保
相关知识	建筑、房地产	建筑、房地产、经营、财务、心理、环境、工程、信息
担当组织	总务、设施部门	多部门交叉复合管理
人员技能	劳动生产型为主	多学科、多工种的复合型人才
物业经理	管家	决策者之一

智能建筑的 FM 目标有三大要素：质量、财务和供给。每一要素都具有十分丰富的内容。

2. 物业设施管理的质量目标

FM 的质量与人直接相关，建筑物中所有设施都应以最大限度满足使用的要求。这一质量目标又可分解为以下五个分项：

① 特色　每一建筑物都因其位置、功能与建筑风格来表现出自己的特色，其中有象征（标志）性、美观及地方的风土特色。

② 舒适　建筑物的环境要使人对身边的一切都感到满意。如家具符合人体工程学，光、声、空气、色彩等建筑物理环境不仅适合人在内的居住活动，而且还能满足使用人的特殊爱好，通信等设备满足各类机构人员的需求。

③ 效率　建筑物中的信息、通信、计算机网络等各种设施高度综合并形成有机的整体，共享信息。这更提高了各类设施的效率、可操作性和兼容性。

④ 可靠　这里的可靠具有多层含义，在受到灾害与侵犯时对人员的伤害降到最低，减少各类污染对人体健康的损害，提高设施的安全运行寿命，为建筑物使用者提供私密的个人空间等。

⑤ 适应　建筑物的运行符合政府的法规，能与周边地区协调相处，并且为环境保护与节能作出贡献。

3. 物业设施管理的财务目标

FM是追求经济效益的组织活动，财务目标自然是十分重要的。随着中国的人力成本、能源费用与设备器材的增长，应从长远的经营的战略目标出发来指导FM工作。财务可分为4个分项：

① 设施运营费　包括设备租借费、能源费、运行服务费，在工程项目筹建时，需对这三部分费用进行权衡以确定设施的方案。在设施已定的情况下，则控制能源费与运行维护费的支出。

② 设施相关与投资　土地费、排污费、设备维护更新费用。

③ 设施的固定资产　FM要努力使固定资产减少折旧，促进增值。

④ 生命周期费用　利用技术措施与管理方法，延长设施安全运行寿命，降低建筑物运行费用、设备维护更新费用、修缮费用等。

4. 物业设施管理的供给目标

能随时为用户需求提供最大的空间，是FM的重要职能。

① 需求的响应　能为用户不断地提供他们所需要的空间、环境、设施与服务。

② 设施的利用效率　充分发挥公共区域的设施能力（会议室、健身房、停车房等），提供服务，同时有效利用这些资产。

因此，设施管理应是一项极重要的业务工作和经济活动。但是，从中国长期盛行的重建设、轻管理和近年来只是简单地对下岗职工安排从事物业管理的情况来看，似乎对此尚未有足够的认识。

二、智能建筑物业管理的基础工作

智能建筑的设施管理日趋高性能、自动化、信息化及城市化联网管理，所以在其寿命周期中运行与管理的费用约占寿命周期成本（LCC）总费用的85%以上，这样，维持设备的功能，确保设备的高效率，减少设备的故障，是发挥设备投资效益的重要环节。另外，信息化与现代化的设备设施又为现代化的物业管理提供了平台和基础。

在此，我们来分析一下设施管理的基础工作。设备在其寿命周期内发生故障的情况可表示为故障曲线，其形状像一个浴缸，故又称之为"浴槽曲线"，如图2-25中1，2，3三条曲线分别代表了三种不同的保养方式：① 只使用不保养；② 侍侯保养；③ 预防保养。可见，预防保养可以大大延长设备的使用寿命。

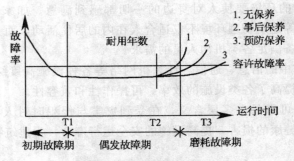

图 2-25 设备故障曲线图

1. 设备延长寿命管理

由于智能化大楼的设施设备日趋大型化、高级化、自动化，在初投资中所占比例越来越大，见表 2-2、表 2-3、表 2-4。

各项投资在办公室总投资中所占比例（%）　　　　　　　　表 2-2

种类	土建	给排水	空调	电气	升降机
超高层	63.4	5.0	12.6	11.8	7.2
一般	67.8	4.5	13.1	10.1	4.5

各项费用在办公室总建设中的比例（%）　　　　　　　　表 2-3

种类	土建	电气	给排水	空调	升降机	室外
钢筋混凝土	62.62	12.75	6.04	14.53	3.47	0.59
混凝土	70.67	10.1	7.1	8.92	2.75	0.46

智能化大楼电气设备费中的比例分配（%）　　　　　　　　表 2-4

电气设备	受变电	预备电源	干线动力	电灯插座	电话	防灾	通迅
100	23	6	17	34	8	8	4

而智能化大楼的寿命周期成本（LCC）中各项费用的比例分配（%）见图 2-26。

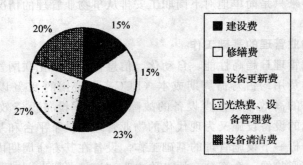

图 2-26 寿命周期成本中各项费用的比例

可见，设备的物业管理费占据了设备周期成本的 85%。因此，维持设备的功能、确保设备的高效率、尽量减少设备的故障，是发挥投资效益的重要环节。

2. 设备"三期"的管理工作

建筑设备按使用时间可分为初期故障期、偶发故障期及磨耗故障期,俗称设备"三期"。在初期故障期,为了减少设备故障时间,物业设施管理人员要了解装置中寿命最短的部件或组件,并加以特别注意。还要找出设计、施工和材料方面的缺陷和不足,分析造成设备故障的原因并加以解决,尽快使设备故障率下降并进入稳定运行状态。为此,物业设施管理人员在建筑物的安装调试阶段就应该到位,对工程实施进行监理,熟悉整个系统,学习操作和设备保养的方法和程序。

在偶发故障期,设备的故障率下降到允许故障率之下。此时,应着重提高物业设施管理人员对故障的检测诊断能力和修理能力,加强对物业设施管理人员的教育培训,加强对备品的管理。为降低设备故障率、延长耐用寿命,应进行必要的设计改善。

在磨耗故障期,设备和系统构成接近或达到各自的寿命期,由于零部件的磨损和材质的劣化使故障率上升。但如果在磨耗故障期之前将部分零部件更新可以降低此期间的故障率。在磨耗故障期还应精心进行预防保养,定期对零部件进行检测,掌握其劣化程度。同时坚持日常的清扫、加油、调整,减缓零部件的磨损和劣化速度,延长其寿命。

3. 设备状况诊断

建筑设备的管理人员,必须对自己所管理的对象的情况有全面深入的了解,及时对设备的故障作出可靠的诊断。首先是调查。根据竣工图纸文件、各种管理台帐、大楼管理者和业主提供的资料现场确认,为今后的诊断确定调查对象。调查的主要内容是确认机能故障的程度和范围、今后进行设备诊断的设施条件(如设施的时间、周期、预算、保管的资料、数据)。进行诊断维修的制约条件(维修作业的空间限制、时间限制,设备功能中止的容许范围、时期和周期等)。

要作出正确诊断,还必须了解设备的下述情况:

① 设备的劣化情况。对部件主要是掌握其磨耗度、腐蚀度和绝缘性能;对机器主要是掌握其效率、噪声和振动;对系统则主要掌握其热平衡、水量平衡。设备的劣化会影响其功能,比较容易找准诊断的对象,但调查得到的现象必须找到原因。

② 节能情况。调查分析能耗量的构成,判断是否能引入建筑、设备、运行管理和室内环境方面的节能的用途以及空间的间隔总会发生变化,实际运行与当初的设计思想不可能完全一致。因此,室内的重新装修和重新布置必须要与建筑设备系统的改造相结合。

③ 省力化。提起建筑业,人们就会联想起设计和施工,而建筑物的维护管理却不为重视,设计和施工时为维护管理考虑的很少,因此建筑物的维护管理往往依靠手工和经验,在运行管理中积累起来的大量数据也很少有人去认真分析整理。按照现代物业管理的要求,应该把以人的经验和能力为中心的维护管理业务电脑化。作为一个高素质的物业管理人员,应当量化调查分析维护管理与运行管理业务,充分考虑省力化的维护管理,以提高服务质量,扩大 FM 的业务。

④ 信息化。当设备系统提出功能变更和升级的要求时,应对现存系统的功能程度进行调查诊断,以机器、系统的性能测定为中心,掌握附加新功能的可能性和制约因素。

⑤ 安全性。对建筑物的防灾能力与防范能力根据现行法规调查其设置状况和动作情况。

思 考 题

1. 楼宇设备自动化监控的范围主要有哪些？
2. 试述电梯系统的内容。
3. 试述供配电系统检测的内容。
4. 试述给排水监控系统的内容。
5. 试述智能化楼宇设施维护管理的主要目的。

第三章 智能建筑消防系统

第一节 概述

一、建筑火灾及防火基本知识

1. 建筑起火原因。

凡是事故皆有起因，火灾亦不例外。分析建筑物的起火原因是为了能有针对性地采取防火技术措施，防止和减少火灾危害。

（1）生活和生产用火不慎。

据统计，我国城乡居民家庭火灾绝大多数为生活用火不慎引起，属于这类火灾的原因有：吸烟不慎；炊事用火；取暖用火；灯火照明；小孩玩火；燃放烟火爆竹等。

（2）违反生产安全制度。

主要是在生产过程中忽略安全的规章制度。如在易燃易爆的车间内动用明火；将性质相抵触的物品混存在一起；电熨斗放在台板上，没有切断电源就离去等等。

（3）电器设备设计，安装，使用及维护不当。

电器设备引起火灾的原因，主要有电器设备过负荷、电气线路接头接触不良、电气线路短路；在易燃易爆的车间内使用非防爆型的电动机、灯具、开关等。

（4）自然现象引起。

如：自燃、雷击、静电、地震等自然界的突发事件引起的火灾。

（5）建筑布局不合理，建筑材料选用不当。

在建筑布局方面，防火间距不符合消防安全要求，没有考虑风向、得势等因素对火灾蔓延的影响，往往会造成发生火灾时火烧连营，形成大面积火灾。

2. 建筑火灾的发展和蔓延。

建筑火灾最初是发生在建筑物内的某个房间或局部区域，然后由此蔓延到相邻房间或区域，以至整个楼层，最后蔓延到整个建筑物。

在此我们介绍耐火建筑中具有代表性的一个房间内火灾发展过程。室内火灾的发展过程可以用室内烟气的平均温度随时间的变化来描述。

根据室内火灾温度随时间的变化特点，可以将火灾发展过程分为3个阶段：

（1）火灾初起阶段。其特点：火灾燃烧范围不大，火灾仅限于初始起火点附近；室内温度差别大；火灾发展速度较慢；火灾发展时间因点火源可燃物质性质和分布、通风条件影响长短差别很大。

（2）火灾全面发展阶段。当火灾房间温度达到一定值时，聚集在房内的可燃气体突然起火。整个房间都充满了火焰，温度升高很快。房间内局部燃烧向全室性燃烧过渡的这种现象通常称为轰燃。它标志着全面发展阶段的开始。

（3）火灾熄灭阶段。随着可燃物的挥发物质不断减少，以及可燃物数量减少，火灾燃烧速度递减，温度逐渐下降，当室温降到温度最高值的80％时，则认为进入熄灭阶段。

二、火灾报警与消防系统简介

火灾报警对确保建筑物的安全重要非凡。有消防报警系统是小区投入使用的先决条件。火灾探测器是及时发现和报警火情的关键，可以是传统烟感、温感、光感等各类火灾探测器，也可以是自带CPU的智能离子烟感探测器或者烟感复合智能探测器。火灾报警监控主机对火灾信息进行处理后，如果确认发生火灾及其部位后，将产生火灾报警信号、触发消防设备的联动。运转消防水泵的喷淋系统，启动排烟机，落下防火卷帘门，以将火灾消灭在萌芽状态。除此以外，智能化的消防系统还可以通过通信或计算机网络与城市调度指挥系统相连，以获得更为强有力的消防后援。

根据我国消防报警规范要求，结合建筑物装修标准和使用功能，在部分建筑物内设有区域火灾报警及消防控制系统、消防值班室的火警控制器均没有通往消防监控中心的通信专线接口。根据建筑物防火等级的不同，其火灾自动报警系统可采用不同的报警形式，主要有以下3种类型：（图3-1、图3-2）

(1) 控制中心报警系统。
(2) 集中报警系统。
(3) 区域报警系统。

一般区域在消防值班室设区域火灾报警器，较大的居住小区和各种用途的大楼在其值班室与管理中心，可装集中报警控制器，并设有消防模拟盘，显示各建筑探测器报警情况和各主要消防设施运行状态。消防控制室可单独设置，当与安防或楼控等系统合用控制室时，有关设备应有独立的区域，互不产生干扰。为了满足消防紧急广播疏散人员以及日常的公共广播和背景音乐之需，还应配备公共广播系统，这既是消防现代化的标志之一，也是一定程度上体现了办公环境的文明层次。

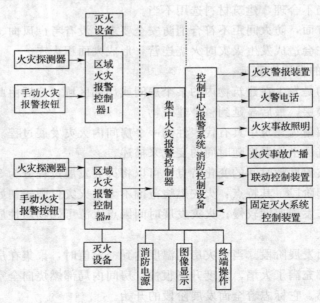

图3-1 互为涵盖的三种消防报警系统类型

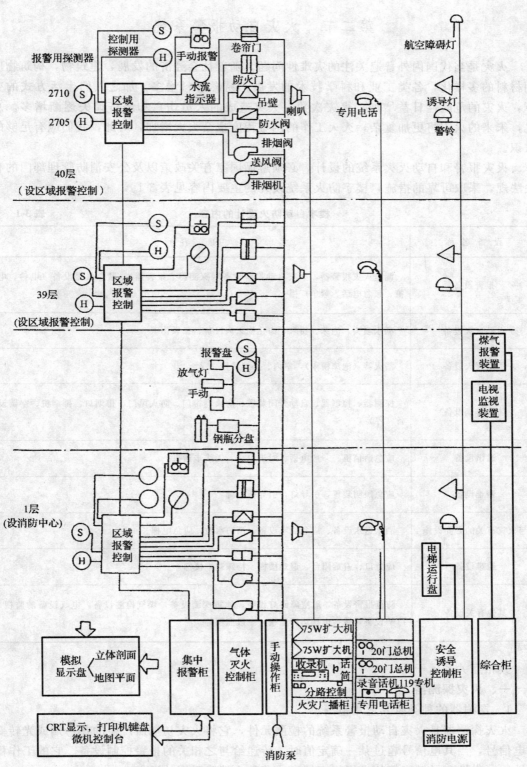

图 3-2 联动控制系统分散与集中相结合控制示意图

51

第二节 火灾自动报警系统

火灾是当代国内外普遍关注的灾难性问题。随着社会经济的发展，建筑物，构筑物应用材料的多样化，各类工业和科学技术的发展，易燃材料增多，加之人们生活方式的变革，火灾的危险性日益增加，火灾次数、火灾造成的人员伤亡和经济损失逐渐增多。总之，未来的火灾将更加复杂，灭火工作的困难程度也会大大增加，对此，我们应有足够的认识。

火灾报警和自动灭火系统的设计，必须遵循国家有关政策以及公安消防管理部门的有关法规，采取可靠的措施，楼宇防火系统设计的主要内容见表3-1。

楼宇自动防火设计的内容　　　　　　表 3-1

设备名称	内容
报警设备	漏电火灾报警器，火灾自动报警设备（探测器、报警器），紧急报警设备（电铃、电笛、紧急电话、紧争广播
自动灭火设备	洒水喷头、泡沫、粉末、卤化物灭火设备、二氧化碳
手动灭火设备	消火器（泡沫粉末），室内、外消防栓
防火排烟设备	探测器、控制器、自动开闭装置、防火卷帘门、防火风门、排烟口、排烟机、空调设备（停）
通讯设备	应急通信机、一般电话、对讲电话、无线步话机
避难设备	应急照明装置，引导灯，引导标志牌
与火灾有关的必要设施	洒水送水设备、应急插座设备，消防水池，应急电梯
避难设备	应急口、避难阳台、避难楼梯、特殊避难楼梯
其他有关设备	防范报警设备，航空障碍灯设备、地震探测设备，煤气检测设备，电气设备的监视，ITV设备，普通电梯运行监视，一般照明等

其相互关系示于图3-3。

一、火灾探测器

1. 探测器的种类及其适用范围

火灾探测器是火灾自动报警系统的检测元件，它将火灾初期所产生的热，烟或光转变为电信号，当其电信号超过某一确定值时，传递给与之相关的报警控制设备。它的工作稳定性，可靠性和灵敏度等技术指标直接影响着整个消防系统的运行。

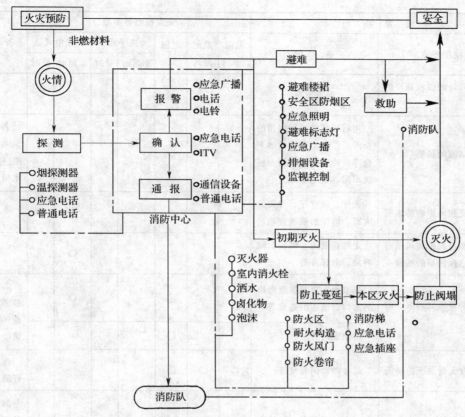

图 3-3 楼宇自动防火设计关系图

目前,火灾探测器的种类很多,功能各异,根据其工作原理划分,一般可以按表 3-2 分类。

火灾探测器选择表　　　　　　　　　　　　　　　表 3-2

设置场所		火灾探测器类型						备注
使用环境	举例	差温式	差定温式	定温式	离子式		光电式	
					非延时	延时	非延时	延时	
烹调的烟有可能流入,而换气性能不良的场所	配餐室、厨房前室、厨房内的食品库等	◎	◎	○					若使用定温探测器,宜用 1 级灵敏度定温探测器
	食堂、厨房四周的走廊和通道等	◎	◎	×					
由于吸烟烟雾滞留,而换气性能又不好的场所	会议室、接待室、休息室、娱乐室、会场、宴会厅、咖啡馆、饮食店等	△	△	×				◎	
用做就寝设施的场所	饭店的客房、值班室等	×	×	×	◎		◎		
有废气滞留的场所	停车场、车库、发电机室、货物存取处等	◎	◎	×					

续表

设置场所		火灾探测器类型							备注
使用环境	举例	差温式	差定温式	定温式	离子式		光电式		
					非延时	延时	非延时	延时	
除烟以外的微粒悬浮的场所	地下室等	×	×	×		◎		◎	
容易结露的场所	用石板或铁板做屋顶的仓库、厂房、密闭的地下仓库、冷冻库的四周、包装车间、变电室等	△	×	◎					若使用定温探测器，要使用防水型
容易受到风影响的场所	大厅、展览厅、寺庙的大殿、塔屋的机械室等	○	×	×				◎	
烟须经过长距离运动后才能到达探测器的场所	走廊、通道、楼梯、倾斜路、电梯井等	×	×	×		◎			
探测器容易受到腐蚀的场所	温泉地区以及靠近海岸的旅馆、饭店的走廊等	×	×	○		◎			若使用定温探测器，要使用防腐型
	污水泵房等	×	×	◎					
可能有大量虫子的场所	某些动物饲养室等	◎	○	○					探测器要有防虫罩
正常时有烟滞留的场所	厨房、烹调室、焊接车间等	×	×	○	×	×	×	×	厨房等高湿度场所要使用防水型探测器
有可能发生阴燃火灾的场所	通讯机房、电话机房、电子计算机房、机械控制室、电缆井、密闭仓库等	×	×	×			◎	○	
太空间、高天棚、烟和热容易扩散的场所	体教馆、飞机库、高天棚的厂房和仓库等	△	×	×					
粉尘、细粉末大量滞留的场所	喷漆室、纺织加工车间、木材加工车间、石料加工车间、仓库、垃圾处理间等	×	×	○	×	×	×	×	定温探测器要使用1级灵敏度探测器
大量产生水蒸气的场所	开水间、消毒室、浴池的更衣室等	×	×	○	×	×	×	×	定温探测器要使用防水型
有可能产生腐蚀性气体的场所	电镀车间、蓄电池室、污水处理场等	×	×	○	×	×	×	×	定温探测器要使用防腐型

续表

设置场所		火灾探测器类型							备注
使用环境	举例	差温式	差定温式	定温式	离子式		光电式		
					非延时	延时	非延时	延时	
显著高温的场所	干燥室、杀菌室、锅炉房、铸造厂、电影放映室、电视演播室等	×	×	○	×	×	×	×	
不能有效进行维修管理的场所	人不易到达或不便工作的车间，电车车库等有危险的场合	○	×	×	×	×	×	×	

注：◎表示最适于使用；○表示适于使用；△表示根据安装场所等情形，限于能够有效地探测火灾发生的场所使用；×表示不适于使用。

其中，离子式感烟探测器具有稳定性好，误报率低，结构紧凑，寿命长等优点，因而得到广泛应用。其他类型的火灾探测器，只在某些特殊场合作为补充才用到。

在使用火灾探测器时，如何根据建筑物的特点，以及所在场合的环境特征合理地选择不同类型的火灾探测器是十分重要的。

选择火灾探测器时，应了解监控区内可燃烧物的性质、数量和初期火灾形成和发展的特点，房间的大小和高度，对安全的要求，以及有无容易引起误报的干扰源等情况。

2. 常用火灾探测器的基本原理

（1）感烟火灾探测器

感烟火灾探测器能够及时探测到火灾初期所产生的烟雾，因而对初期灭火和早期避难都十分有利。根据探测器结构的不同，感烟火灾探测器可分为离子感烟探测器和光电感烟探测器。

（2）感温火灾探测器

1）定温探测器。发生火灾后，室内温度将升高，当定温探测器周围的环境温度到达设定温度以上时，定温探测器就动作。目前，国内应用较多的定温探测器是双金属片式点型定温探测器。如JTW-SD-1301型。其结构示意见图3-4。定温探测器的缺点之一，是它的灵敏度受气温变化的影响。

2）差温探测器。差温探测器按其工作原理，可以分为机械式和电子式两种。目前国内使用较多的膜盒式差温探测器，是机械式探测器中的一种。其结构见图3-5。

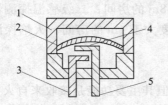

图3-4 定温探测器
1301型定温探测器主体结构示意
1—外壳；2—双金属片；3—电极；
4—触头；5—电极

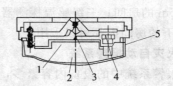

图3-5 差温探测器
膜盒式差温探测器结构示意
1—波纹片；2—气室；3—触点；
4—漏气孔；5—感热外罩

膜盒式差温探测器具有灵敏度高,可靠性好和不受气温变化的影响等优点。

3) 差定温探测器。差定温探测器是兼有差温探测和定温探测复合功能的探测器。若其中的某一功能失效,另一功能仍起作用,因而大大地提高了工作的可靠性。其结构见图3-6。

4) 电子感温探测器。电子感温探测器中有两个热敏电阻,在结构上可以直接感受环境温度的变化。见图3-7。

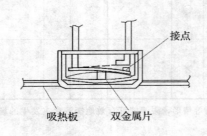 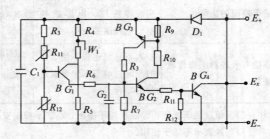

图 3-6 差定温探测器　　　　　　图 3-7 电子感温探测器

(3) 可燃气体探测器。

可燃气体探测器能对焦炉煤气,石油化工等可燃气体进行泄露监测。

3. 火灾探测器的选择与布置

在火灾自动监控系统中,应根据探测区域内可能发生火灾的特点,空间高度,气流状况等选用适宜类型的探测器或几种探测器的组合。

火灾探测器的选用原则如下:

(1) 对火灾初期有阻燃阶段,即有大量的烟仅有少量的热产生,很少或者没有火焰辐射的火灾,如棉,蔴织物的引燃等,应选用感烟探测器。

(2) 对蔓延迅速,有大量的烟和热产生,有火焰辐射的火灾,如油品燃烧等宜选用感温,感烟,火焰探测器或它们的组合。

(3) 对有强烈的火焰辐射而仅有少量烟和热产生的火灾,如轻金属及它们的化合物的火灾,应选用火焰探测器。

(4) 对情况复杂或火灾形成特点不可预料的火灾,应在燃烧试验室进行模拟试验,根据试验结果选用适宜的探测器。

(5) 在散发可燃气体和可燃蒸气的场所,宜选用可燃气体探测器,如使用煤气的厨房采用煤气泄漏探测器。

(6) 感烟探测器在房间高度大于12m时不宜采用。感温探测器按其灵敏度适用于不同高度的房间;一级感温探测器不适合于高度大于8m的房间;二级感温探测器不适合于高度大于6m的房间;三级感温探测器不适合于高度大于4m的房间。火焰探测器在高度为20m以下的房间内都可以采用。

二、火灾自动报警系统

火灾报警系统中的设备内容繁多,型号各异,但其主要功能是接收来自火灾探测器的报警信号,对消防设备进行控制,并显示其工作和故障状态,准确提供火灾现场的位置(编码或地址)。

1. 手动火灾报警器

手动火灾报警器,分壁挂式和嵌入式两种,其区别在于外壳结构,安装方式的不同,内部元件则完全一样。手动报警器可与火灾区域报警器，集中报警器等配合使用，也可作为应急报警或控制灭火使用。

手动火灾报警器应设置在明显和便于操作的部位，安装在墙上距地（楼）面高度1.5m处，并有明显的标志。

报警区域内每个防火分区，应至少设置一个手动火灾报警器。从一个防火分区内的任何位置到最邻近的一个手动报警器的步行距离，不应大于30m。

2. 火灾自动报警装置

火灾自动报警装置是一种由电子线路（或集成电路）组成，包括控制和报警显示设备在内的自动化成套装置。当接到火灾探测器送来的火灾信号（及探测器输出的电平信号）时，能够发出声光报警信号，记录时间，并输出操作其他设备的指令信号，与自动灭火系统或事故广播，事故照明系统，风机等，开启排烟系统。整个报警装置还可以向互联网组成多级自动报警系统，如图3-8。

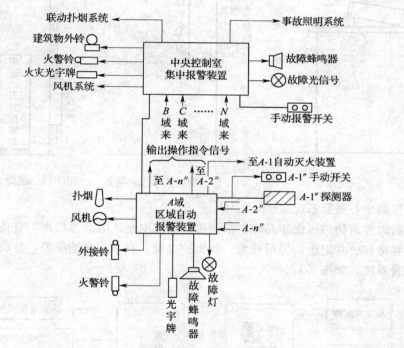

图3-8 多级自动报警系统示意图

集中报警装置安装于建筑物消防控制室，各区域报警装置可安装于各楼层和建筑群体中划定的警戒区域的区域控制台或现场指定位置。

一个警戒区域时自动火灾报警控制器的一个回路能有效感知火灾发生的区域的有效面积。

3. 火灾报警器的安装

区域火灾报警器及集中火灾报警器分为台式（图3-9），壁挂式（图3-10）和落地式（图3-11）3种。台式报警器设置在桌上，如图所示，它需配用嵌入式线路端子箱，线路端子箱装于报警器桌旁墙壁上，所有探测器线路均先集中于端子箱内径接线端子后编线引至台式报警器。端子箱内可设区域开关，当某一区域需进行维修时，将开关扳到"关断"

位置，既不影响系统的其他部分正常工作。壁挂式报警器明装于墙壁上，报警器靠近分线箱但宜离墙 0.5m。

报警器的直接电源如为分散设置时，当报警器为台式时可将电源箱置于桌内；当报警器为壁挂式或落地式时可将电源箱置于专用的小桌上。同时，需设置交流 220V 电源插座，供临时用电。报警器之间的线路应采用钢管配线，暗敷时应埋入在非燃墙体内并具有保护层，明敷时在配线的钢管上应涂以防火的涂料。报警器的金属外壳应注意接地。

4. 报警系统的类型

根据建筑物防火等级的不同，火灾自动报警系统具有不同的结构形式。就一般高层楼宇而言，报警系统有如下 3 种类型（图 3-9～图 3-11）：

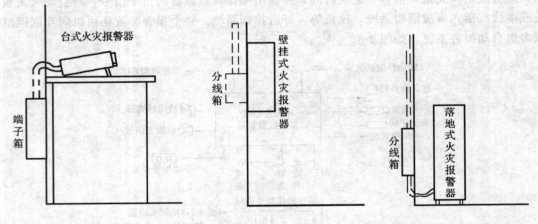

图 3-9 台式火灾报警器　　图 3-10 壁挂式火灾报警器　　图 3-11 落地式火灾报警器

(1) 控制中心报警系统

一类防火建筑物的可燃物品库，空调机房，配电室，电话总机房，自备发电机房，高级旅馆的客房和公共走道，等可视为一级保护对象，宜采用自动报警，自动消防形式的控制中心报警系统，如图 3-12。

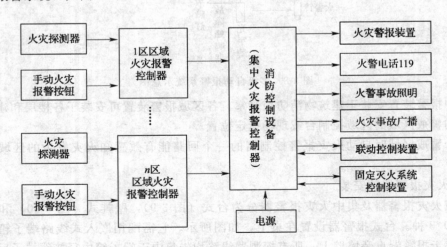

图 3-12 控制中心报警系统

(2) 集中报警系统

百货大楼或银行的营业厅，展览馆的展览厅，重要办公楼科研楼的火灾危险性较大的房间和物品库等可视为二级保护对象，宜采用火灾自动报警，消防联动控制的集中报警系统。如图 3-13。消防控制室可以兼用。

(3) 区域报警系统

二类防火建筑物中铺有地毯等容易发生火灾的客房，火灾危险性较大的可燃物品库，书库等可视为三级保护对象，应设置火灾自动报警器向值班室报警，并宜采用区域报警系统。

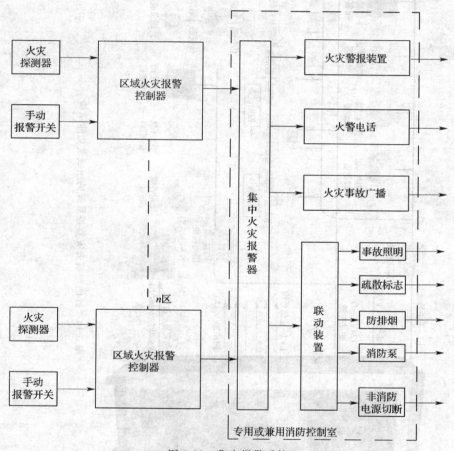

图 3-13 集中报警系统

三、智能建筑的火灾自动报警系统的组成（见图 3-14）

智能建筑火灾监控系统主要有下列 3 种应用形式和系统结构：

1. 中控机系统结构

这类系统一般由通用火灾报警控制器、楼层显示器、模拟式火灾探测器及模块连接的普通探测器构成，总线制，系统按容量配合形成系列；探测器采集现场参数及特征，控制器存储有火灾特性数据，火灾识别方式是控制器对采集数据集中进行多级类判断处理，判定火灾。中控机系统典型应用形式如图 3-15 所示，系统基本容量一般为 500～1000 点，典型产品有 Nohmi R21Z、Nittan NF-1、Simplex4100 等。

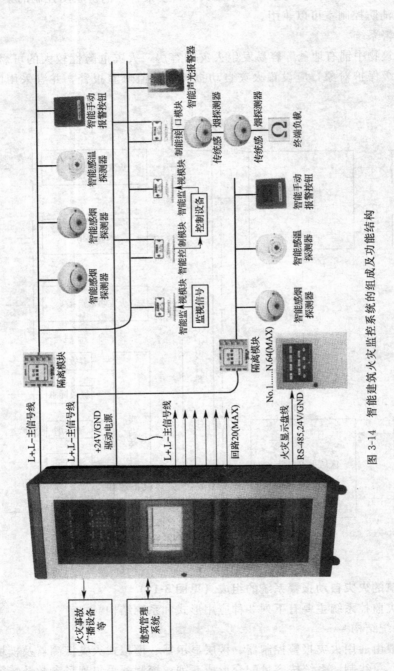

图 3-14 智能建筑火灾监控系统的组成及功能结构

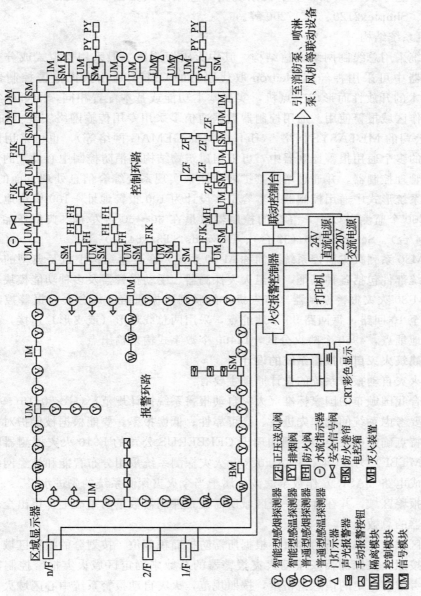

图 3-15 中控机系统结构

2. 主子机系统结构

这类系统或是由集中控制器加区域控制器，或是由通用火灾报警控制器加功能子机（完成楼层显示和区域管理功能，或仅完成区域管理功能），并配以模拟式或分布智能式探测器和模块联结的普通探测器构成，总线制、大容量，对火灾信息处理可采用集中智能或分布智能方式，适于大型工程。主子机系统典型应用形式如图 3-16 所示，典型产品有 Nittan NF-3E、Simplex2120、FC17200 等。

3. 节点机系统结构

节点机系统采用总线制网络通信结构，其中火灾探测器一般采用模拟式或分布智能式，火灾探测器中可采用神经元 Neuron 取代原有的 CPU；通用火灾报警控制器借助 Lon-Works 技术的开放性而形成节点机，实现基本功能或基本配置相同，既可作集中报警作用，也可作区域报警使用。通用控制器数据通信多采用专用传输网络实现（如 Johnson Controls 公司的 METASYS 网络，effeff 公司的 GEMAG 网络等），也可采用以太网实现。在联网的多个通用报警控制器中，可根据建筑物结构和消防控制中心设置的实际需要来设定上级管理控制器，并通过增强其扩展功能来实现系统综合信息处理方面的要求。一般，节点机系统形式中通用控制器基本容量多设计为 100 报警地址＋100 模块地址，扩展容量达到 1000 个监测点以上，互联的控制器数量在 30～60 台左右。典型产品有 Minerva M80（64 台）、Sentrol8000（32 台）、Edwards ST3（64 台）等。

Minerva M80 系列火灾监控系统（简称 M-80 系统）在逻辑结构上也是典型的节点机系列形式，系统部件包括各种感烟、感温火灾探测器、手动报警器及多种功能模块，可实现最多 64 台 M-80 火灾报警控制器（节点机）的联网数据通信。每台火灾报警控制器可由 1 回路扩展至 10 回路，每回路 99 个地址点，采用两总线环形（或支形）连接，系统可提供 61380 个地址点，4960 个防火分区，14460 个数字式输入输出点。

四、智能建筑火灾自动报警系统的设计

智能建筑火灾自动报警系统的设计原则主要有：

(1) 应符合我国颁布的国家标准《火灾自动报警系统设计规范》(GB 50116—98)。

(2) 首先要考虑系统的技术先进性、高可靠性、低误报率。要能根据被保护对象发生火灾时燃烧的特点确定火灾类型。例如瑞士 CERBERUS 公司的 F910 火灾探测器的平均无故障时间 (MTBF) 为 30 年、其 Algo-Rex 火灾探测系统采用分布智能和神经网络算法以及用专用集成电路 (ASIC) 作数字滤波，属于当今火灾探测系统的先进水平。

(3) 划分报警区域，并在确定一个区域所需设置探测器数量的基础上，得出全部探测区域所需探测器的总数量。

(4) 确定区域火灾报警器的容量。根据所需防护面积部位，按划分的报警区域分区域报警控制器。按照火灾探测器及手动火灾报警器的总数来确定区域火灾报警控制器的容量，选择时要考虑有一定的信息富裕量，按照规范，火灾自动报警系统中心区域火灾报警器每回路实际设计容量应为标准容量的 50%～80%。

(5) 确定集中火灾报警控制器。在根据消防设备确定联动控制方式，按照防火灭火要求确定报警和联动的逻辑关系后，最终确定集中火灾报警控制器的选型以及需要多少个地址码以及最大联动控制模块的数量。报警控制器可采用工控机，构成如图 3-17 所示的报警控制系统。

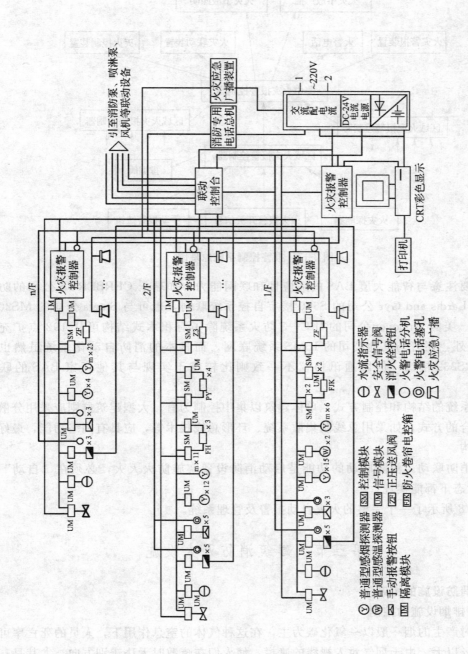

图 3-16 主子机系统结构

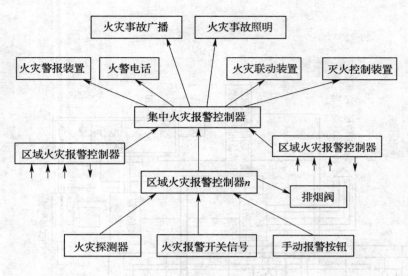

图 3-17 报警控制系统原理图

(6) 要注意与智能大厦 BAS 的适应性和联网能力，如瑞士 CERBERUS 公司的防火系统可与 Lardis and Gyr 公司的 S600 楼宇自控系统联网，也可与 Staefa 公司的 MS2000 系统联网。美国 Andover 公司的 IRC—3 防火系统除了有积木式结构可从 192 点扩充到 100000 点外，还可与其他公司的 IBMS 系统联网。而日本的消防自动化系统虽然也有 RS485、RS232 接口，但因通讯协议不一致则比较难于实现与其他厂家 BAS 的联网功能。

(7) 系统的结构和控制方式，单体建筑以集中控制为宜，大型建筑群则应采用分散与集中相结合的方式，如采用总线制集散系统、环形总线技术等，应具有网络功能，最好是模块化结构。

(8) 消防联动。消防联动的功能是启动消防设备实施防火灭火，必须在"自动"和"手动"状态下都能实现。

图 3-18 所示了一个完整的火灾自动报警及管理系统。

第三节 建筑消防灭火设施

一、消防设施的控制

1. 防排烟设施的控制

火灾时产生的烟一般以一氧化碳为主，在这种气体的窒息作用下，人员的死亡率可达 50％～70％以上。由于烟气对人视线的遮拦，使人们在疏散时无法辨别方向。尤其是高层建筑因其自身的"烟囱效应"，试验的上升速度极快，如不能及时排出会很快的垂直扩散至各处。因此，火灾发生后应立即是防排烟系统工作，把烟气迅速排出，并防止烟气窜入防烟楼梯、消防电梯及非火灾现场。

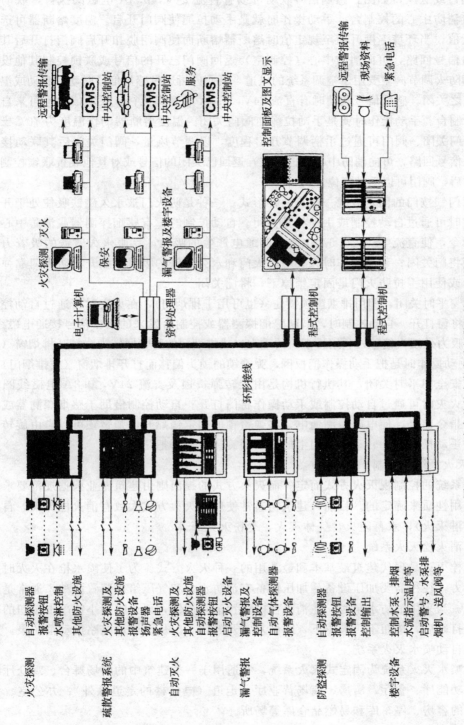

图 3-18 一个完整的火灾自动报警及管理系统

排烟口或送风口如图，感烟信号联动可以有直流 24V，0.3A 电磁阀执行，联动信号也可来自消防中心的控制台。手动操作时就是手动拉绳使阀门开启。温度熔断器可选定其熔断温度值，当环境温度升高至规定值时熔断器熔断而使阀门脱扣开启阀门打开后其联动开关接通信号回路，可向消防中心（控制室）返回阀门已开的信号或联锁控制其他设备。

防烟防火调节阀主要用于空调系统的风道，其阀门可通过感烟信号联动、手动或温度熔断器等使之关闭。感烟信号联动时有直流 24V，0.3A 电磁阀执行，联动信号也可来自消防中心的控制台。手动操作时就是手动拉绳使阀门关闭。温度熔断器动作温度为 70℃±2℃，熔断后阀门关闭。阀门可通过手柄调节开启程度，以调节风量，阀门关闭后其联动接点闭合，接通信号回路，可向消防中心（控制室）返回已关闭的信号或对其他装置联锁控制，熔断器更换后，阀门可以手动复位。

防火门锁按门的固定方式一般有两种形式。一种是防火门被永久磁铁吸住处于开启状态，火灾时可通过自动控制或手动将其关闭。自动控制时，有感烟探测器或消防中心控制台发来指令，使直流 24V，0.6A 电磁线圈通电产生的吸力，克服永久磁铁的吸着力，从而靠弹簧将门关闭；手动操作时只要把防火门和永久磁铁的吸着板拉开，防火门靠弹簧将门关闭，或使用手拉防火门是固定销掉下，将门关闭。

排烟窗平时关闭，即用排烟窗锁锁住（也可用于排烟门），在火灾时可通过自动控制或手动操作将窗打开。自动控制时，借助感烟探测器或控制台发来的指令信号接通电磁线圈，通过它的吸力是锁头偏移，利用排烟窗的重力（或排烟门的弹簧回转力）打开排烟窗（或排烟门）。手动操作时是把手动操作柄扳倒，弹簧锁的锁头偏移而打开排烟窗（或排烟门）。

电动安全门平时关闭，其执行机构是由旋转弹簧锁及支流 24V，0.3A 电磁线圈等组成。发生火灾时可通过自动控制或手动操作将门打开。自动控制借助于感烟探测器或控制台发来的指令信号，使电磁线圈通电，将弹簧锁的固定销离开，弹簧锁可以自由旋转而把门打开。手动操作时，转动附在门上的弹簧锁旋钮，便可把门打开。

2. 灭火系统的控制

灭火系统的控制视灭火方式而定。而灭火方式的提出则由建筑专业根据规范要求及建筑物的使用性质来确定的。目前，建筑物通常使用的灭火方式大致有消火栓灭火，自动喷水（水喷淋灭火），水幕阻火，气体灭火，干粉灭火等。

（1）消火栓灭火系统

消火栓灭火是现代建筑最基本和最常用的一种灭火方式。为了使喷水枪在灭火时具有相当的压力，往往需要加压设备。加压设备有消防水泵和气压给水装置两种，通常是用水泵加压的。当采用消防水泵时，在消火栓内设置消防按钮，灭火时用小锤敲击按钮的玻璃窗，玻璃打碎后，按钮不再被压下，既恢复常开的状态。从而通过电路启动消防泵。

（2）自动喷水灭火系统

自动喷水灭火系统为固定式灭火系统，它适用于一类建筑中的剧场舞台、观众厅、展览厅、多功能厅、餐厅、厨房、商场营业厅、走道（电信楼的走道除外）、办公室、每层无服务台的客房、停车库和易燃品仓库等场所。

自动喷水灭火系统可分为湿式和干式两种，湿式和干式的区别主要在于喷水管道内是否处于充水状态。湿式系统的自动喷水是由玻璃球水喷淋头的作用而完成的，当发生火灾时，装有热敏液体的玻璃球动作（动作温度为 57℃、68℃、79℃、93℃等），由于内压力的增加，玻璃球破裂，此时密封垫脱开，喷出压力水。喷水后由于水压降低时压力继电器动作，将水的压力信号变为电信号从而启动喷水水泵保持水压。喷水时水流通过装于主管道之处的水流开关，器浆片随着水流而动作，接通延时电路，在延时20~30s之后发出电信号给消防控制室，以辨认发生火灾区域。

干式自动喷水灭火系统采用开式水喷头，当发生火灾时由探测器发出信号经过消防控制室的控制台发出指令，控制电磁、手动两用阀门打开阀门，从而各个开关水喷头便同时按预定方向喷水。与此同时，控制台还发出指令启动喷水水泵，保持正常的工作压力，水流经水流指示器发信号给消防控制室，显示喷水灭火的区域。

（3）气体自动灭火系统

气体自动灭火系统适用于不能采用水或泡沫灭火的场所。在大楼中，采用气体灭火的地方有：柴油发电机房、高压配电室、中央控制室等。

固定式气体自动灭火系统按使用的气体分类有卤代烷灭火设备、二氧化碳灭火设备、氮气灭火设备和蒸汽灭火设备等。在高层楼宇中最常用的是卤代烷和二氧化碳灭火设备，仅就这两种设备加以叙述。

1）卤代烷自动灭火系统。卤代烷灭火剂的作用是阻止可燃物与氧气进行化学作用，起到"断链"的作用，从而达到灭火的目的。其优点是灭火能力强，特别是对电气火灾和油类火灾尤其适用，毒性小，易氧化，灭火后不留任何污迹，对机械设备无腐蚀作用；电气绝缘性能好。化学性能及稳定，长期储存不会变质。

国产1301自动灭火系统的原理：它一般由储气钢瓶组、喷头、探测器、控制盘、释气装置及相应的管道组成。灭火剂量一般按20℃时5%体积浓度来计算。

2）二氧化碳自动灭火系统。在一些通常无人值班的变压器式或高压配电室，也可以采用价格比较便宜的二氧化碳自动灭火系统。

3. 消防控制室

根据防火要求，凡设有火灾自动报警和自动灭火系统，或设有自动报警和机械防排烟设施的楼宇（例如旅馆、酒店和其他公共建筑物），都应设有消防控制室（消防中心），负责整幢大楼火灾的监控与消防工作的指挥。

消防控制室应设在建筑物的首层，应用耐火极限不低于3h的隔墙和耐火极限不低于2h的楼板与其他部位隔开，并应由直通室外的安全出口。

消防控制室应尽可能靠近消防水泵房和消防电梯，并宜尽量避开人流密集的场所，特别要注意避免人流疏散路线对消防控制室指挥灭火救灾工作的干扰。

消防中心应设两路专线电源供电，自动切换，互为备用，为了确保消防用电的可靠性，还应设置后备的镉镍蓄电池组，所有消防的管线，应选用防火耐热的铜芯绝缘导线，并采用钢管暗敷。

二、消防给水系统

1. 室外消防给水系统。

（1）给水系统的种类。

室外消防给水系统是城镇灭火的消防供水、灭火设施。按其用途，它可分为：生活、生产、消防独立或合并的给水系统两大类。

它的适用范围和优缺点见表3-3：

合供系统与分供系统的适用范围及优缺点　　　　表 3-3

名称	适用范围	优点	缺点
合供系统	低层建筑	(1) 管系总长和阀件数最少，基建投资省 (2) 施工、管理、维修工作量小 (3) 节省空间，布置容易	(1) 制水成本和投资高 (2) 管系某处有故障，会影响三种用水的供应
分供系统	高于9层建筑、仓库、体育馆	(1) 增加了供水可靠性 (2) 能按不同的要求，对水加压或净化，避免不必要浪费 (3) 杜绝了因消防用水设备污染饮用水和生产用水的特殊性而有碍健康的可能	(1) 基建投资多 (2) 施工、管理和维护的工作量大

(2) 主要设备。

室外消防给水系统主要由消火栓、管网、水泵和消防水池等四大部分组成。

消火栓：室外消火栓有地下消火栓和地上消火栓，地下消火栓适用于北方寒冷地区（表 3-4、图 3-19），地上消火栓适用于南方温暖地区（图 3-20）。

地下消火栓基本参数　　　　表 3-4

公称通径 (mm)	出水口径 (mm)		公称压力 (MPa)	开启高度 (mm)	适用介质
	单出口	双出口			
100	100	65×65	1.0，1.6	50	水、泡沫混合液

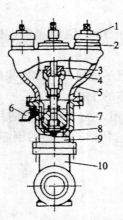

图 3-19　1SX65 型地下消火栓
1—闷盖；2—出水口接口；3—阀杆螺母；
4—阀杆；5—本体；6—排水阀；7—阀瓣；
8—阀座；9—阀体；10—弯管

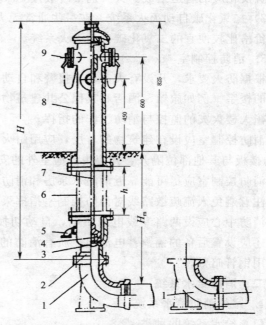

图 3-20　2SS 型地上消火栓
1—弯管；2—阀体；3—阀座；4—阀瓣；
5—排水阀；6—法兰接管；7—阀杆；
8—本体；9—出水口接口

室外消防给水管网：按水压大小，它分为高压管网和低压管网，高压管网内的水压达1.0MPa，能直接出水灭火。低压管网内平均压力为0.15～0.2MPa，管网由管道和各种阀门、附件等组成。

2. 底层室内消火栓给水系统。

9层及9层以下的住宅建设，高度24m以下的其他民用建筑以及高度不超过24m的厂房、库房和单层公共建筑，称为低层建筑。它的室内消火栓给水系统适用于补救建筑物内部的初期火灾。

（1）下列建筑物应设室内消防给水：

1）高度不超过24m的厂房、库房和科研楼。

2）超过800个座位的剧院、电影院等。

3）体积超过5000m^2的车站、码头、商店等建筑物。

4）超过7层的单元式住宅，超过6层的塔式住宅，底层没有商业网点的单元住宅。

5）超过5层或超过10000m^2的其他民用建筑。

6）国家级文物保护单位的重点砖木或木结构的古建筑。

（2）根据建筑物高度，室外管网压力、流量和室内消防流量、水压等要求，室内消防给水系统可分为3类：

1）无加压泵和水箱的室内消火栓给水系统：此系统常在建筑物不太高，室外给水管网的压力和流量完全满足室内最不利点消火栓的设计水压和流量时采用。见图3-21。

2）设有水箱的室内消火栓给水系统：此系统常用在水压变化较大的城市或居住区，能通过水箱调节生活、生产用水量，同时贮存10min的消防用水量。

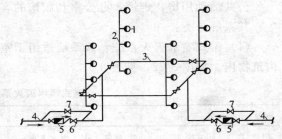

图3-21 无加压泵和水箱的消火栓给水系统
1—室内消火栓；2—室内消防竖管；
3—干管；4—进户管；5—水表；
6—止回阀；7—旁通管及阀门

3）设置消防泵和水箱的室内消火栓给水系统：消防用水与生活、生产用水合并的室内消火栓给水系统，其消防泵应保证供应生活、生产、消防用水的最大秒流量，并应满足室内管网最大不利点消火栓的水压，水箱应贮存10min的消防用水量。

3. 高层室内消火栓给水系统。

凡10层及10层以上的住宅建筑和建筑高度为24m以上的其他民用建筑和工业建筑的消防给水系统，称为高层建筑室内消防给水系统。

高层民用建筑根据其使用性质、火灾危险性、疏散和扑救难度等分为两类。

按管网的服务范围分：

（1）独立的室内消防给水系统：即每幢高层建筑设置一个单独加压的室内消防给水系统。这种系统安全性较高，但管理比较分散，投资也较大。

（2）区域集中的室内消防给水系统：即数幢或十幢高层建筑物共用一个加压泵房的消防给水系统，这种系统便于管理。

按建筑高度分：

(1) 不分区室内消防给水系统：建筑高度不超过50m的工业与民用建筑物，一旦着火，可使用消防车，从室外消火栓取水，通过水泵接合器往室内管网送水，协助扑灭火灾。

(2) 分区室内消火栓给水系统：建筑高度超过50m的室内消火栓给水系统难于得到一般消防车的供水支援，为加强供水安全和保证火场灭火用水，宜采用分区给水系统。

三、消防给水灭火系统

灭火工作是消防工作两大组成部分之一，充分认识灭火在消防工作中的重要作用，从各方面做好灭火准备工作，提高灭火技术和装备水平，提高综合灭火能力。一旦发生火灾，便能迅速有效地予以扑灭。

1. 闭式自动喷水灭火系统。

《高层民用建筑设计防火规范》（GB 50049—95）规定：

建筑高度超过100m的高层建筑，除面积小于$5m^2$的卫生间、厕所和不宜用水扑救的部位外，均应设自动喷水灭火系统。

建筑高度不超过100m的一类高层建筑及其裙房的下列部位，除普通住宅和高层建筑中不宜用水扑救的部位外，应设自动喷水灭火系统。

公共活动用房；走道，办公室和旅馆的客房；高级住宅的居住用房等。

其系统分类：

(1) 湿式喷水灭火系统：该系统适用于室内温度不低于4℃且不高于70℃的建筑物、构筑物内。如图3-22，见表3-5。

湿式喷水灭火系统主要部位表　　　表3-5

编号	名称	用途	编号	名称	用途
1	闭式喷头	感知火灾、出水灭火	9	压力表	指示系统压力
2	火灾探测器	感知火灾、自动报警	10	湿式报警阀	系统控制阀、输出报警水流
3	水流指示器	输出电信号、指示火灾区域	11	闸阀	总控制阀门
4	水力警铃	发出音响报警信号	12	截止阀	试警铃阀
5	压力开关	自动报警或自动控制	13	放水阀	检修系统时，放空用
6	延迟器	克服水压波动引起的误报警	14	火灾报警控制箱	接收电信号并发出指令
7	过滤器	过滤水中杂质	15	截止阀（或电磁阀）	末端试验装置
8	截止阀	切断水力警铃声、平时常开	16	排水漏斗（或管）	排走系统的出水

(2) 干式喷水灭火系统和干湿式喷水灭火系统：干式喷水灭火系统适用于室内温度低于4℃或高于70℃的建筑物、构筑物内。干湿式喷水灭火系统适用于冬季可能冰冻但不采暖的建筑物内，其喷水管网中在冬季充气（干式），在夏季转换成充水（湿式）。

(3) 预作用喷水灭火系统：该系统适用于平时不允许有水渍损失的建筑物、构筑物内。见图3-23。

2. 开式自动喷水灭火系统

开式自动喷水灭火系统按其喷水形式可分为：雨淋系统和水幕系统；按淋水管的充水与否可分为开式充水系统和开式空管系统。

开式自动喷水灭火系统，一般由3部分组成，即火灾探测自动控制传动系统，自动控制雨淋阀门系统和带开式喷头的自动喷水灭火系统。见图3-24。

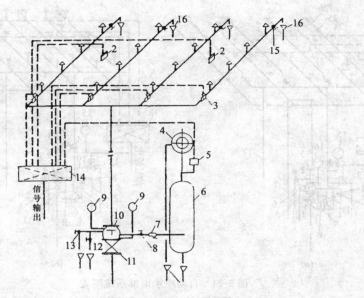

图 3-22 湿式喷水灭火系统

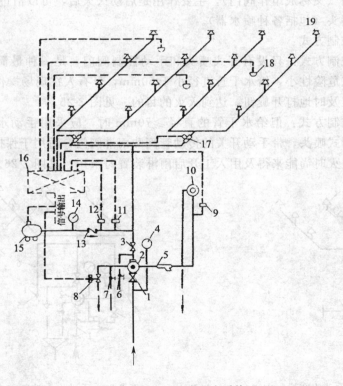

图 3-23 预作用喷水灭火系统

71

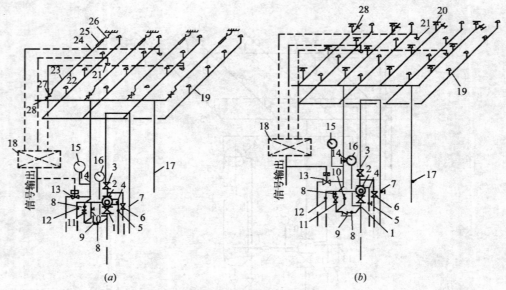

图 3-24 自动喷水雨淋系统图式
(a) 易熔锁封控制；(b) 感温喷头控制

主要组件及控制：
(1) 雨淋阀（又称成组作阀门），主要作用是启动灭火后，可以借进水压力自动复位。
(2) 开式喷头（包括各种喷水器）。
(3) 系列控制方式：

手动旋塞控制方式：只设有开式喷头和手动控制阀门，是一种最简单的开式喷水系统，适用于工艺危险性小，给水干管直径小于 50mm，且有人在现场操作的情况，当发生火灾时，由人工及时地打开旋钮，达到灭火的目的。见图 3-25。

手动水力控制方式：但给水干管的直径≥70mm 时，应采用手动水力传动的雨淋阀门。系统没有开式喷头，带手动开关的传动管网和雨淋阀门，适用于保护面积较大，工艺危险性较小，失火时尚能来得及用人工开启雨淋装置时采用。见图 3-26。

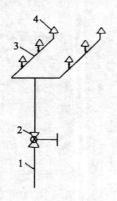

图 3-25 手动旋塞控制方式
1—供水管；2—手动旋塞；
3—配水管网；4—开式喷头

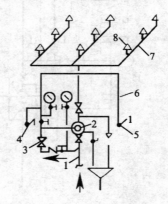

图 3-26 手动水力控制方式
1—供水管；2—雨淋阀门；3—小孔闸阀；4、5—手动开关；
6—传动管网；7—配水管网；8—开式喷头

自动控制方式：设有开式喷头、易熔锁封（或闭式喷头、感光、感温感烟火灾探测器）自控的传动管网，手动开关以及雨淋阀门。

3．水喷雾灭火系统

水喷雾灭火系统是利用高压水，经过各种形式的雾化喷头喷射出雾状水流，喷射在燃烧物上，使之一方面隔绝空气，另一方面进行冷却，对油类火灾能使油面乳化作用，对水溶性液体火灾能起稀释作用。

雾状水喷头：水的雾化质量的好坏，与喷头的性能及其加工精度有关。如果水的压力增高，雾状水流的水粒变细，有效射程也增大，考虑到功率消耗、水带强度及实际需要，喷头前的水压一般控制在 0.5～0.7MPa。

水雾喷灭火系统根据需要可设计成固定式和移动式的两种。移动式喷头可作为固定装置的辅助喷头。

水喷雾消防设备具体适用范围见表 3-6：

能用雾状水进行防护的场所　　　　　　　　　　　　　表 3-6

工厂类别	防护对象	防 护 目 的		
		灭火	压制火灾	防止火灾蔓延
1	2	3	4	5
飞机制造厂	喷气发动机试验场	○	○	○
	压滤机、离心分离机	○	○	○
	油热器（热煤、毛必鲁油）	○	○	○
	蒸馏塔（包括支座）		○	○
	凝缩器、换交换器		○	○
	蒸锅、反应器、蒸解槽		○	○
	贮液罐、扬液泵间		○	○
	管道、管架、载荷台		○	○
	设备框架及支座		○	○
电气设备	变压器、油断路器	○	○	○
	发电机、电动机	○	○	○
	润滑油管道		○	○
制粉工厂		○	○	○
石油加工厂	分馏塔、载荷场、载荷台		○	○
	送油管、送油泵室		○	○
	油分离槽		○	○
	贮油罐、脱水罐		○	○
其 他	地下油库、舰艇	○	○	○
	硫磺贮藏场	○	○	○
	油罐放置场（重油）		○	○
	油罐放置场（轻油）		○	○

注：有○者表示可用雾状水。

4. 卤代烷灭火系统

卤代烷灭火系统是目前国内外在电子计算机房、通信机室、变配电间等场所，以及飞机、舰船、汽车、火车等交通运输工具上应用最广泛的一种气体灭火系统。

它具有灭火快、用量省、久存不变质、洁净、低毒、安全、不导电等特点。

经我国公安消防部门认可的常用卤代烷 1301（三氟—溴甲烷）灭火系统和卤代烷 1211（二氟—氯—溴甲烷）灭火系统。两种系统的主要区别：1301 灭火系统用于经常有人占用的场所，而 1211 灭火系统则大多用于经常无人占用的场所。

第四节 智能建筑中消防系统的维护与管理

一、系统试验与调试

系统安装完后，应按设计要求对管网进行强度、严密性试验，以验证其工程质量。管网的强度、严密性试验一般采用水压进行，但对干式系统必须既作水压试验，又作气压试验，在冰冻季节，如进行水压试验有困难时，可用气压代替水压试验，冰冻季节过去后，仍应作水压试验。

1. 水压试验

系统水压试验应用洁净水进行，不得用海水或含有腐蚀性化学物质的溶液，且应有防冻措施。水压强度试验压力为 1.40MPa 或设计压力的 1.5 倍，测压点应设在管道系统最低部位。对管网注水时，应将空气排尽，然后缓慢升压，达到试验压力后，稳压 30min，目测无泄漏、无变形、无压降为合格。系统严密性试验一般在强度试验合格后进行，其试验压力为设计工作压力，稳压 24h，经全面检查，以无泄漏为合格。系统的水源干管、进户管和室内地下管道应在回填隐蔽前，单独地或与系统一起进行强度、严密性水压试验。

2. 气压试验

系统气压试验介质一般用空气或氮气，气压强度试验压力为 1.00MPa。试验时压力应缓慢上升，达到试验压力后，稳压 10min，目测无泄漏、无变形、且压降不超过 0.005MPa 即为合格。再将压力降至 0.30MPa 进行气密性试验，稳压 24h，压降不超过 0.01MPa 即为合格。

系统试验记录如表 3-7 所示。

系统试验记录表　　　　　　　　　　表 3-7

单位工程名称：

分部分项工程名称：　　　　　　　年　月　日　　　　　　　　No：

管线号	材质	设计参数			强度试验			严密性试验		
		介质	压力	温度	介质	压力	时间	介质	压力	时间

施工单位：　　　　部门负责人：　　　　技术负责人：　　　　质量检查员：

建设单位：　　　　部门负责人：　　　　试验人员或班组长：　　质量检查员：

3. 水冲洗

对系统进行水冲洗的排放管道的截面不应小于被冲洗管道截面的60%，不得用海水或含有腐蚀性化学物质的溶液对系统进行冲洗。水冲洗应不小于3m/s的速度和表3-8所列流量进行。

管道水冲洗流量　　　　　　　　　　表3-8

管子规格（mm）	300	250	200	150	125	100	75	50	40
冲洗流量（L/s）	220	154	98	56	38	25	14	6	4

在系统的地上管道末端与地下管道连接前，应在立管底部加设堵头，然后对地下管道进行冲洗，水冲洗应连续进行，从出口处的水色、透明度与入口处的目测情况基本一致为合格。水冲洗时的水流方向应与火灾时系统运行的水流方向一致，管道冲洗后应将存水排尽，需要时可用压缩空气吹干或采取其他措施。

4. 水压气动法冲洗

用水压气动法对系统进行冲洗时，应使水、气流动方向与火灾时的水流方向相反，即沿配水支管、配水管、配水干管、立管、立管底部排放口流动。水压气动法冲洗的空气压力不应低于0.70MPa，每次冲洗的用水量为114L。水压气动法的方法是：

(1) 容积为114L的水箱注满水，将空气储罐的气压升到0.70MPa。

(2) 启水箱与空气储罐之间的旋塞阀，快速打开水箱底部的旋塞阀，在设有麻布袋的立管底部排放口处，事先检查拦截物情况，决定是否需要再次冲洗。系统冲洗记录表如表3-9所示。

系统冲洗记录表　　　　　　　　　　表3-9

单位工程名称：
分部分项工程名称：　　　　　　　年　月　日　　　　　　　No：

管线号	材质	工作介质	冲洗					
			介质	压力	流速	流量	冲洗次数	鉴定

施工单位：　　　部门负责人：　　　　　技术负责人：　　　　　质量检查员：
建设单位：　　　部门负责人：　　　　　施工人员或班组长：　　质量检查员：

5. 系统调试

系统调试包括水源测试、消防泵性能测试、报警阀性能测试、排水装置试验、系统联动试验、灭火功能模拟试验。

(1) 水源测试

水源测试应符合下列要求：

1) 用压力表、皮托式流速测定管测定并计算室外水源管道的压力和流量，它们应符合设计要求；

2) 核实重力水箱的容积是否符合有关规定，是否有保证消防蓄水量的技术措施；

3)核实消防水池的容积是否符合有关规定,是否有保证消防蓄水量的技术措施;

4)核实水泵接合器的数量和供水能力是否能满足系统灭火的要求,并通过移动式消防泵的供水试验予以验证。

(2)消防泵性能试验

消防泵性能试验应符合下列要求:

以自动或手动方式启动消防泵,达到设计流量和压力时,其压力表指针应稳定;运转中应无异常声响和振动;各密封部位不得有泄漏现象。当备用电源切断后,消防水泵的运转情况仍符合上述要求。

(3)稳压泵性能试验

以自动或手动方式启动稳压泵后,在其共管区域末端试水装置开启放水的情况下,5min内稳压泵应能达到设计压力,且压力表指针稳定。

(4)报警阀性能试验

各种报警阀的性能试验应按如下程序进行。

1)湿式报警阀。打开系统试水装置后,湿式报警阀应能及时动作,经延迟器延时5~90s后,水力警铃应准确地发出报警信号,水流指示器应输出报警电信号,压力继电器应能接通电路报警,并启动消防水泵。

2)干式报警阀。打开系统试水阀后干式报警阀的启动时间、启动点的空气压力、水流到试验装置出口所需时间等均应符合相应的设计要求。

3)干湿式报警阀。将充气式报警阀上室和闭式喷水管网的空气压力降至供水压力的1/8以下,放水阀处能连续出水,水力警铃应发出警报信号。

(5)排水装置试验

对系统进行排水装置试验时,应将控制阀全部打开,全开主排水阀并保持到系统压力稳定为止;若系统所排放出的水能及时进入排水系统,未出现任何水害,试验即为合格。

(6)系统联动试验

系统联动试验应符合下列要求:

1)用感烟探测器专用测试仪输入模拟烟信号后,应在15s内输出报警和启动系统执行信号,并准确、可靠地启动整个系统。

2)用感温探测器专用测试仪输入模拟信号后,应在20s内输出报警和启动系统执行信号,并准确、可靠地启动整个系统。

实验完毕后应填写《系统联动试验记录》,如表3-10所示。

系统联动试验记录表　　　　　　　　　　　　　　　表3-10

单位工程名称:

分部分项工程名称:　　　　　　　　　　年　月　日　　　　　　　　No:

输入信号类别	报警和启动执行信号时间(s)		启动消防泵时间(min)		启动稳压泵时间(min)	
	要求时间	实际时间	要求时间	实际时间	要求时间	实际时间
烟信号	15		5		5	
温信号	20		5		5	

施工单位:　　　　部门负责人:　　　　　　技术负责人:　　　　　　质量检查员:

建设单位:　　　　部门负责人:　　　　　　试验人员或班组长:　　　质量检查员:

(7) 灭火功能模拟试验

当消防监督部门认为有必要时，应作灭火功能模拟试验。对个别区域或房间升温，使一个或数个喷头动作喷水，然后验证其保护面积、喷水强度和水力、电力报警装置的联动是否符合设计要求和有关规范规定。

6. 系统的验收

系统竣工后，应对系统供水源、管网、喷头布置以及系统功能等进行检查试验。

(1) 系统供水源检查

系统供水源检查应符合下列要求：

当选用城市给水管网作系统水源时，应有两条来自室外不同给水管网的进水管，若室外给水管道为枝状或只有一条进水管时，应设消防水池；当选用消防水池作系统水源时，其消防池的容量应符合设计要求；当选用天然水源作系统水源时，除水量、水质应符合设计要求外，且应有保证枯水期最低水位时也不影响用水量的技术措施；有冰冻危险的水源，应有不影响灭火时用水的措施。

(2) 系统水源流量、压力检查试验

系统水源流量、压力检查试验应符合下列要求：

常高压给水系统，通过系统最不利点处末端试水装置进行放水试验，流量、压力应符合设计要求；临时高压给水系统，通过启动消防泵，测得系统最末端试水装置处的流量、压力应符合设计要求；低压给水系统经临时高压给水系统的试验方法试验，流量、压力应符合设计要求。

(3) 消防泵房检查试验

消防泵房检查试验应符合下列规定：

1) 消防泵房建筑耐火等级、设置位置、安全出口等应符合设计要求；

2) 工作泵、备用泵、出水管及出水管上的泄压阀、安全信号阀（或闸阀）等的规格、型号、数量应符合设计要求，若出水管上安装的是闸阀，应锁定在常开位置；

3) 水泵应采用自灌式进水方式；

4) 水泵出水管上应安装试验用的放水阀；

5) 有备用电源，且有自动切换装置，经试验，主、备电源切换正常；

6) 设有气压罐的泵房，当气压罐内压力下降到总压力的80%时，能通过压力开关信号，启动消防泵。

(4) 水泵接合器的检查

检查系统供水管网的水泵接合器数量及水管位置是否正确，对每一个水泵接合器进行充水试验，测系统末端的出水压力、流量是否符合设计要求。

(5) 消防泵启动检查试验

消防泵启动检查试验应符合下列要求：分别开启系统每一个末端试水装置，检查水流指示器、压力开关等信号是否符合设计要求，且消防泵启动正常；打开水泵出水管上的放水试验阀，用主电源启动消防泵，消防泵启动应正常；关掉主电源，主、备电源切换应正常。止回阀、电磁阀、安全信号阀、水流指示器、减压孔板、节流管、比例减压阀、压力开关、柔性接头、排水管、自动排气阀、末端泄压阀等应符合设计要求。

(6) 系统管网检查试验

系统管网检查试验应符合下列要求。

1) 管网所用材质、管径、接头及防腐、防冻措施符合设计规范及设计要求。

2) 管网排水坡度应符合设计要求，局部不能排空的管段应设有管径为25mm的辅助排水管。

3) 系统最末端和每一分区最末端应设末端试水装置，预作用和干式喷水灭火系统最末端还应设有排水阀；末端试水装置应包括压力表、闸阀、试水口及排水管，且排水管的直径不应小于25mm。

4) 管网不同部位安装的报警控制阀、闸阀、试水口及排水管应符合设计要求。

5) 干式喷水灭火系统容积大于1500L时，应安装有加速排气装置。

6) 预作用喷水灭火系统充水时间应不超过3min。

7) 供水管立管上不应安装其他用途的支管和水龙头。

8) 配水支管、配水管、配水干管及供水立管设置的支架、吊架和防晃支架应符合设计要求。

（7）系统报警阀检查

系统报警阀检查应符合下列要求。

1) 系统报警阀各组件应符合设计要求；

2) 打开放水试验阀，测试流量、压力并应符合设计要求；

3) 检查水力警铃设置位置是否正确，距警铃3m远处警铃声强应不小于70dB；

4) 打开手动放水闸阀和电磁阀，检查雨淋阀动作是否可靠并应可靠；

5) 检查报警阀、控制阀上下是否安装有安全信号阀或闸阀，若安装有闸阀，是否锁定在常开位置；

6) 检查报警阀与空压机或火灾报警阀系统的联动是否符合设计要求。

（8）喷头检查验收

喷头检查验收应符合下列规定。

1) 喷头规格、型号，喷头安装间距，喷头与顶棚、障碍物、墙、梁等距离是否符合设计要求；

2) 有腐蚀性气体的环境和有冰冻危险的场所安装的喷头，是否采取了防护措施；

3) 有碰撞危险的场所安装的喷头是否加了防护罩；

4) 向下安装的喷头，当三通下需接短管时，是否安装了带短管的专用喷头；

5) 大空间、高顶棚以及其他特种场所，是否按设计要求安装了特种喷头；

6) 喷头公称动作温度与环境最高温度是否协调，且符合规范要求。

（9）灭火器模拟功能试验

根据设计和使用要求，对系统进行灭火模拟功能试验，应符合下列规定。

1) 报警阀动作，警铃鸣响；

2) 水流指示器动作，且消防控制中心有信号显示；

3) 压力开关动作，压力罐充水，空压机或排气阀启动，消防控制中心有信号显示；

4) 电磁阀打开，雨淋阀开启，消防控制中心有信号显示；

5) 消防泵启动，消防控制中心有信号显示；

6) 加速排气装置投入运行；

7）消防应急广播投入运行；
8）其他消防联动控制系统投入运行；
9）区域报警器、集中报警控制盘有信号显示；
10）电视监控系统投入运行。

（10）系统竣工验收

系统竣工验收应提交下列文件记录。
1）设计图纸及设计变更通知单；
2）地下及隐蔽工程验收记录和中间验收记录；
3）系统试压、冲洗记录；
4）系统调试记录；
5）系统联动试验记录；
6）加速排气装置投入运行记录；
7）系统维护管理规章及维护管理负责人。

二、系统维修与管理

系统必须有日常监督、检测、维护制度，保证系统处于准工作状态。负责系统维护管理的专职人员必须熟悉自动喷水灭火系统原理、性能和操作维护规程。负责系统维护管理的专职人员每天必须巡检责任区内所有供水总控制阀、报警控制阀及其附属组件，进行外观检查，并观察压力表指针所指压力是否正确，保证系统处于无故障状态。

供水水源必须保证供给设计所需的水量和水压，每年应对水源的供水能力进行一次测定。储存消防用水的蓄水池、高位水箱、气压水罐每月应检查核对其消防储备水水位及气压水罐的气体压力，并对保证消防储备水不被他用的措施进行检查，发现有故障，应及时进行修理。消防专用蓄水池或水箱、水罐的水应根据当地环境、气候条件不定期更换，避免腐败。在寒冷季节，储水设备的任何部位都不允许结冰；设置储水设备的房间应每天检查，保持室温不低于5℃。每2年应对储水设备的结构材料进行检查，修补缺损和重新油漆。钢板水箱（包括气压水罐）采用玻璃水位计时，其两端的角阀在不进行观察时应当关闭。

消防水泵应每月启动运转一次，内燃机驱动的消防水泵应每星期启动运转一次；如消防水泵设计为自动控制启动运行时，应模拟自动控制的参数使其启动运转。每个季度应利用报警控制阀旁的放水试验阀进行一次供水水流试验，以验证系统的供水能力。

系统上所有控制阀门均应用铅封和锁链固定在开启和规定的状态；阀门应编号，并挂上标牌，标明该阀门在系统中所控制的部位和应处于的正确状态；每月应对铅封和锁链进行一次检查，如有破坏或损坏应及时修理更换，保证控制阀门不被误关闭，供水管路畅通。建筑物室外阀门井中，进水管上的控制阀门应每个季度检查一次，以核实处于全开启动状态。

室外水泵接合器的接口、室内与室外水泵接合器配套附件应每月检查一次，保证接口完好、无渗透，闷盖齐全；每两月应对管道上的水流指示器进行试验，利用末端试水装置排水，检查其是否能及时报警；每月应对喷头进行外观检查，发现不正常的喷头应及时更换。各种不同规格的喷头均应分别贮存一定数量的备品，喷头的更换或安装均须使用专有的喷头扳手，扳手应保存在消防值班室里；发现故障，需停水进行修理前，均应向主管值班人员报告，取得负责系统维护专职人员的同意，并临场监督，方能动工。

建筑场、构筑物使用性质的改变，其中贮存物安放位置或堆存高度的改变，采暖、采光设备的改变，需要进行重修时，应对系统作相应的修改。

日常维护管理工作如表 3-11 所示。

日常维护管理工作一览表　　　　　表 3-11

部　位	工作内容	周　期
水源	测试工作能力	每年
蓄水池、高位水箱、气压水罐	检测水位及消防储备水不被他用措施	每月
气压水罐	检测气压	每月
设置储水设备的房间	检查室温	寒冷季节每天
贮水设备	检查结构材料	每两年
电动消防水泵	启动试运转	每月
内燃机驱动消防水泵	启动试运转	每星期
报警控制阀	试放水流试验	每季
供水总控制阀、报警控制装置	目测巡检	每日
系统所有控制阀门	检查铅封、锁链情况	每月
室外阀门井中控制阀门	检查开启状况	每季
水泵接合器	检查完好状况	每月

三、火灾自动报警系统的维护与管理

1. 系统的调试

系统的调试开通应在建筑内部装修和系统安装结束后，并得到竣工报告单后进行。调试开通负责人必须由公安消防监督机关审查批准的有资格的专业技术人员担任。所有参加调试的人员应职责明确，并应严格按照调试程序工作。系统的调试开通工作必须符合《火灾自动报警系统安装使用规范》有关规定的要求。

2. 系统的验收

系统的验收应在系统调试开通正常后，在公安消防监督机构监督下，由建设主管单位主持，由设计、施工、调试等单位参加，进行共同验收。

系统竣工时，施工单位应提交：竣工图；设计变更文字记录；施工记录，包括隐蔽工程验收记录；检验记录，包括绝缘电阻、接地电阻的测试记录；竣工报告。在系统验收前，施工的建设单位应向公安消防监督机构提交验收申请报告，并附上相关的技术文件。包括：系统竣工表；系统竣工图；施工记录。包括隐蔽工程验收记录；调试报告；管理、维护人员登记表。系统验收前，公安消防监督机构应进行施工质量复查，复查内容有：火灾自动报警的主电源、备用电源、自动切换装置等安装位置及施工质量；消防用电设备的动力线、控制线、接地线及火灾报警信号传输线的敷设方式；火灾探测器的类别、型号、适合场所、安装高度、保护半径、保护面积和探测器的间距等；各种消防控制装置的安装位置、型号、数量、类别、功能及安装质量；火灾事故照明和疏散指导控制装置的安装位置和施工质量。

系统竣工验收时应验收：火灾自动报警系统装置，包括各种火灾探测器、手动报警开关、区域报警控制器和集中报警控制器等；灭火系统控制装置，包括室内消火栓、自动喷水、卤代烷、二氧化碳、干粉、泡沫等固定灭火系统的控制装置；电动防火门、防火卷帘的控制装置；通风空调、防排烟及电动防火阀等消防控制装置；火灾事故广播、消防通信、消防电源、消防电梯和消防控制室的控制装置；火灾事故照明及疏散指示控制装置。在竣工验收时对火灾报警控制器进行功能抽验，数量在5台以下者全部抽验，在6～10台者，抽验5台，超过10台的按实际安装数量30%～50%的比例抽验，但不应少于5台，抽验时，每个功能应重复1～2次，被抽验控制器的基本功能应符合现行国家标准GB 4717中的功能要求。对火灾探测器、手动报警器开关，实际安装数量在100只以下者，抽验10只，实际安装数量超过100只，按实际安装数量的5%～10%的比例进行抽验，但不应少于10台。

3. 系统的使用

火灾自动报警系统的使用单位，应由经过专门训练，并考试合格的专人负责操作、管理和维护；系统正式启用时，应该文件资料齐全，包括系统竣工图及设备的技术资料，操作规程，值班员职责，值班记录和使用图表等；应建立火灾自动报警系统的技术档案；火灾自动报警系统应该保持正常连续运行，不得随意中断。

4. 系统的管理规定

（1）管理自动报警系统必须经过当地消防监督机构验收合格后，方可使用，任何单位和个人不得擅自决定使用。

（2）使用单位应由专人负责系统的管理、操作和维护，无关人员不得随意触动。

（3）系统的操作和维护人员应经过专门培训并经消防机构组织考试合格的人员担任。值班人员应熟悉本系统的工作原理及操作规程，应清楚了解本单位报警区域和探测区域的划分和火灾自动报警系统的报警部位号。

（4）系统正式启用时，使用单位必须具有下列文件资料：

1）系统竣工图及设备技术资料和使用说明书；

2）调试开通报告、竣工报告、验收情况表；

3）操作使用规程；

4）值班员职责；

5）记录和维护图表；

6）使用单位应建立系统的技术档案；

7）火灾自动报警系统应保持连续正常运行，不得随意中断运行。一旦中断，必须及时通报当地消防监督机构；

8）为了保证火灾自动报警系统的连续正常运行和可靠性，使用单位应根据本单位具体情况制定出定期检查试验程序，并依照程序对系统进行定期的检查和试验。

5. 系统的维护

（1）每日检查

对于集中报警控制器和区域报警控制器及其相关的设备，如控制盘、模拟盘等都应进行检查。这些设备是系统的关键设备，一旦出现问题，会影响到整个系统的工作。因此，必须做到及时发现问题，及时处理，以保证系统正常运行。所以，对报警控制器的功能每天应进行一次检查。有自检、巡检功能的,可通过拨动控制器的自检、巡检开关,检查其功能是否正常。没有上述功能的,也可采用给1只探测器加烟(温)的方法使探测器报警,来检查集中报警控制器或区域报警控制器的功能是否正常。同时检查消音、复位、故障报警等功能是否正常。

(2) 季度试验和检查

火灾报警控制器投入使用后每季度应进行检查的项目有:

1) 采用专门检测仪器分期、分批试验探测器的动作及确认灯显示。

2) 火灾报警装置声光显示试验。试验要求实际操作,一次可进行全部试验,也可进行部分试验,试验前要做好安排,防止造成不必要的混乱。

3) 试验水流指示器、压力开关等报警功能、信号显示。

4) 对备用电源进行1~2次充放电试验,1~3次主电源和备用电源自动切换试验。试验时要按厂家产品说明书的要求进行实际操作。如备用电源采用蓄电池,其充放电是指蓄电池的正常充放电,具体做法是切断主电源,看是否能自动转换到蓄电池供电,蓄电池供电灯是否亮。4h后,恢复主电源供电,看是否自动转换,再检查一下蓄电池是否正常充电,如转换及充电均正常为合格,否则应进行修理更换。

5) 用手动或自动检查下列设备的控制显示功能:防排烟设备(可半年检查一次)。电动防火阀、电动防火门、防火卷帘等的控制设备;室内消火栓、自动喷水灭火系统的控制设备;卤代烷、二氧化碳、泡沫、干粉等固定灭火系统的控制设备;火灾事故广播、火灾事故照明灯及疏散指示灯。

6) 强制消防电梯停于首层试验。

7) 检查所有转换开关。包括电源转换开关、灭火转换开关、防排烟、防火门、防火卷帘等转换开关、警报转换开关、应急照明转换开关等所有手动、自动转换开关。

8) 消防通信设备应在消防控制室进行对讲通话试验。

9) 强制切断非消防电源功能试验。

(3) 年度检查试验

火灾报警控制器投入使用后每年应检查的项目有:每年用专门检测仪器对所安装的探测器,应试验一次,每季度应检测和试验的内容,其中固定灭火系统的控制设备可作模拟试验;试验火灾事故广播设备的功能。其中探测器投入运行2年后,应每隔3年全部清洗一遍,并作相应阈值及其他必要的功能试验,合格者可继续使用,不合格者严禁重新安装使用。探测器的清洗要有专门单位进行,使用单位不要自行清洗,以免损伤探测器部件和降低灵敏度。

思 考 题

1. 简述报警与消防系统的组成、作用以及火灾自动报警系统的三种类型。
2. 随着科学技术的发展,计算机技术在楼宇防火中的应用更加广泛,简述计算机在现代楼宇建筑中的具体应用。
3. 简述现代楼宇建筑的火灾监控系统应用形式及其组成。
4. 高层建筑室内消火栓给水系统如何设置室内消防给水设备?
5. 简述智能建筑中消防系统的管理制度。

第四章 物业安全防范系统

第一节 概 述

初始的安保是由人来完成的,现代物业的安保是通过在物业小区周界,重点部位和关键建筑内安装安全防范装置,并由物业管理中心统一监察、控制和管理,以此来加强安全防范的水平,当然现代物业的安保也可以通过增加安保人员来完成,但增加安保人员会产生三个方面的不足,其一增加人员就会增加工资费用和管理费用;其二人终究不能像机器一样始终如一地坚持原则;其三安保一多会给人带来压抑、紧张的感觉。因此现代的物业安全防范系统是人防与技防的结合,而且是尽量降低对人员的需求,增加技术和机器。

近年来安全防范系统正在向综合化、智能化方向发展。目前,先进的安全防范系统一般由电脑协调起来共同工作,构成集成化安全防范系统,可以对更大范围、更多部位进行实时、多功能的监控,并对各种信息进行及时分析、测量和处理,实现高度安全防范的目的。

一、闭路电视监控系统

电视监控是指除广播电视以外的其他所有领域中的应用的电视 CCTV 即 Closed Circuit Television 的简称。在我国为了避免与(CATV)共用天线电视混淆而统一将 CCTV 称为电视监控。

电视监控有多种组成形式,但其系统的基本构成至少有三大部分,摄像、传送和接收。工作原理是由摄像部分对被摄体进行摄像并将其变换为电信号,由传送部分将电信号送到接收部分进行重放、显示、取样。一些大型的电视监控系统也只是各部分更复杂一些,如:有的要对整体进行控制,增加控制部分。此外,有些系统要对图像进行分析和加工,就要使用信息处理设备即信息处理部分。

(一) 电视监控系统的基本组成和主要设备

目前一般的闭路电视监控系统不论规模大小都是由摄像、传输、控制、图像处理和显示四个部分组成。见图 4-1。

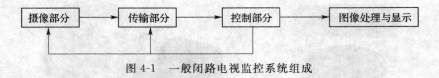

图 4-1 一般闭路电视监控系统组成

1. 摄像部分

摄像部分是电视监控系统的"眼睛",其作用是把系统所监视的目标,即被摄体的光、声信号变成电信号,然后送入系统的传输部分进行传送。摄像部分的核心是摄像机,它是光电信号转换的主体设备,见图 4-2。

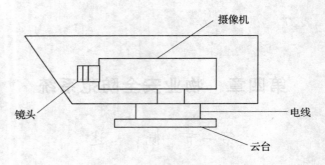

图 4-2 摄像部分

(1) 摄像机

摄像机可分为电真空管（MOS 器件）摄像机和固体摄像机器件（CCD 器件）摄像机两大类。

按所获图像颜色划分有黑、白两种；按信号处理方式划分有全数字式（DV）、带信号处理（DSP）和模拟式三种摄像机，见图 4-3。

PIH-761半球形黑白CCD摄像机
PIH-770半球形彩色CCD摄像机

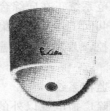

PIH-763半球形黑白CCD摄像机
PIH-773半球形彩色CCD摄像机

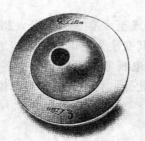

PIH-762半球形黑白CCD摄像机

PIH-764半球形黑白CCD摄像机
PIH-774半球形彩色CCD摄像机

PIH-708吸顶彩色CCD摄像机

PIH-780CB昼夜型彩色/黑白两用摄像机

图 4-3 市场常见摄像机

按摄像机结构分有：普通单机型、机板型、针孔型和球型。

按分辨率划分有像素为 25 万、25～38 万、38 万以上三种。

目前电视监控摄像机的选用已朝着小型化、轻量化、廉价化、高图像质量和多功能方向发展。

（2）云台

云台是一种安装在摄像机支撑物上的工作台，它可以扩大摄像机的监视范围。云台的种类很多，按安装位置划分，有室内和室外之分；按旋转的方向分有固定式和电动式。目前最常用的是室内和室外全方位普通云台。

（3）镜头

摄像机的前部装着从被摄体收集光信号的摄像镜头。摄像镜头常用的有 C 安装座和 CS 安装座二种接口。按镜头的焦距分有短焦、中焦、长焦和变焦。选择合适的镜头一般考虑三个因素：(1) 被摄景物尺寸；(2) 摄像机与被摄物距离；(3) 景物亮度。

2. 传输部分

传输部分就是系统的图像信号控制信号的通路。传输部分的主要器材有以下一些。

(1) 馈线：同轴电缆、光缆。

(2) 视频分配器：将一路视频信号分配为多路输出信号。

(3) 视频放大器：用以补偿传输过程中的信号衰减。

3. 控制部分

控制部分是整个系统的"心脏"和"大脑"，是实现整个系统功能的指挥中心，其主要功能有：视频信号放大与分配，图像信号的校正与补偿，图像信号的切换，图像信号（包括声音信号）的记录，摄像机及其辅助部件（镜头、云台等）的控制等。其主要设备有：集中控制器；云台控制器；微机控制器。

4. 图像处理与显示部分

图像处理是指对系统传输的图像信号进行切换、记录、重放、加工和复制。显示则是将传递过来的图像信号一一显示出来。

主要设备有：

(1) 视频切换器。

(2) 监视器：监视器是闭路电视系统的终端显示设备，整个系统的状态最终都体现在监视的屏幕上，效果好坏均在于此，所以，监视器在系统中占有重要地位。

(3) 录像机：当闭路电视监视系统需要记录图像信息时常使用录像机作为记录设备，一般有三种：长延时磁带录像机、硬盘录像机和光盘录像机。

（二）电视监控系统的类型

1. 简单监控系统

简单监控系统只有数台摄像机，也不需要遥控，以手动操作视频切换器或自动顺序切换器来选择所需要的图像画面，见图 4-4。

2. 直接遥控监视系统

直接遥控监控系统也只有数台摄像机，其遥控为直接控制方式，它的控制线数将随其控制功能增加而增加，不适远距离使用，见图 4-5。

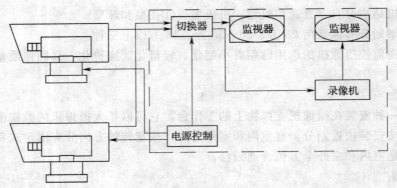

图 4-4　简单监控系统

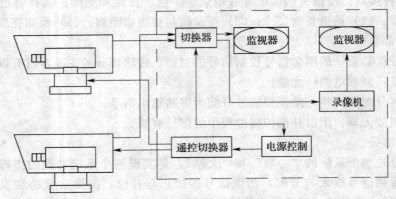

图 4-5　直接遥控监控系统

3. 间接遥控监控系统

它具备了一般监视系统的基本功能，遥控部分采用了间接控制方式，降低了对控制线的要求，增加了传输距离。但不适用于大型场合，因为遥控对象越多，控制线要求也越多，控制按钮也多，操作难，距离远时，控制较困难，见图 4-6。

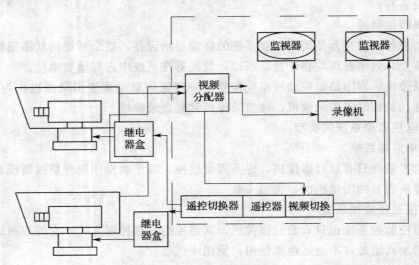

图 4-6　间接遥控监控系统

4. 微机编码自动控制台监控系统

该系统是利用微型计算机来实现各种控制功能的，它可以实现自动切换和控制信号的编码、解码、传输与控制；由于系统控制线只需两根，所以可以方便地扩展来实现大、中型系统的控制以及长距离传输，还可以实现优选识别功能；图像切换可任意编制，易于实现多路控制；此外，还可以用软件将控制报警，与系统管理兼容起来，见图4-7。

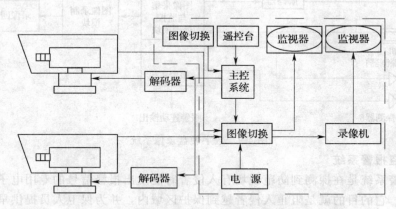

图4-7 微机编码自动控制台监控系统

5. 数字化图像监控系统

它是未来发展的方向，它将计算机网络技术、多媒体技术与闭路电视技术相结合，尤其适用于远距离传输多路的音、视频信号，而且图像清晰，是一项全新的安防电视监控系统，它已成为现代化物业小区管理的有效工具。目前绝大多数新建小区都已建成了自己的局域网，并通过广域网互联，网络协议采用TCP/IP。因此，我们可以充分利用现有的计算机网络设施，来实现本地或远程的监控功能，见图4-8。

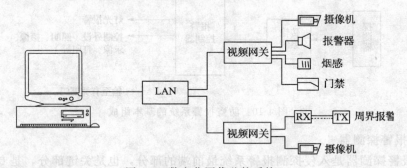

图4-8 数字化图像监控系统

6. 数字硬盘录像系统

数字硬盘录像系统是集计算机网络、多媒体智能与电视监控为一体，以数字化的方式和全新的理念构造出新一代监控图像硬盘录像系统，它不再拘于传统的图像切换方式。可以根据需要在任何授权的地点监控任何一处的被控图像使系统具有很强的安全管理能力，见图4-9。

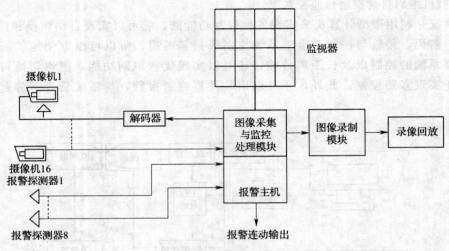

图 4-9 数字硬盘录像系统

二、防盗报警系统

防盗报警系统是在探测到防范现场有入侵者时能发出报警信号的专用电子系统，俗称"电子围墙"，它的目的就是阻止入侵者越到保护区域内，并为保卫人员提供早期报警。

（一）防盗报警系统的基本组成

防盗报警系统一般由探测器、传输系统和报警控制器组成。

探测器检测到意外情况，就产生报警信号，通过传输系统（有线或无线）传送给报警控制系统（由集中控制器、执行单元，报警单元等构成）。当入侵者进入安全防范区域时，安保中心终端会得到报警信号，同时联动闭路电视监控系统，将该报警区域摄像机的图像送至监视器屏幕上，同时记录在录像机上，见图4-10。

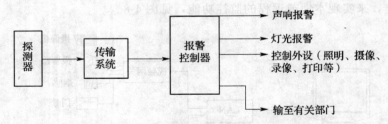

图 4-10 防盗报警系统的基本组成

（二）报警探测器

防盗报警探测器是入侵探测报警系统最前端的部分，也是关键部分，是专门置于防范的现场，用来探测所需报警的目标，它通常是由各种类型的传感器和信号处理电路组成，它可以将感知到的各种形式的物理量（如光、声、温度、震动等）的变化转化成符合报警控制器出来要求的电信号（如电压、电流）的变化，进而通过报警控制器启动报警装置。

1. 报警探测器种类

入侵探测器的种类繁多，分类方式也有几种。

（1）按用途或使用的场所不同分，可分为户内型、户外型、周界入侵型、重点物体防盗等等探测器。

(2) 按探测器原理和传感器的不同分为雷达式微波探测器、红外探测器、开关式探测器、超声波探测器、声控探测器、振动探测器和玻璃破碎探测器等等。

(3) 按探测器警戒范围分，可分为点型（如开关式探测器）、线型（如红外和激光探测器）、面型（如震动、声控探测器）和空间型探测器（如雷达、微波、超声波探测器）。

(4) 按工作方式分

有主动式探测器，即不断发出某种形式的能量，如红外线超声波等；被动式探测器，即靠探测目标自身发出的某种形式能量，如：振动、声波、玻璃破碎等。

2．常用报警探测器

(1) 微波报警探测器，是利用微波能量的辐射及探测技术构成的探测器。

(2) 超声波报警器，超声波报警器的工作原理与微波报警器相类似，只是超声发射器发射的 25～40 kHz 的超声波充满整个室内空间，无论是顶棚、地板还是室内其他物体移动时都会产生超声反射波大约 ±100 Hz 频移，接收机检测出差异后，即发出报警信号。

超声波报警器在密封性较好的房间（不能有过多的门窗）效果大，成本较低，而且没有探测死角，即不受物体遮蔽等影响而产生死角，但容易受风和空气流动的影响，因此安装超声波收发器时不要靠近排风扇和暖气设备，也不要对着玻璃和门窗。

(3) 红外线报警器，红外报警器是利用红外线的辐射和接收技术构成的报警装置。

(4) 双技术报警器（双鉴报警器）。

各种报警器都有其优点，但也各有其不足之处，如表 4-1。

环境干扰及其他因素引起假报警的情况　　　　　　　　　　表 4-1

环境干扰及其他因素	超声波报警器	被动式红外报警器	微波报警器	微波/被动红外双技术报警器
振动	平衡调整后无问题，否则有问题	极少有问题	可能成为主要问题	没问题
湿度变化	若干	无	无	无
温度变化	少许	有问题	无	无（被动红外已温度补偿）
大件金属物体的反射	极少	无	可能成为主要问题	无
门窗的抖动	需仔细放置、安装	极少	可能成为主要问题	无
帘幕或地毯	若干	无	无	无
小动物	接近时有问题	接近时有问题	接近时有问题	一般无问题
薄墙或玻璃外的移动物体	无	无	需仔细放置	无
通风、空气流动	需仔细放置	温度差较大的热对流有问题	无	无
窗外射入的阳光及移动光源	无	需仔细放置	无	无
超声波噪声	铃噱声、听不见的噪声可能有问题	无	无	无

续表

环境干扰及其他因素	超声波报警器	被动式红外报警器	微波报警器	微波/被动红外双技术报警器
火炉	有问题	需仔细放置，设法避开	无	无
开动的机械风扇、叶片等	需仔细放置	极少（不能正对）	安装时要避开	无
无线电波干扰、交流瞬态过程	严重时有问题	严重时有问题	严重时有问题	可能有问题
雷达干扰	极少有问题	极少有问题	探测器接近雷达时有问题	无

(5) 声控报警

声控报警器用声控头（传感器）来控制入侵者在防范区内走动或作案活动发生的声响，如开启门窗，拆卸搬运物品、撬锁等声响等。报漏报率。

(6) 振动入侵探测器

振动入侵探测器是一种在警戒区内能对入侵者引起的机械震动（冲击）而发出报警的探测装置。

(7) 玻璃破碎入侵探测器

玻璃破碎探测器是专门用来探测玻璃破碎功能的一种探测器，当入侵者打碎玻璃试图作案时，即可发出报警信号。

(8) 开关报警器

开关报警器是一种电子装置，它可以把防范现场传感器的位置或工作状态的变化转换为控制电路通断的变化，并以此来触发报警电路。开关报警器属于点控型报警器，常用的有磁控开关、微动开关、紧急报警开关、易断金属导线等。

常见报警器与探测器见图 4-11。

图 4-11 常见报警器与探测器

(三) 防盗报警系统的功能

防盗报警系统应具有如下功能：

(1) 周界须全面设防，无盲区和死角。

(2) 应有翻越区域时的现场报警装置，同时发出语音、警笛、警灯等警告信号，并在报警中心具备同样的信号提示。

(3) 防区划分应适于报警时准确定位，并在报警中心通过显示屏或电子地图识别报警区域。

(4) 各防区的探测器应具有抗不良天气、环境及可能发生干扰的能力，报警中心可控制前端设备状态的恢复。

(5) 整个系统应具有联动的功能如报警与警情区域的探照灯开启联动、报警与闭路电视监控系统联动。

(6) 报警中心应具有报警状态、报警时间记录的功能。

三、出入口控制系统

(一) 出入口控制系统的基本组成

出入口控制系统的功能是对人的出入进行管理，保证授权出入人员的自由出入，限制未授权人员的进入，对于强行闯入的行为予以报警，并可同时对出入人员代码、出入时间，出入门的代码等情况进行登录与存储，从而为确保区域的安全，实现智能化的有效管理。

出入口控制系统通常有3部分组成：如图4-12。

图 4-12　出入口控制系统组成图

1. 出入口目标识别装置

这部分的主要功能是对出入目标身份的检验，判断该目标是否有权出入，只有出入凭证正确才准予放行，否则将拒绝其进入。出入凭证的种类很多，如卡片（磁卡、条码卡、IC卡等）密码和人体生物特征（指纹、掌形、声音等）。

2. 出入口管理控制主机

出入口控制主机是出入口控制系统的管理与控制中心。它是将出入口目标识别装置提取的目标的身份等信息，通过识别对比，以便进行各种控制处理。

出入口控制主机根据保安密级要求，设置出入口管理法则，既可对出入者按多重控制原则进行管理，也可对出入人员实现时间限制，对整个系统实现控制，并能对出入者的有关信息、检验过程等进行记录，并随时打印和查询。

3. 出入口执行机构

执行从出入口管理主机发来的控制命令，在出入口作出相应的动作，实现系统的拒绝与放行操作。如：电控锁、挡车器、报警指示等被控设备。由于各保护区的要求不同，管理系统可设置一定的法则，达到一定的控制要求，常用的方式有如下几种：

(1) 进出双向控制：进入和退出都需验明身份，这种控制方式使系统除可掌握何人在何时进入保安区域外，还可了解何人在何时离开了保安区域，还可以了解当前共有多少人在保安区域内,他们都是谁。

(2) 多重控制:即进入时采用同一种鉴别方式进行多重检验,或采用几种不同鉴别方式重叠验证,这种方式一般用于保安密级较高的区域。

(3) 二人同时出入:只有两人同时通过各自验证后才允许进入或退出保安区域。

(4) 出入次数控制:对用户限制出入次数,当出入次数达到限定值后该用户将不再允许通过。

(5) 出入日期(时间)控制:对用户允许出入的日期、时间加以限制,不在限定的日期或超过限定的时间也将被禁止通过。

(二)个人识别技术

在出入口控制装置中使用的出入凭证或个人识别方法主要有如下 3 类。

1. 卡片

有磁卡(Magmetic Card)、条码卡(Barcode)、射频识别卡(Radio Frequency Identification)、威根卡(Weicon Card)、智能卡(又称 TC 卡)、光卡(Optical Card)、OCR 光标识别卡等等。目前智能卡的应用越来越多。

各种卡片的性能特点见表 4-2。

集中定义识别技术的主要性能和指标   表 4-2

	OCR 卡	条码卡	磁卡	IC 卡	RFID 卡	光卡	韦根卡
信息载体	纸、塑胶	纸等	磁性材料	EPROM	EPPOM	含金塑胶	金属丝
信息量	小	较小	较大	大	较大	最大	较小
可修改性	不可	不可	可	可	可	不可、但可追加	不可
读方式	CCD 扫描	CDD 扫描 C	电磁转换	电方式	无线收发	激光	电磁转换
保密性	差	较差	较好	最好	好	好	较好
智能化	无	无	无	有	无	无	无
抗干扰	怕污染	怕污染	怕强磁场	静电干扰	电波干扰	怕污染等	电磁干扰
证卡寿命	较短	较短	短	长	较长	较短	较短
ISO 标准	有	有	有	有、不全	在制定中	有	有
证卡价格	较短	较短	短	长	较长	较短	较短
读/写设	写:高;读:低	写:高;读:低	高	较低	较低	高	较高
特点	可读性好	简单可靠接触识读	可改写	信息安全可靠	可遥读	信息量大	较安全可靠
弱点	抗污染差	抗污染差	寿命短	卡价格高	易受电磁波干扰	表面保护要求高	不便推广应用

2. 代码

指定密码进行识别,如数字密码门锁。

它的原理输入预先登记的密码进行确认、优点不要携带任何物品,但是不能识别个人身份,而且容易遗忘和泄密。

3. 人体生物特征识别

这是安全性最高的一种个人识别方法,有指纹、掌纹、眼纹、声音等生物特征识别。

(1) 指纹识别

每个人的指纹各不相同,即使是双胞胎,两人指纹相同的概率也少于十亿分之一。因此利用指纹进行身份鉴别避免了 IC 卡,磁卡的伪造和密码破译与盗用,是一种不可伪造假冒,更改的最佳身份识别方法。

指纹机(指纹阅读装置)是对人的手指指纹进行三维扫描,并与预先的指纹记录进行比较与识别的,每个人给以一个识别号码,以便用来调用他的指纹记录供作比较,操作时只要你输入识别号码,并将你的手指放在指纹的检测窗口上,在半秒钟内即完成识别。

(2) 掌纹识别

其工作原理类似于指纹机,是利用人的掌型和掌纹特征做图形对比进行识别的,掌纹机的识别的准确度比指纹机稍低,手上油污和伤疤等虽不会对观测掌形系统产生影响,但会对识别细节产生影响。

(3) 眼纹识别

眼纹识别方法有两种,一是利用人眼眼底(视网膜)上的血管花纹,二是利用眼睛虹膜上的花纹,进行光学摄像,对比与识别。其中以视网膜识别用得较多。

视网膜扫描识别是采用低强度红外线,经瞳孔直射眼底,将视网膜反射到摄像机,拍摄下花纹图像,并进行比较与识别。视网膜识别的失误率几乎为零,准确度最高,识别准确迅速。其主要障碍是被验者的抵制与不合作(被验者须取下眼睛),而且对于睡眠不足导致视网膜充血,糖尿病引起的视网膜病变或视网膜脱落者,将无法对比检验。

(4) 声音识别

这是利用每个人声音的差异以及所说的指令内容不同来进行比较与识别的,但由于声音可以被模仿,而且使用者如果感冒会引起声音变化,其安全性受到影响。

各种个人识别方法的优缺点比较见表 4-3。

各种个人识别方法的优缺点 表 4-3

分 类		原 理	优 点	缺 点	备 注
代 码		输入预先登记的密码进行确认	不要携带物品、价廉	不能识别个人身份、会泄密或遗忘	要定期更改密码
卡片	磁卡	对磁卡上的磁条存贮的个人数据进行读取与识别	价廉、有效	伪造更改容易、会忘带卡或丢失	为防止丢失和伪造,可与密码法并用
	IC 卡	对存贮在 IC 卡中的个人数据进行读取与识别	伪造难、存贮量大、用途广泛	会忘带卡或丢失	
	非接触式样、IC 卡	对存贮在 IC 卡中的个人数据进行非接触式的读取与识别	伪造难、操作方便、耐用	会忘带卡或丢失	

（三）主要设备与系统功能

1. 主要设备

（1）系统控制器

系统控制器在门禁网络结构中充当两个角色，即为现场的门禁控制器提供通信通道构成门禁控制系统，并提供与其他网络控制器进行通信的接口。

（2）禁控制器

门禁控制器作为门禁点的控制单元，起着独立控制，自主工作的作用。

（3）卡机

读卡机作为门禁系统的读入设备，经历了接触式发展到非接触式，只读卡向可读卡、所写卡的转变。

（4）电控锁

电控锁是门禁系统的执行机构，它与所控制的门及相应的装潢要求有着密切的关系，因门的材质与控制的要求不同，电控锁也有着诸多分类，如：木门用锁，玻璃门用锁，铁门用锁；也可分为阴极锁，电插锁和电磁锁等；根据用电不同，又可分为通电开锁和断电开锁两类。

（5）门磁

门磁是门禁系统的传感器，系统是通过门磁信号改变掌握被控门的开关状态。门磁又是系统的报警输入，是通过判断门磁与电控锁的状态可得知门是否处于安全状态的，与电控锁一样，门磁也是与门及装潢要求息息相关，也有木门，玻璃门和铁门的区别。

（6）出门按钮

出门按钮在门禁系统中准确地说是门禁请求释放的输入装置，直接与控制器连接。对于断电开锁（消防要求）而言，门禁系统的设计可增加紧急出门按钮，这类按钮能通过直接切断控锁的回路来满足发生火灾时人员逃生的要求。

（7）指纹掌纹识别仪

该设备可作为门禁系统的读入设备使用，其原理是根据人体生物信号的特殊性、惟一性和准仿冒性等特点来设计，使用在一些安全要求高的领域。

2. 系统功能

典型的门禁系统应具有以下的功能：

（1）控制主机权限

控制主机可以进行各种设定，如开门/关门，查看某一被控区域门态情况，授权卡或删除卡等。

（2）卡片使用模式

采用非接触感应卡，具有高保密性，可靠耐用。

（3）出入等级控制

系统可任意对卡片的使用时间、使用地点进行设顶，非属于此等级之持卡者被禁止访问，对非法入门行为系统会报警。

（4）实时监控功能

门户的状态和行为，都可实时反映于控制室的电脑中，如门打开/关闭，哪个人、什么时间、什么地点等。门开时间超过设定值时，系统会报警。

(5) 记录存贮功能

所有读卡信息均有电脑记录,便于在发生事故后及时查询。

(6) 时间程序管制

经设定,在不同时间区段自动执行控制指令,如自动开门或激活密码等。

(7) 时间处理功能

任何警报信号发生或指定状态改变时,自动执行一连串之顺序控制指令。

(8) 双向管制防反转

系统支持双向管制,特殊门户双向均需读卡,若跟随未读卡,卡会失效,此功能既可防止跟进,又可实时反映该场所实际人员情况。

(9) 首次进入自动开启

系统可在设定的时间内(如上班高峰期)由第一个合法持卡者进门后,自动保持开锁状态,直到某一设定时刻止。

(10) 入门控制

系统可通过设定入门控制功能实现根据读卡情况给出报警或输出到其他设备。

(11) 高度自检功能

系统具有自检功能,典型故障可反馈主机,便于维修人员及时排除。

(12) 楼层电子地图显示

软件具有绘图功能,可支持彩色图像以实时显示各区域门的状态,当报警信号发生时,电脑立即显示该区域平面图,报警地点及门的状态一目了然。

(13) 多级操作权限密码设定

系统针对不同级别的操作人员分配多种级别的操作权限,只有输入正确,密码才可进行相应操作。

(14) 报警显示

系统对所有事件报警信号均能在相关工作站上显示和处理,当同一工作站同时有多路报警信号需要处理时,则按报警优先级别进行排序处理,并以色彩、图形、声音和文字说明的方式显示报警的日期、时间、地址、报警类型、处理步骤等。系统有多种报警优先级别。

(15) 远程监控

系统通过 Modem 在电信上可实现远程控制,可自动拨号至预先指定的电话。

(16) 联动控制

系统可通过硬件触点连接或通过网关与闭路监控,防盗及消防报警实行系统间协调联动,如接到某些信号会自动打开某些门或关闭某些门。

四、电子巡更系统

电子巡更系统是安保人员在规定的巡逻路线上,在指定的时间和地点向中央控制站发回信号以表示正常。如果在指定的时间内,信号没有发到中央控制站,或不按规定的次序出现信号,系统将认为异常。有了巡更系统后,如巡逻人员出现问题或危险,会很快被发觉,从而增加了大楼的安全性,另外电子巡更系统还可以帮助管理者分析巡逻人员的表现和更改巡逻路线,以配合实际情况的需要。电子巡更系统分为两类:离线式、在线式。

（一）在线式电子巡更系统

在线式一般多以共用防侵入报警系统设备方式实现，可由报警系统中的警报接收与控制主机编程确定巡更路线，每条路线上有数量不等的巡更点，巡更点可以是门锁或读卡机，视作为一个防区，巡更人员在走到巡更点处，通过按钮、刷卡、开锁等手段，将以无声报警表示该防区巡更信号，从而将巡更点时间、巡更点动作等信息记录到系统中，从而在中央控制室，通过查阅巡更记录就可以对巡更质量进行考核，这样对于是否进行了巡更，是否偷懒绕过或减少巡更点，增大巡更间隔时间等行为均有考核的凭证，也可以据此记录来判别发案的时间，倘若巡更管理系统与闭路电视系统综合在一起，更能检查是否巡更到位以确保安全，如配有对讲机，便可随时同中央监控室通话联系。

为了实现巡更功能又节省造价，目前在建筑智能化系统设计中，把巡更系统设计到门禁系统中去已变成常规，利用现有门禁系统的现场控制器的多余输入点来实现实时巡更的输入。

（二）离线式电子巡更系统

离线式电子巡更系统主要由采集器，数据传送器及巡更钮组成。系统的组成及工作原理十分简单，安保值班人员开始巡更时，必须确认好设定的巡视路线，在规定时间区段内顺序达到每一巡更点，以巡更钥匙去触碰巡更点。（如果途中发生意外，及时与安保中控值班室联系）监控值班室的电脑系统通过打印机将各巡更站的巡更情况打印出来，随时读取和查询包括班次、巡更点、巡更时间、巡更人数等，并作出安保人员的考勤记录。

离线式电子巡更系统灵活，方便，也不需要布线，只需按巡逻路线进行顺序安置巡更钮即可，操作方便、费用也省。目前各地95%以上用户都选择离线式电子巡更系统。

在线式电子巡更系统与离线式电子巡更系统对比见表4-4。

在线式电子巡更系统与离线式电子巡更系统对比表　　　　　表4-4

功　能	在　线　式	离　线　式
中心处理器与巡逻站通信方式	专线连接（星型、总线型）	无物理连接
对各巡逻站信息读写	实　时	非实时
更改巡逻站设置	直　接	间　接
对巡逻人员监督	实　时	单圈巡逻后检查
对巡逻人员保护	起作用	无作用
巡逻站位置更换、调整	困　难	容　易
维　护	复　杂	容　易
投资成本	较　高	低

五、停车库（场）管理系统

（一）概述

根据建筑设计规范，大型建筑必须设置汽车停车库（场）、办公楼，按建筑面积计每1万平方米设置50辆小型汽车停车位；住宅为100户需设置20个停车位；对于商场则按营业面积计每1000平方米需设置10个停车位。随着我国的经济发展，城市机动车数量的迅速增加这一停车库（场）的规范要求已远远不够。目前多数大型建筑和住宅小区都设置地下停车库（场）。按规定当停车（库）场内的车位数超过50个时，就要考虑建立停车库的管理系统，传统的人员管理已不能满足使用者和管理者的要求，只有采用停车库（场）自动管理系统（Parking Automation System 简称PAS）利用高度自动化的机电设备，减少人工参与才能满足使用者和管理者对停车库（场）效率、安全、快捷、性能以及管理上的需要。因此被广泛使用。

（二）基本组成及功能

停车（库）场自动管理系统由车辆自动识别子系统、收费子系统、管理中心、保安监控系统组成。通常包括中央控制计算机、自动识别装置、临时车票发放及检验装置、挡车器、车辆探测器、监控摄像机、车位提示牌等设备。

停车场电脑自动出入场口系统如图4-13。车辆驶近入口，可看到停车场指示信息标志。标志显示入口方向与车库内空余车位的情况。若车库停车满额，库满灯亮，拒绝车辆入库。若车库未满，允许车辆进库，但驾车人必须购买停车票或将专用停车卡经验读机认可，或使用核准的停车场出入感应卡感应，入口电动栏杆才升起放行。车辆驶过栏杆后，栏杆自动放下，阻挡后续车辆进入。进入的车辆可由车牌摄像机将车牌影像摄入并送到车牌图像识别器形成当时进入车辆的车牌数据，车牌数据与停车凭证数据（凭证类型、编号、进库日期、时间）一齐存入管理系统计算机内。进库的车辆在停车引导灯的指挥下，停入规定的位置。此时在管理系统中的监视器上显示该车位已被占用的信息。车辆离库，汽车驶近出口电动栏杆处，出示停车凭证经验读机识别，此时出行车辆的停车编号、出库时间、出口车牌摄像识别器提供的车牌数据和阅读机读出的数据一起送入管理系统，进行核对与计费。若电动栏杆落下，车库停车数减一，入口指示信息标志中的停车状态刷新一次。

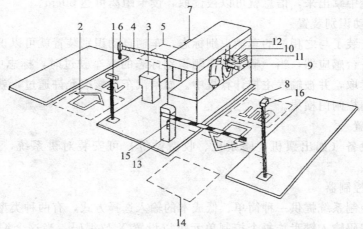

图4-13 停车场电脑自动出入场口系统组成示意图

1—车位已满告示牌；2—入口地下感应器；3—入口时/月租磁卡记录机；
4—入口电动栏杆自动升降机；5—入口自动落杆感应器；6—红外线感应系统（附加）；
7—入口24h录像系统（附加）；8—出口地下感应器；9—出口时/月租磁卡复验机；
10—收费显示器；11—出口时/月租电脑收费系统；12—收据打印机；13—出口栏杆自动升降机；
14—出口自动落杆感应器；15—红外线感应系统（附加）；16—出口24h录像系统（附加）

有人值守操作的停车库出口称为半自动停车管理系统。若无人值守，全部停车管理自动进行，则称为停车自动管理系统。

（三）系统主要设备

1. 出票机

有三种类型：普通出票机（打印时间日期等信息）、条形码出票机、磁条票出票机。

2. 栅栏机

目前先进的栅栏机（也称栏杆机、自动闸门机、自动路闸、自动道闸、挡车器、闸门机等）采用刚性传动或液压传动，与传统的链条、皮带传动方式相比，安全可靠、使用寿命长、不容易出故障。

3. 车位计数器

小型停车场可借助于车位计数器对所有进出车辆统计管理，一台车位计数器可以管理多达 8 个入口出口。将停车场空位数量亦能在 LED 显示屏上显示出来。

4. 车辆探测器

车辆探测方式有线圈感应式、超声波探测法等。先进的车辆探测器能适合环境气候的变化，自动调节，不必人工干预。

5. 磁卡读卡机

（1）简易磁卡读卡机：采用低成本磁卡，适用于无需电子化系统的地方。该读卡机无需外接电源，可驱动栅栏门等设备。

（2）标准磁卡读卡机：是出入口管理最常用的一种读卡设备，这种停车卡具有一卡一号，可重复编码、可对抗各种外界恶劣环境因素干扰、不能复制或伪造等优点。有插入式或刷卡式两种类型。

（3）贴近式读卡机：停车卡只要放在读卡机跟前，其内容就可被读卡机读取。停车卡甚至无须从钱包中拿出来，信息就可以被读取，读卡距离可达 50cm。

6. 车辆自动识别装置

只要汽车安装了与之相配的车辆识别标志，车辆自动识别装置就可以识别。该系统在路基下敷设了一台感应器，当一辆带有车辆识别标志的汽车驶过时，标志中的 ID 编码被传达给传感器读取，并被输入主控计算机中。如果汽车被核准允许通过，就可以由主控计算机控制升起栅栏闸门横梁。

7. 对讲装置

各出入口设备（如出票机、验票机、收费站等）可安装对讲系统，与主控室保持联络。

8. 按键式控制器

它为读卡控制系统提供一种简单、低成本的输入选择方式，有两种类型。

（1）简单编码输入键盘：每个控制单元可以设置 X 位编码，当这个编码被正确输入后允许用户通过。通过改变按键控制器的内部跳线，可以随时修改编码。这个控制器可以安装在墙上或基座上，可以通过接触器开启栅栏门等设备。

（2）可编程式输入键盘：系统可编程控制器可以向不同的用户提供各不相同的访问编码，每一个都可以在任何时候被设置为有效或无效。控制器可以安装在墙上或基座之上，通过接触开启栅栏门等设备。一个辅助输入设备可用来检测栅栏机是否处于"半开"状态，以防止未检查通过的"非法闯入"。另外，可安装一台标准化的微机兼容打印机，用于系统运作情况的打印。

9. 出入口全自动摄像系统

该系统针对短期和长期停车用户，车辆在入口处和出口处由一台视频摄像机进行摄像登录。如车辆的登录编号在系统内的长期停车用户登记列表上，则允许其通过；否则作为一个短期停车用户，记录下该车牌号及一些特征信息。在出口处，系统自动地对车辆识别，计算停车时间并显示停车费用。在车主付费完成之后，栅栏机门自动开启，允许用户通过。整个系统无需票卡。

10. 中央控制计算机

停车场自动管理系统的控制中枢是中央控制计算机。它负责整个系统的协调与管理，包括软、硬件参数控制，信息交流与分析，命令发布等。它将管理、保安、统计及商业报表集于一体，既可以独立工作构成停车场管理系统，也可以与其他计算机网相联，组成一个更大的自控装置。

11. 不停车遥感设备

不停车遥感设备由一台外置式的遥感天线和一台控制器及射频模块组成，特点是采用了频率调制技术，具有很高的抗干扰能力，司机只需将一枚遥感盘放在车内，当车开过停车库（场）出入口天线前方时，数据就可以被自动读取，司机不用停车，更无需开车窗，栅栏闸门会自动开启。

第二节 安全防范系统检测与常见故障排除

一、安防系统检测

安全防范系统检测验收主要包括周界防范报警系统检测、闭路电视监控系统检测、巡更系统检测、楼宇访客对讲系统检测、车辆出入管理系统检测。

上述所有项目的检测应在系统正常使用情况下进行。若有系统间实现协调联动的，应依据系统的设计要求对联动功能进行检测和验收。

（一）周界防范报警系统检测

1. 入侵探测器安装质量检测

探测器安装的高度和位置应符合安防技术的要求，同时满足制造厂技术条件的规定。探测器的安装数量、规格、型号应满足安防技术的要求。

2. 报警功能检测

人为触发入侵探测器，报警控制中心应可实时接收来自入侵探测器发生的报警信号，包括时间、区域及类别。报警信号应能保持至手动复位。

3. 故障报警功能检测

报警控制中心与入侵探测器、传输入侵报警信号作用的部件之间的连接发生断路、短路或并连其他负载时，应有故障报警信号产生，并能指示故障发生的部位，报警信号应能保持至故障排除。故障报警不应影响非故障回路的报警功能。

4. 报警反应速度检测

人为触发入侵探测器，以探测器一侧指示灯亮为起点，以报警控制中心接收到报警信号为终点，测其持续时间；令外部连线断路或短路，以断路或短路为起点，以报警控制中心接收到报警信号为终点，测其持续时间，应在报警信号发出后 2s 之内报警。

5. 联动功能检测

（1）人为触发入侵探测器，报警系统宜在发出声光报警的同时，联动开启图像复核系统，将现场图像传输到监控中心，同时进行图像记录。

（2）稳定性检查：系统处于正常警戒状态下，在正常天气条件下连续工作七天，不应产生误报警和漏报警现象。

（3）主控设备应能将所有的报警事件进行记录和查询。

（二）小区重点部位图像监视系统检测

1. 系统的时序、定点、同步切换、云台的遥控操作、多画面分割器、录放像及电梯层叠加显示等功能应能满足设计要求。

2. 系统的复合视频信号，在监视器输入端的电平值应达到 $1Vp\_p±3dBVBS$。

3. 系统图像质量主观评价达到 4 级图像的要求。

4. 黑白电视系统水平清晰度不应低于 400 线。彩色电视系统不应低于 270 线。

5. 系统图象画面的灰度不应低于 8 级。

（三）巡更系统检测

1. 离线式巡更系统数据传输功能的检测

将已经采集了巡更钮信息的采集器通过数据传送器传输至主机中，应能正确实现进行显示巡更钮信息。

2. 在线式巡更系统实时报警功能的检测

分别模拟巡更人员对巡更点漏检、提前到达及未按时到达指定巡更点，控制主机应能立即接收到报警信号，并记录巡更情况。

模拟改变在线式巡更系统的巡更路线，并在进行实时报警功能的检测时，控制主机应能立即接收到报警信号并记录巡更情况。

（四）楼宇对讲系统检测

1. 选呼功能检测

在楼宇入口处的主机应能正确选呼楼内的任一分机，并能听到铃声。

2. 通话功能检测

用楼宇入口处的主机对楼内任一分机选呼后，应能实施双工通话，语音清晰，不应出现振鸣现象。

3. 电控开锁功能检测

应可在分机上实施电控开锁功能。

4. 视频信号清晰度检测

可视对讲系统所传输的视频信号要清晰，应能实现对访客的识别。

5. 紧急报警信息控制

联网型的小区楼宇对讲系统，其管理主机除应具备可视对讲、电控开锁、选呼功能、通话功能外，应能接收和传送住户的紧急报警（求助）信息。

（1）使管理机处于通话状态，同时分别触发 2 台报警键，管理机立即发生与呼叫键不同的声光信号，逐条显示报警信息包括时间、区域。

(2) 使系统处于守候状态，同时分别触发呼叫键和报警键，报警信号具有优先功能，管理机应发出声、光报警并指示发生的部位，并应至少能存贮 5 组报警信息。

(五) 门禁系统检测

本处所指的门禁系统为联网式门禁系统，不联网式门禁系统可依据设计要求进行检查。

使用门禁卡在不同区域刷卡，相应门户电控锁应能正确动作；开门后，中央工作站应能通过门磁信号正确掌握被控门的开关状态。

出门按钮按下后，门禁应能正确释放。

门禁系统发生故障时，中心控制室应能以声音或文字告警，以便维护人员及时进行检查和维修。

(六) 车辆出入口管理系统检测

1. 系统功能检验

(1) 月租卡、储值卡的检查内容宜包括：发卡、入口控制机的操作、入口处自动道闸的升起、入口处自动道闸的回落、停车、出口控制机的操作、出口处自动道闸升起、出口处自动道闸的回落、卡的使用情况查询及挂失。

(2) 临时卡和特种卡的检查内容宜包括：取卡、入口处自动道闸的升起、入口处自动道闸的回落、停车、收费、打印票据、出口控制机、收卡、出口处自动道闸的升起、入口处自动道闸的回落、卡的使用情况查询及挂失。

(3) 上述两项的功能指标应符合设计要求

2. 系统统计功能检测

能实现统计车辆进、出场情况、场内车辆情况，收费情况、IC 卡发行情况的查询；并能实现日报表、月报表及年报表的打印。

3. 脱网运行功能检测

出、入口控制机脱网运行，进出车辆 10 次，系统正常工作。

4. 系统技术指标检查

主要包括：

(1) 读写速度检测，宜≤0.2s；

(2) 读写距离检测，宜≤25mm。在距离出、入口控制机读写区域前 0mm，5mm，10mm，25mm 处用卡以均速晃过读写区，要求读写功能应能按设计要求正常工作。

(3) 道闸升降时间检测，应能满足系统设计指标。

(4) 安全能力检查

卡的安全性能检查，主要包括下述内容：

  未进先出；

  已出场的卡再重复出场一次；

  临时卡未交款先出场；

  临时卡交款后在超出规定的时间后出场；

  进场车和出场车的车牌号和车型不同，但使用同一张卡（主要用于配置了图像对比系统和车型识别系统的停车场管理系统）。

以上卡的安全性能检查，其功能指标应符合设计要求。

道闸的安全性能检查，在道闸下放置一物体，道闸应不能够放下。

二、常见故障排除

（一）监控系统常见故障的排除

在安装前应对所有器材进行测试，安装时应选择质量好的信号传输线及插接件，焊接时应注意信号线极性位置。系统运行中常见故障的维修方法如下。

1. 干扰的种类及原因、解决方法

（1）工频干扰。视频传输过程中，最常遇到的是在监视器上产生一条黑杠或白杠，这是由于存在地环路干扰而产生的。其原因是信号线传输的公共端在两头都接地而造成重复接地；信号线的公共端与220V交流电源的零线短路；系统中某一设备的公共端与220V交流电源有短路现象；信号线受到由交流电源产生的强磁场干扰。解决的方法是在传输线上接入"纵向扼流圈"来消除。

（2）木纹干扰。在监视器上出现水波纹形或细网状干扰，轻时不影响使用，重时就无法观看了。产生的原因是视频传输线不好，屏蔽性差，线电阻过大，视频特性阻抗不是75Ω，其他参数如分布电容等也不合格。解决方法是施工时选用质量好的线材，或采用"始端串电阻"（几十欧）、"终端并接电阻"（75Ω）的方法。若仍无法解决，只能采用换线方法。电源不"洁净"，如有大电流、高电压可控硅设备对本电网干扰较重，可采用净化电源或在线 UPS 供电解决。附近有强干扰，解决方法只能加强摄像机、导线等屏蔽来解决。

2. 其他故障现象

（1）云台转动不灵或根本不转动。原因是因安装不当；负荷超过云台承重，造成垂直方向转动的电机过载损坏；室外温度过高、过低，以及防水、防冻措施不良造成电机损坏。解决方法是可用同型号新电机换下损坏电机。

（2）云台自行动作。指操作台没有进行操作，也没设置成自动运行状态的故障。原因是外界有干扰，造成某解码器误接收控制信号，造成误动作不止；操作云台时切换过于频繁而失灵。对应的解决方法是加强解码线屏蔽，滤除不良干扰；操作云台完成后，应停几秒钟，等云台稳定下来，再切换到下一个云台进行操作。

（3）操作键盘失灵。连接无问题时，有可能是因误操作键盘造成"死机"。解决方法是将矩阵主机进行"系统复位"，看能否恢复正常，如仍无效果，可与厂家联系修理。

（4）电动可变镜头无法调节。在确定解码器或其他控制器正常情况下，通常是镜头内连接导线或内部小电机出现问题。可拆开镜头外壳，修复导线或电机。

（5）操作某一云台时，其他云台跟着动（没法分控操作室）。通常为解码器编码地址相同造成，将错误地址码改正过来即可排除。

（6）摄像机无图像信号输出，可先检查摄像机适配电源。通常是因适配器无 2V 直流电压输出造成。

（二）防盗报警系统故障的排除

1. 无线遥控电动门（MKQ-Z型）无线遥控不正常。一般是由于电池质量差或者发生器和接受器频率漂移，排除方法：（1）更换电池；（2）调节发射器或接受器中的微调电位器，直至接收电路中的继电器吸合，蜂鸣器鸣叫；(3) 更换稳定度高的遥控组件。

2. 楼层防盗对讲机故障排除

(1) 室内听不到铃声：检查主机按钮开关是否接触良好，否则应更换按钮开关；检查室内分机待机转换开关是否接触良好，如接触不良则应整修处理；通过上述两个步骤如仍不振铃，则应重点检查振铃放大电路，直至故障排除；

(2) 不能对讲：检查通话线是否接触良好，如不行则重新焊接；检查室内分机扩音器、扬声器是否正常，如不正常则应更换；检查室内分机放大电路，重点检查三极管直至故障排除；

(3) 不能开楼下大闸门：检查锁舌部件是否灵活，如阻滞则应加润滑油；检查开锁电磁线圈是否良好、线圈是否烧坏，如有问题则应重新接好线头或更换电磁线圈；检查分机开锁按钮是否接触良好，连锁继电器是否动作可靠、开锁电路有无损坏的元器件，如有问题则应逐一检查并排除故障；

(4) 主机无电源：检查桥式整流二极管是否损坏，如损坏则应更换同规格二极管；检查电源变压器是否烧坏，如烧坏则应更换同规格的变压器。

(三) 可视对讲机故障排除

(1) 无图像、声音，但开锁正常：调节亮度电位器，观察屏幕有无光栅，如有光栅则应检查室内机与门口机的图像信号连接线是否接牢，如松脱则应重新接好（烫锡焊接）；如调节亮度电位器屏幕仍无光栅、此时应检查室内机电路板，包括振荡电路、推动电路、输出电路、图像显示电路等逐级检查，直至故障排除；

(2) 通话无声音：检查听筒与室内机的接线是否牢固，不牢固应重新接好（烫锡、焊接）；调节音量电位器，如扬声器里有交流声发出，则说明室内机的放大电路正常，此时应检查门机上的麦克风，如麦克风损害则应更换同规格麦克风；调节音量电位器，如扬声器里什么声音都没有，则说明室内机的放大电路有问题，室内机放大电路包括音频输入电路、前置放大电路、功放电路，此时应逐级进行检查直至故障排除。

(四) 系统故障及排除

(1) 电源供电电压过高或过低：供电电路出现短路、断路、瞬间高电压。解决方法是功率不大时，可用电源稳压器稳定电压；功率大时，需配专用电缆供电。

(2) 线路产生短路、断路、线路绝缘不良、误接等。解决方法是安装前应对线路进行测试，对插头、打折点、有伤处等应做标记。

(3) 设备连接不正确，阻抗不匹配，接头连接不良，通信接口或通信方式不对，驱动力不够或超出规定的设备连接数量，也会造成一些功能失常。应按规定要求使用，方能避免发生功能故障。当连线较多时，要分段测试。有故障应仔细分析，一一排除。

第三节　物业安全防范系统维护与管理

一、安防系统管理的内容

安防系统的管理主要是对安防系统运行的检查和对设备的保养和维护。安防设备的维修需要专门的技术，特别是一些关键设备，一般应请政府认可的专业公司。作为管理公司，一般应：

（1）了解各种安防设备的使用方法，制定大厦的安全防范制度；

（2）禁止擅自更改安防设备；

（3）定期检查系统运行和设备的完好情况，对使用不当等应及时改正；

（4）检查电器、电线、燃气管道等有无霉坏、锈坏、氧化、溶化、堵塞等情况，防止短路或爆炸引起火灾；

（5）提高管理人员的安全与保密意识。

建筑物安防系统的管理主要包括：防盗报警探测器的检查、摄像机摄像头的检查、门磁开关的检查、报警按钮的检查、笔录电视监视器的检查等等。

二、安防设备的维护与保养

（一）安防设备维修保养管理规定

（1）维修保养工作过程中，严格遵守安防设备的安全操作程序。

（2）按《安防设备运行记录表》内容要求进行检查。

（3）维修电工督促分承包方进行维修保养，督促维修保养质量和记录情况，并将维修保养情况记录于《安防设备运行记录表》。

（4）安防设备故障维修一般不超过8h，若在8h内无法解决的重要部位故障，应将故障原因、解决方案与解决时间书面上报管理处，期限解决。

（5）凡是夜间发生的、不影响业户的、不会产生严重后果的中控室设备故障，可以由日班电工进行维修。

（6）工程师每两周一次对维修保养进行检查，并将检查情况记录于《安防设备检查表》。

（二）安防系统的运行维护与保养

安防系统的运行保养与标准如表4-5。

（三）安防设备维修保养操作要求

（1）维修员应熟悉维修设施的电路原理及功能方框图。

（2）维修安全操作

① 确保人身安全：维修时如需带电作业（电压高于36V时，），应有相应的绝缘措施；

② 确保维修设施的安全：测量某焊点电压时切忌与相邻焊点相碰；维修设施印刷线路板底面切忌与金属物件相碰，最好用绝缘板托起；注意合理放置维修工具以免引起意外；

③ 必须正确判断故障部位、故障元器件，切忌乱换乱拆、胡乱调整。

（3）基本维修方法

① 观察法：有无虚焊、松脱、烧焦的元器件；有无异常的声音；观察图像效果；

② 静态测量法：短路电阻测量法；电流测量判断法；电压测量判断法。

安防系统的运行保养与标准　　　　　　　　　　　表 4-5

系统项目	巡更内容	定期检查保养内容与要求	质量标准
摄像监控系统	一	每月一次检查控制器件、操作键盘 每月一次测试主机键盘功能、切换矩阵功能、字符发生器调整、电梯楼层显示器	各控制器件运行正常，能实行切换定机、扫描式监视等 操作键盘灵活、可靠、电源锁开关完好
		每月一次检查监视器图像、显示器接线、监视器安装 每月一次多画面处理器功能检测 每季一次检查双电源切换、接地保护 每季一次各电接点检查、接触面加固、绝缘加强 每季一次总电源稳压器、输出电压修正	各显示屏上监视器齐全、完好，显像清晰，符合设计要求；监视器安装牢固、可靠 各显示器接线清楚，无随意拉接线 交流稳压电源工作正常、稳定 各输出电路熔丝配置合理，没有不规则行为 高、低压电源严格分离，交、直流电源分割明显，无随意接线；二路电源切换正常、可靠 设备接地保护、防护等安全、可靠
		每季一次镜头清洁 每季一次摄像机光圈、聚焦、后焦调整 每季一次室外电动云台、室外防护罩清洁、保养 每年一次摄像机视频接、解码器、云台插件除氧化处理；摄像机电源电压测量；云台电机绝缘测量	各摄像机工作正常，配置数量齐全 带云台、带变焦的摄像机应调节自如，符合性能要求 各摄像机镜头防护罩应齐全（特别是室外型） 各摄像机镜头的光圈调定正确，确保显像清晰，符合设计要求
		每月一次检查录像机配置 每月一次录像机磁鼓清洁及功能检测 每月一次检查摄像监视电信号切换	所配录像机齐全，性能良好，符合性能要求 各摄像监视点的信号，均能切换到录像机上进行录制（包括切换到备用录像机）
电子门禁	一	每月两次检查、保养闭门器、门锁 每月两次检查、保养电子密码锁 每月两次检查、保养键盘按钮 每月两次检查、保养电源的接地	闭门器开闭灵活，快慢二档形成明确，自动关门时能确保门锁上 电子密码锁有效 键盘按钮无损坏 电源供给正常，接地保护有效

续表

系统项目	巡更内容	定期检查保养内容与要求	质量标准
车管系统	—	每月两次检查、保养入口控制机 每月两次检查、保养出口控制机 每月两次检查、保养出入口道闸 每月两次检查、保养主机功能	出、入口控制机读卡功能有效，显示正确 出入口道闸启闭灵活，车辆进出联动正确可靠 主机设定、维护、查阅、报表等各项功能有效
收视系统		每月一次检查、保养各稳频器、衰减器、滤波器 每月一次检查、保养录像机、监视器 每季一次检查、保养各放大器 每年一次检查、保养分支、终端器 每年一次检查、保养主杆天线 每年一次避雷接地、工作接地测试	控制柜中各稳频器、衰减器、滤波器、放大器工作正常，收视效果达到设计要求，无干扰信号 主杆天线信号接受有效、安装牢固 各录像机性能良好，各监视器工作正常，图像清晰 各分支器、终端器齐全、有效 线路敷设与固定合理，屏蔽良好 电源容量适当，无过载情况，设备接地符合规定
楼宇设备监控	根据积累经验数据，调整空调舒适度。 检查UPS 检查输入/输出控制器 检查各执行机构（电磁阀、风阀、转换器等）	每周一次根据天气情况调整系统水温、出风温度、湿度 每月一次检测电源输出电压，检测备用电源切换速度，外表清洁 每季一次温度、压力、流量传感器检测、整修、表面清洁 每季一次电压、电流、功率、功率因数传感器检测、整修、表面清洁 每季一次检查、保养输入/输出控制器、单元控制器 每年两次各执行机构（电磁阀、风阀、转换器等）信号检测，机械部分清洁、加油 每年一次各接点、电板检查，氧化层处理	各点控制正确，达到节能与舒适效果 UPS输出电压数据，符合设备规定数值。电源容量适中，无过载。熔丝匹配正确。备用电源（蓄电池）充足，能维持规定时间，切换迅速可靠。接地保护符合规定 输入/输出控制器各电连接可靠，各电板无尘、无氧化现象。输入/输出信号正确，动作可靠 执行机构机械部件清洁、无尘、无氧化 温度、压力、流量传感器，数据信号正确，表面无尘、无氧化现象

三、安防系统管理制度

（一）监控中心管理制度

监控中心（安防值班室及电视监控室）是辖区治安工作的指挥中心、观察中心，也是安防设备自动控制中心。在现代智能建筑中，往往将安防控制中心和防火管理中心、设备管理、信息情报管理结合在一起，形成防灾中心或监控中心。

安防控制室应设置多个必要的闭路电视监控器，设置防盗报警及门禁的集中管理系统，凡是设在管辖区域内的防盗报警探测器、摄像机、报警按钮等信号均送至安防控制室。

安防控制室对被监视区域的重点部位要全面掌握，可以绘图列表，也可以用模拟盘显示及电视屏幕显示，采用什么方法显示上述情况，可根据安防监控的具体情况来确定。

1. 监控中心管理办法

（1）管理处列出监视系统摄像头布防的分布数量部位。

（2）按每台录像机配备16盒录像带，所有录像带必须保存两周，严禁差错，调看录像带须经管理处经理批准。

（3）监控中心内实行保安人员24h值勤，不得脱岗无人。

（4）外来人员进入监控中心应经管理处同意并登记。

（5）设备发生故障应立即报修。

（6）当显示屏出现异常情况应立即用对讲机通知班长赶到现场，并做好记录，遇紧急情况按应急预案执行。

（7）每天晚上19：00对周界报警的各个防区进行检查，并做好记录，发现故障应立即报修。

（8）接消防、周界报警时应立即用对讲机通知班长赶到现场，跟踪处理结果并做好记录，然后将系统重新复位、布防。

（9）接业户电子对讲系统铃响三声之内应答，认真听取要求，用对讲机向班长报告并做好记录。

（10）保持监控中心室内清洁。

（11）负责对讲机、应急电筒的保管、充电、借用手续。

2. 监控中心安全管理制度

（1）监控中心由保安人员负责24h监控，由机电人员负责日常维保。保安人员须经培训后方可上机操作。

（2）机房内环境温度应保持在5~40℃，墙上挂温度计。

（3）无关人员严禁进入监控中心。若要进入，须经保安主管或管理处经理批准，由设备或保安人员陪同进入。

（4）监控中心严禁吸烟、明火作业，确因工作需要动用明火事先办理动火审批手续，经设备主管同意，管理处经理认可，按照动火作业管理规定进行。

（5）监控中心消防设施完备，并定期检查。

（6）常备应急手电筒及充电式应急照明设施。

（7）监控中心内、外保持清洁，室内照明、通风良好，地面、墙壁、门窗、设备无尘埃、水渍、油渍。禁止乱堆杂物和易燃、易爆物品。

（8）监控中心内的一切设备设施、元器件、线路严禁随意更改。

（9）值班人员不得擅离岗位，进出人员应随手关门。

（10）各控制柜、显示屏、信号灯、控制线路等的运作应始终处于有效状态，各类功能标识应明确。

3. 监控设备与录像带管理制度

（1）对监控设备系统每天上午进行测试和检查，发现异常和故障立即报修，并做记录。

(2) 任何人（包括保安人员）未经管理处经理同意，不准查看监控录像带的内容。

(3) 录像带保存要防潮措施，避免录像带发霉。

(4) 新的录像带启用时应在标记栏上注明开始使用日期；每次录像后，注明录像时间，连续使用 24 个月更换新带。

(5) 每天擦拭监控设备一次，保持显示屏、录像机等设备清洁。

4. 异常情况处理程序

(1) 发现异常情况立即向管理处经理及有关部门报告，同时按应急预案进行操作。

(2) 坚守岗位，加强监视继续跟踪，及时向调度室提供事态发展的最新情况。

(3) 立即组织力量，使异常情况控制在萌芽状态之中。

(4) 报告主管部门并协助调查原因，写出报告，上报主管部门备案。

(二) 门禁系统管理制度

(1) 要了解门禁系统的基本工作原理、性能和常规的维护保养工作，熟练掌握该系统操作过程。

(2) 要定期对服务器进行检测。监视系统有无故障发生，如有故障发生，要及时通知厂家过来排除故障，确保系统能够运作正常。

(3) 要能够清楚装有门禁系统门的位置。

(4) 只有在接到主管部门的通知后，才能为新增员工做好门卡。如果要大量制作门卡，应及时和厂家联系购买，并且组织安排厂商派人过来给需要制卡的员工拍照。

(5) 消防通道的门在平时从星期一的 7：30～18：30 到星期五的 7：30～18：30 是开着的，星期六、日和节假日一般都是关着的。在没有接到通知时，不可以随便更改消防通道的开关时间。

(6) 在接到上级公司人事部、人力资源部的《工作卡变动申请申请表》或《制作工作卡申请表》后，才可以按照表中提出的要求设置系统资料；如果没有收到申请表，则无权更改系统任何资料。

(7) 做好门禁系统的安全保密工作，不能随便泄露门禁系统的超级用户，以防被更改门禁系统里面的设置。

(8) 遇到门开关不了或者门卡开关不了门时，要能够及时找出故障，及时通知有关部门排除故障。

(三) 巡视工作制度

(1) 巡逻次数：每 3h 至少对整个物业管理区域巡查一遍。

(2) 巡逻保安要多看、多听、多嗅，以确保完成巡视工作任务。

(3) 按要求做好巡逻记录，并及时将有关情况反映给相关部门及人员。

(4) 巡逻内容：

1) 检查治安、防火、防盗、水浸等情况，发现问题，立即处理，并通知中控室；

2) 检查消防设备、设施（即烟感器、报警按钮、消防栓、正压送风口、应急灯、疏散指示灯开关等）是否完好；

3) 检查防火门是否关闭，机房门、电井门等是否锁闭及有无损坏；

4) 巡视大厦外墙、玻璃等设施是否完好，有损坏做记录，并上报主管或管理处领导；

5）在大厦物业管理区域内巡查，发现有可疑人员，前往盘问，检查证件，必要时检查其所带物品。属"三无"人员，应驱赶出物业管理区域；属推销人员，应劝其离开物业管理区域；

6）巡逻中应兼顾设备、设施的运行状态以及保洁服务的运作状态；

7）详细记录情况发生时间及确切位置。

（四）停车场（库）管理规定：

（1）停车场必须有专职保管人员24小时值班，建立健全各项管理制度和岗位职责，将管理制度、岗位责任人姓名和照片、保管站负责人、营业执照、收费标准悬挂在停车场（库）的出入口明显位置。

（2）停车场（库）内按消防要求设置消防栓，配备灭火器，由管理处消防负责人定期检查，由车管员负责管理使用。

（3）在停车场（库）和小区车行道路须做好行车线、停车位（分固定和临时）、禁停、转弯、减速、消防通道等标识，并在主要车行道转弯处安装凸面镜。

（4）在停车场（库）出入口处设置垃圾桶（箱），在小区必要位置设路障和防护栏。

（5）机动车进场（库）时应服从车管员指挥，遵守停车场（库）管理规定，旅行机动车进出车场（库）有关手续，按规定交缴保管费。

（6）集装箱车、2.5t以上的货车（搬家除外）、40座位以上的客车、拖拉机、工程车，以及运载易燃、易爆、有毒等危险物品的车辆不准进入小区（大厦）。

（7）不损坏停车场（库）消防、通信、电器、供水等场地设施。

（8）保持场（库）内清洁，不得而将车上的杂物和垃圾丢在地上，有漏油、漏水时，车主应即行处理。

（9）禁止在停车场（库）内洗车（固定洗车台除外）、修车、试车、练习。

思 考 题

1. 现代物业的安全防范系统有哪些优点？
2. 简述电视监控系统中摄像部分的主要设备及其类型、规格和选择要点。
3. 常用的报警探测器有哪些？如何分类？
4. 试比较在线式与离线式电子巡更系统的优缺点。
5. 简述停车库管理系统的基本组成和主要设备以及车辆进出车库的运作过程。
6. 物业安全防范系统检测重点有哪些？
7. 简述安防设备维护保养规定和质量标准。
8. 简述安防设备维修保养的基本操作要求。

第五章 智能建筑通信网络系统

智能建筑作为信息社会的节点,其信息通信系统已成为不可缺少的组成部分。通信与网络系统(CNS)是保证建筑物内语音、数据、图像传输的基础,同时与外部通信网(如电话网、数据网、计算机网、卫星以及广电网)相连,与世界各地互通信息。智能建筑中的信息通信系统应具有对于来自建筑物内外各种不同信息进行收集、处理、存贮、传输和检索的能力,能为用户提供包括语音、图像、数据乃至多媒体等信息的本地和远程传输的完备的通信手段和最快、最有效的信息服务功能。

第一节 概 述

一、现代通信技术

1. 通信的基本概念

在人类社会里,人们总离不开消息的传输。消息是指人们需要得到的各种事物的状态,如温度、压力、语言、音乐、文字、图像、数据和指令等。传输方式在古代用烽火台、鼓、旗等;在现代用书信、电话、电报、传真、广播、电视等。将信息从一地传输到另一地的过程称为通信。简单地说,信息传输就是通信。完成通信功能的所用设备的总和称为通信系统。

通信系统(单向)主要由信息发送(信源)、信息通道和信息接收(信宿)三个部分组成。信息发送部分是完成对信息的转换,把信息转换成可传送的电(光)信号。如光纤通信系统的信息发送部分(发送光端机)是由电端机对信息进行处理,使之变成电信号,再送给光发射机转换成光信号。然后通过信息通道,再将光信号耦合到光纤或光缆中。信息通道是信号的传输通道,利用各种传输媒体(如线缆、无线电波、微波等)将信号送至接收处。信息接收部分将通过传输媒体送来的信号恢复成原来的电信号和信息。在实际的双工通信中,信息发送和信息接收是设在同一设备组合中,既有信息的发送部分也有信息的接收部分;既可发送信号,也可接收信号;既是发送信息处,也是接收信息处。

图 5-1 是通信系统(单向)的一般模型:

图 5-1 通信系统的模型

2. 模拟通信和数字通信

如前所述,通信系统所传输的信息是多种多样的,但是,就其特性来说,都可以把它们分为两类:连续消息和离散消息。连续消息是指其状态为连续变化型的消息,如强弱连续变化的语音和音乐、亮度连续变化的图像等。离散消息是指其状态为可数型或离散型的消息，如符号、文字和数据等。人们又常把连续消息称为模拟消息，把离散消息称为数字消息。根据信道中传输的是模拟信号还是数字信号，通信分为模拟通信和数字通信两大类。与模拟通信相比，数字通信更能适应于对通信技术越来越高的要求，其主要优点有：

1）数字信号传输时抗干扰能力强；

2）数字信号传输的可靠性高；

3）数字信号便于现代计算机技术进行处理、加工、存贮和交换，从而提高了信息传输的灵活性；

4）数字信号便于加密，适合保密通信的要求；

5）数字通信系统中的元器件、部件易于集成化和大规模生产，其性能较好且成本低。

由于模拟信号和数字信号之间可以互相变换，因此，增加适当的变换设备，数字通信系统可以用来传输模拟信息，模拟通信系统也可以用来传输数字信息。

3. 现代通信技术

现代通信技术是实现智能建筑内部、智能建筑与国内外信息交换不可缺少的关键技术。它在作为未来"信息高速公路"网站主节点的智能大厦中的地位和作用不言而喻。现代通信的内容涵盖了多媒体通信、计算机通信网络、个人通信、数字图像通信、程控交换、信息高速公路、语音信箱与电子信箱等。通信网络正在由模拟走向数字，由单一业务走向综合业务，由话音业务走向非话音业务，由自动控制走向智能控制，由窄带走向宽带，由固定走向移动，由服务到家走向服务到人，由电气通信走向光通信，由封闭式的网络结构走向开放式的网络结构。

现代通信系统按传输途径（媒体、媒介）可分为有线通信和无线通信。有线通信通常是指通过线缆（如双绞线、同轴电缆、光纤、光缆）传递信息；无线通信是指通过空间的电磁波传递信息。按传输信号类型又可分为模拟信号通信和数字信号通信。模拟信号通信（简称模拟通信）是以模拟信号为载体来传送信息。数字信号通信（简称数字通信）是以数字信号为载体来传送信息。

21世纪是电子信息化的时代，移动通信、光纤通信、卫星通信、数据通信将成为现代通信中的四大通信手段，现代通信系统的发展趋势朝宽带化、数字化、智能化、网络化等方向发展。

二、计算机网络技术

计算机网络技术是计算机技术与通信技术的结合，是智能建筑的核心技术。涉及通信网络系统、办公自动化系统和楼宇设备自动化系统，延伸到建筑的各个楼层及角落。计算机网络系统已成为智能建筑的重要设施之一。

计算机网络经过30多年的发展，已经形成了一个庞大的体系。按照地理覆盖范围，可以分为局域网和广域网；按照网络的拓扑结构，又可以分为总线型、星型、环型、和无规则型等；按照协议类型，还可以分为TCP/IP、SPX/IPX、Appletalk、SNA等等。

用于办公自动化系统实现大厦内部通信时，例如公司在日常运作中各部门内部或部门之间频繁的文件传输、远程打印等工作都要求计算机网络能够提供畅通无阻、高效可靠的通信服务，采用短距离高速度的局域网就是必然的选择；用于建筑物与外部世界的联系，如远程登录、因特网接入等，利用现成的广域网就很合适；用于楼宇设备自动化系统，可以使用工业控制网络。为了更好地理解智能建筑中的网络结构与作用，以便得心应手地使用，了解计算机网络的基本知识是很有必要的。

1. 计算机网络的定义和常用术语

（1）计算机网络的定义、功能

计算机网络是通过通信设备将地理上分散的多个计算机系统；连接起来，按照协议互相通信，达到信息交换、资源共享、可互操作和协作处理的系统。尽管每个计算机网络都有着很强的应用背景，其功能也不尽相同，但一般而言，大部分计算机网络都具备以下基本功能：

1）共享外设

网络最大的特色就是外围设备的共享。计算机外设的共享使得网络中的每一位用户都可以享受到网络中所有的共用设备，而且同本地设备的使用几乎没有区别，这一点对于合理配置设备，最大限度增大设备的利用率有很大的意义。

2）资源共享

在网络中只要建立一份资料文件，所有的用户就可以随意查看、复制这些资料，而网络的快速的数据传输和高度的可靠性，使得文件和资料交换变得轻松、方便。在网络中还可以做到数据库和软件的使用共享。

3）网络通信

在计算机网络中，我们可以通过网络通信软件进行联系。通过一些即时消息传送软件，我们可以随时保持联系；通过另一种信息传递形式"电子邮件"（E-Mail），我们几乎可以随时随地发送和接收邮件。

（2）计算机网络常用术语

1）服务器

指为网络提供共享资源、控制管理或专门服务的计算机系统。主要有：文件服务器、打印服务器、通信服务器、数据库服务器等。服务器一般使用高性能的计算机。

2）客户机

也称工作站，指联入网络的计算机，它接受网络服务器的控制和管理，能够共享网络上的各种资源。

3）网络操作系统

网络操作系统是网络系统软件的主体，其作用是处理网络请求、分配网络资源、提供用户服务以及监视和管理网络活动等，以保证网络上的计算机能方便而有效地共享资源。一些通用计算机操作系统由于具有完善的网络控制和管理功能，也可视为网络操作系统，如 Sun Unix、Windows NT、Windows2000 等。

4）网络协议

网络协议是计算机网络中通信各方事先约定的通信规则的集合。例如通信双方以什么样的控制信号联络，发送方怎样保证数据的完整性和正确性，接收方如何应答等。网络协议是分层次的，因此，在同一个网络中可以有多种协议同时运行。常用的网络协议有：NETBIOS 和 NETBEUI、IPX/SPX、TCP/IP 等。

5）网络安全

● 防火墙技术：指在因特网和内部网络之间设一个防火墙，防止外部网络的未授权访问。
- 加密技术：指对重要信息进行加密处理。
- 口令和账号管理：常用的身份认证手段，这是提高网络安全性的最基本方法。

2. 计算机网络的分类和拓扑结构

(1) 对于计算机网络，可以从不同的角度来分类。

一般，按网络范围和计算机之间互连的距离分类，计算机网络可分为广域网（WAN）、城域网（MAN）和局域网（LAN）3种。广域网又称远程网，它可以覆盖几百到几万km的地理范围，往往由多个部门或多个国家联合组成，规模大，能实现大范围内的资源共享；局域网一般只能覆盖一个单位或部门的小范围，通常在10km以内；城域网的覆盖范围则介于局域网和广域网之间，通常覆盖一个大中城市或地区，一般在几十公里以内，城域网的用户一般是那些需要在城市范围内高速通信的大型公司或单位。

其他，还可以有以下分类方法：
- 按网络传输技术分类，计算机网络可以分为广播式网络和点到点式网络；
- 按网络数据传输和转接系统的拥有者分类，计算机网络可以分为专用网和公用网；
- 按配置分类，计算机网络可以分为对等网、服务器网和混合网；
- 按拓扑结构分类，计算机网络可以分为总线型、星型、环型、树型和混合型网络；
- 按通信媒介分类，计算机网络可以分为有线网和无线网；
- 按通信速率分类，计算机网络可以分为低速网、中速网和高速网；
- 按对数据的组织方式分类，计算机网络可以分为分布式网络和集中式网络；

(2) 网络的拓扑（Topology）结构，也就是网络的布线方式。

目前最常见的局域网络拓扑有"总线型"、"星型"和"环型"三种，每种拓扑各有其优缺点，我们在架设网络时必须根据实际情况，仔细考虑拓扑的适用性。

- 总线型拓扑

在总线型拓扑结构中，所有的主机节点都串接在同一条传输线上。总线型拓扑的网络中，所有的信号在中央的总线上传递，流经每一个节点，就好像是公共汽车不停地在各站点之间来回行驶。在总线型拓扑中，数据的传输方式比较简单。某一台主机发出的数据信号，向整个网络区段进行广播。每一个节点都可以接收到这个数据信息，并且会对这个数据信号进行监测，看是否和自己的地址相符合。如果相符合，则接收数据，否则就不予理会。总线型拓扑组网成本较低。但是在网络中发生故障时，对于故障点的查找比较困难。一般使用同轴电缆进行连接，主要用于10Mbps的共享网络。

- 星型拓扑

星型拓扑是目前最为流行的网络结构，它的连接方法是将所有的主机都以点对点的方式连接到某一中枢设备，由该中枢设备进行网络数据的转发。由于中枢设备连接着所有的节点，因此任何两台主机之间的通信，都必须通过该中枢设备。星型拓扑的优点就是所有的节点都连接到中枢设备，可以集中管理，在网络查找故障点很容易，并且任何一台主机的故障一般都不会影响到其他主机。星型拓扑缺点，首先是由于网络以点对点布线，所以需要的线缆较多，成本相对较高。另外，由于所有的信息都必须经过中央设备，因此一旦该设备瘫痪，则整个系统无法使用。这种网络一般使用双绞线进行连接，能满足从10Mbps～1000Mbps多种带宽的要求。

- 环型拓扑

环型拓扑是将所有的主机都串联在一个封闭的环路中。数据信号一次性通过所有的工作站,最后再回到发送信号的主机。每一个主机都依次查看线路上的信息,对比信息中的目标地址,决定是否接收该信息。在环型拓扑中,每一台主机都具有类似中继器的作用。在主机接受到网络数据信息后,会将该信息恢复为默认的强度再发送出去。因此在环型拓扑中,信号的强度一般都能够得到保证。环型拓扑的最大困难就是扩充很不容易,灵活性小。而且只要有一台主机发生故障,整个网络都将停止运行。所以现在已经较少应用了。

图 5-2 就是这几种拓扑的结构图:

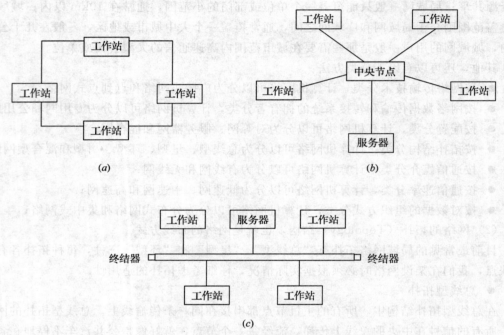

图 5-2 常见局域网的拓扑结构
(a) 环型网络拓扑结构;(b) 星型拓扑结构的网络;(c) 总线型结构的网络

3. 智能建筑中常用的计算机网络

在智能建筑中使用较多的有局域网、对等网、Internet 网和 Intranet 网。

(1) 局域网

局域网(Local Area Network)是由一组相互连接的具有通信能力的计算机组成,并分布在较小地理范围内的计算机网络。局域网是一种各种设备互相连接的通信网络,并提供在这些设备之间进行信息交换的途径。在智能大厦中可以把几个楼层的计算机设备连接起来,在住宅小区中可以把住户的计算机和物业管理部门的计算机连接起来形成小型网络。

局域网的数据传输速度范围一般在 0.1Mbps～100Mbps,传输速度为每秒 1000 兆位(即 1Gbps)的千兆位以太网(Ethernet)也已开始使用。局域网的连接方式常见的有:星型、总线型和环型结构等多种,局域网的传输介质一般为双绞线、同轴电缆、光纤等。

组成局域网的网络硬件有:网络服务器、工作站、外设和通信系统。

作为局域网的硬件核心，网络服务器是一台服务于网络中各用户的计算机系统，它协调网络用户对系统资源的访问并有效地管理系统资源。它可以是一台 PC 机，但要求有较好的系统性能（如较快的速度，大容量的内存和硬盘等），这主要是由于它每时每刻都可能要为网络上的所有用户服务，在同一时刻可能有多个用户同时访问服务器。

作为局域网的软件核心，网络操作系统能使用户使用网络中的各种资源就像使用单机一样方便，从而使低档次的计算机功能得到增强。Windows2000 系列就是一种常用的功能较强的局域网操作系统软件。

（2）对等网

对等网采用一种特殊的"客户/服务器"（Client/Server）模式，网络中的每台计算机同时充当网络服务的提供者和请求者，也就是说，网络中的每台计算机处于同等的地位，这种网络适合于共享要求简单的小型网络，通常被广泛地用于小型办公室的联网。物业管理企业内部事务处理用的计算机可以用这种形式互联。在对等网络中需要安装 NetBEUI 协议以及 TCP/IP 协议，这样在 Windows98 环境下，访问和使用对等网络中共享资源就将十分方便。

（3）Internet 网

Internet 网是迄今为止全球最大的国际互联网，它采用 TCP/IP 协议进行信息传送。它最大的特点是交互性，即每一个联网终端既可以接受信息，又可以在网上发送自己的信息每个入网的用户既是网络的使用者，同时也是信息的提供者。因而连接的网络越多，Internet 网提供的信息也就越丰富，Internet 网也就越有价值。由于 Internet 网的入网方式简单，不需要用户了解网络的具体形式，也不需要考虑用户使用的机型，因此，它已逐渐成为人们与现代社会密切联系的重要的窗口。

Internet 有多种接入方法：可以使用调制解调器和拨号网络接入，也可通过局域网直接连接，或通过 ISDN（一线通）、有线电视网（HFC 有线通）、DDN 专线、XDSL 等方式接入。

Internet 提供的信息服务主要有：电子邮件（E-mail）、信息检索（浏览）、文件传输（FTP）、远程登录（Telnet）、新闻组（Usenet）和电子公告栏（BBS）等。

（4）Intranet 网

Intranet 又称企业内部网，是一项基于 Internet 标准和协议的技术，可以看作是一个局部的 Internet，供企业内部员工充分共享企业信息和应用资源。Intranet 可以是一个局域网，它也采用 TCP/IP 协议进行信息传送。智能大厦和智能小区内部的网络建设可以采用这种方式。

由于 Internet 采用的是开放式的结构，往往具有不安全、不可靠等因素，在 Intranet 通过 Internet 向外界延伸的同时，为了有效地防止非法的入侵，提高 Intranet 的安全，往往在企业内的 Intranet 与 Internet 之间建造一堵"防火墙"（Firewall），从而使得 Intranet 通过防火墙的安全系统与 Internet 连接。随着信息技术的进一步发展，Intranet 与 Internet 之间的界限将变得越来越模糊。

三、智能建筑的电信通信系统

通信系统是智能建筑的核心，构成方便快捷的网络又是通信系统的核心。在智能建筑中要进行的一项重要工作，就是实现建筑内部、以及建筑内部与外部之间的信息的获取、传输、交换和发布。这就要靠通信网络系统。信息网络的建设可以是由电话网、有线电视网、计算机网及移动通信网加上卫星通信网互联互通来构筑，实现优势互补。信息源、传输网络及用户终端设备是构筑网络的三大环节，通信网络本身包括交换网、传输网和接入网3部分。

综合通信系统通常可以按照信息的类型来区分，有语音通信系统、数据通信系统、视频通信系统和多媒体通信系统。又可按通信方式和介质类型来分，有模拟通信系统、数字通信系统、移动通信系统、光纤通信系统、卫星通信系统和微波通信系统等。一种通信系统可以承担几种不同的业务，各种不同的通信系统可以互相连成网络，共同完成信息的传递。

音频通话电信网络：

1. 公共电信网和数字程控交换机

语音通信系统是智能大厦中最重要的通信系统之一。其设计既要考虑到大厦本身的需要和应用，又要考虑到和公用电信部门的协调。数字程控交换机是公用电信网的交换中心。电话通信的目的是实现某一地区内任意两个终端用户间的语音信息交换。要完成这一目的，必须要解决三个问题：

① 电话信号的发送和接收。
② 电话信号的传输。
③ 电话信号的交换。

第一个问题由用户终端设备来解决，如电话机。它的主要功能是进行待发送的语音信息与信道上传送的信号之间的转换；第二个问题由各种类型的传输设备解决，从最简单的音频传输线到复杂的多路载波设备、微波设备、数字通信设备以及光纤设备等等，它的主要功能是有效可靠地传输信号；第三个问题由各种类型的交换设备来解决，它的主要功能是完成信号的交换，有电路交换、分组交换等。

因此，一个完整的电话通信网络如图 5-3 所示。其中：电话机为终端设备，用户线、中继线为传输设备，电话交换机为交换设备。

图 5-3 电话通信网络的模型

目前大中城市的公用电信网包括城市间的长途电信网，都是以数字程控交换机作为局级交换设备的，并且以光纤为通信介质的 PCM 数据传输系统。从一个市话分局到另一个市话分局之间，已形成全数字化的通信信道。市话分局到用户之间的线路有可能是模拟用户线、数字用户线、ISDN 数据线或 PCM 中继线路等。这些线路用来连接用户的模拟电话机、数字电话机或用户交换机等。

交换机须具备以下的交换功能和工作过程：向主叫用户送拨号音，在用户开始拨号后即停送拨号音；根据主叫用户的拨号，选择路由，向被叫用户查询忙或闲的状态。如果被叫占线，则向主叫用户发出忙号音；如果被叫闲着，则向被叫用户送振铃信号及向主叫用户送回铃音；在被叫用户应答后停送振铃信号及回铃音，建立双方的话音通路；进行计数、计时和存储，并监视双方的挂机信号，以及挂线复原。其他的服务功能还有监视用户的呼出信号、计时计费功能、来电显示等。

早期的交换机或交换系统都是由人工操作的。随着计算机在通信技术中的广泛应用，交换机采用计算机控制，并按一定程序完成交换功能，这样的交换机被称为程控交换机。

程控交换机的构成包括硬件和软件部分。其硬件部分主要由控制部分（中央处理机）、交换网络及其外围设备（用户电路、用户模块、模拟中继、数字中继等）构成，如图5-4所示。

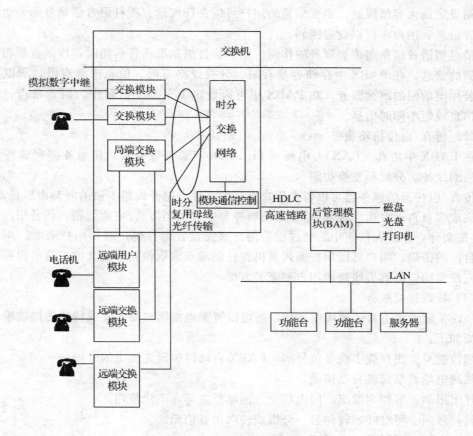

图 5-4　程控交换机的构成

在程控交换机中，软件是必不可少的，没有软件，程控交换机就不能实现各种控制。程控交换机的软件主要采用高级语言，部分程控交换机也采用汇编语言编写。程控交换机的软件非常复杂，总体说来可分为运行软件和支援软件两大部分。运行软件是程控用户交换机运行的必需部分；支援软件比运行软件大得多，它的任务是将设计、开发、运行到管理整个软件计算机化。

2. 电话信息服务系统的功能

用户程控交换机的产生给通讯领域带来了发展，扩大了交换机的性能。除了语音和数据通信外，还能提供多种附加服务功能。这些附加的服务项目主要有以下几种：

（1）语音信箱服务

PABX可提供语音信箱服务，该类服务有应答型和消息型两种。

应答型语音信箱可以用于某项事务的登记、申请、投诉等，成为向公众开放的语音信箱。它也可以作为用户私用的语音信箱。用户可以将自己的分机号码转向语音信箱，接受对方留言，起录音电话机的作用。

语音信箱的基本构成和工作原理是通过计算机的控制，将语音压缩后存放于系统的硬盘之中。当需要时取出并解压缩，还原成语音信号。PABX中的计算机可以将硬盘存储容量分隔成50~2000个小语音信箱。存储总容量可以达到几十个小时。管理员可对每个用户信箱设定最大容量限制。语音信箱的用户可以在任何地方拨打语音信箱号码，听取信箱中语音信息。用户还可以设置密码。

消息型语音信箱起声询服务的作用。用户拨打消息型语音信箱时，该语音信箱自动播放存储的信息。在PABX中存储容量有限、分机线路有限、信息来源有限，所以用户通常使公用电信网的声询服务。在PABX中可以设定1至2个信箱作为语音杂志，播报本系统信息或短小即时信息。

(2) 传真/电传信箱服务

在PABX中传真（FAX）/电传（TELEX）有通信服务器。该服务器完成传真和电传信息的缓冲、分配和变换功能。

传真/电传通信服务器可以暂存用户发送的文件，避开线路不通的时刻而后自动发送，或者完成多点自动发送。传真/电传通信服务器中有多个传真/电传信箱，代替用户接受传真/电传文件，存放在信箱中。通过信箱用户预先设置的号码，通知用户来取。用户可以设定自己的密码。用户可以用普通传真机在任何地点索取信箱中的文件。这给没有固定传真机或没有固定传真机线路的用户带来了方便。

(3) 特殊接续服务

PABX除承担正常的接续服务外，还可以智能地按用户要求完成特殊的接续服务。主要功能如下：

缩位拨号。用户拨1位2位号码，PABX自动转拨预先设定的号码。

热线电话。拿起就自动接通。

呼出限制。可锁定拨出、国内长途、国际长途等，不让使用。

转移呼叫。可将呼叫转向另一分机或转向语音信箱。

三方会议。可同时三方通话。

会议电话。参加会议的各方在预先约定的时间里同时拨一个指定的主持人号码，由交换机自动汇接加入会议。

遇忙回叫。请对方先挂机，空闲时自动回叫。

呼叫等待和切换。在通话时又有呼叫进入，可不挂断而切换应答呼叫。并可在两路之间来回切换。

(4) 其他服务

PABX还能完成其他服务。如免打扰、叫醒服务、恶意电话跟踪等。

四、数据通信电信网络

数据通信是继电报、电话业务之后的第三种最大的通信业务，但它与电报、电话业务不同，它所实现的主要的是"人（通过终端）—（计算）机"通信和"机-机"通信，但也包括"人（通过智能终端）—人"的通信，它是依照一定的协议，利用数据传输技术在两个终端之间传输数据信息的一种通信方式和通信业务,可实现计算机和计算机、计算机和终端、终端与终端之间的数据信息传递。

数据通信有两个特点,一是数据通信中传递的信息均以二进制数据形式来表现,一是数据通信总是与远程信息处理相联系的。

1. 有线数据通信网络

(1) 公用电话网 PSTN (Public Switched Telephone Network)

在模拟电话线上只能传输模拟信号,为了传输数字信息必须利用调制解调器。假设用户以模拟电话线路经 Modem 连接至公用电话网 PSTN,由于现在的 PSTN 主干网都已采用数字传输系统,因此无论是上行数据还是下行数据都至少要经过一次 A/D(模拟信号到数字信号)和 D/A(数字信号到模拟信号)转换,电路交换方式如图5-5所示。

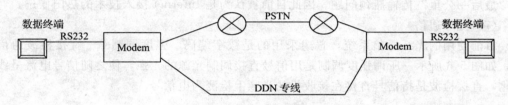

图 5-5 用模拟电话线路进行数据传送

模拟电话线传输成本低,传输延迟小,但模拟电话线传输速率低。

(2) 数字数据网 DDN (Digital Data Network)

DDN 是点对点的数字电路固定连接,不需呼叫建立过程。DDN 以光纤传输系统为主传输数据信号,它提供中高速率、高质量点到点和点到多点的数字专用电路,作为用户专线或者以其组成专用计算机网来传送数据、图像、语音、多媒体信息等。优点是传输时间短,可利用带宽从 1.2kbps 至 2.08Mbps,传输质量高。

(3) 分组交换数据网

独立于电话网的数据网采用基于统计复用的分组交换技术,即将信息分解为一个个数据包(分组),并以包的形式进行传输与交换,在整个通信过程中通信双方不是自始至终占有一条通路,而只有在传递数据包时才占有通路,这样通信节点处的分组交换机在找不到空闲路由时需将数据包暂存,故节点分组交换机具有存储和转发功能。

(4) 窄带 ISDN (Narrowband-Integrated Services Digital Network)

N-ISDN 是由数字传输和数字交换综合而成的数字电话网,其特点是它能实现用户端的数字信号进网,并且能提供端到端的数字连接,从而可以用同一个网络承载各种语言和话音业务。即能够通过一对用户线为用户提供电话、数据、传真、图像、可视电话等多种业务,而且在一对用户线上能最多连接8个终端,并可以使3个以上的终端同时通信。窄带 ISDN 虽无需改造现有的电话线,但用户需要先接入一个一类网络终端(NT1)或增强型网络终端(NT1+)设备,再接入电话机、传真机和上网用的 ISDN 适配卡,才可以获得高速优质的数字信息服务。N-ISDN 主要用于速率为 2Mbps 以下的业务。

(5) 宽带 ISDN (Broadband-ISDN)

B-ISDN 是当前世界各国竞相发展的网络与技术,其用户线上的信息传输速率能高达 155.52Mbps,目标是实现未来通信网所能提供的全部业务。目前 ATM 产品仅能实现不同制式计算机或不同制式计算机网络的连接和交换，真正要将计算机业务与电话业务合并应用，更进一步组成电话、计算机、电视等多种业务的宽带网还将待以时日。

（6）通过电话双绞线实现的宽带传输

目前最常用的是非对称用户数字环路 ADSL（Asymmetric Digital Subscriber Line），只要在局端和用户端的电话线输入口各用一台 ADSL 调制解调器即可连通。它不仅可以传送高品质的视频信号，而且还可以实现话音/数据混合传输。其下行通信速率远比上行通信的速率高，ADSL 的下行速率受传输距离影响，在 2700m 时能达到 8.4Mbps，而在 5500m 时则降为 1.54Mbps，ADSL 的上行速率介于 16kbps～640kbps 之间。因此 ADSL 比较适合视频点播类的分布式服务。ADSL 利用传统的电话线，将非对称的传输特点与 Internet 浏览下行数据多、上行数据少的特点相结合，它解决了发生在 ISP 和最终用户间的"最后一公里"传输瓶颈问题，因此目前被认为是 Internet 接入技术的热门候选。

（7）光纤通信

目前使用的光纤通信系统，普遍采用的是数字编码、强度调制——直接检波通信系统，如图 5-6 所示。所谓强度调制是用信号直接调制光源的光强，使之随信号电流呈线性变化，直接检波是指信号直接在接收机的光频上检测为电信号。

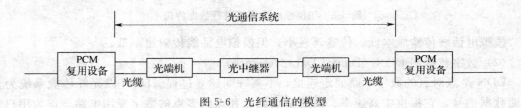

图 5-6　光纤通信的模型

2. 无线数据通信系统

随着通信技术和计算机技术以及它们相结合应用的发展，继无线寻呼、无绳电话和集群调度移动通信之后，移动数据通信在智能大厦中的应用正在迅速崛起。这是因为它能在大厦内解决有线数据通信及其网络不能满足用户实际需求时，使得人们能够随时随地不受地理环境的影响进行数据信息交换。移动数据通信技术建网迅速、通信方式灵活，而且能够实现中远程移动数据通信，使用户不必担心高昂的电话线路租用费和光（电）缆设备费，尤其适用于那些商业大厦、酒店内运作商贸活动的移动用户。

无线通信系统在智能大厦中的具体运用，主要体现在移动数据通信方面。可以采用以下几种系统模式。

（1）无线局域网

无线局域网是 20 世纪 80 年代中后期兴起的一项非常有实用价值的技术。它采用微波、激光、红外线等作为传输媒介，摆脱了线缆的束缚。这样既能节省铺设线缆的昂贵开销，又能避免接插件易松动、短路等造成的故障。同时计算机在一定范围中可任意更换地理位置，网络增删节点容易，因而正日益受到人们的重视。市场上目前已有多种无线局域网设备可供选择。在网络服务器上增加无线接口，这些接口在软件辅助下，成为无线用户接入网络的入口，它们有的利用串行口，有的利用并行口，还有的像一般网卡一样，插入计算机中。计算机安装无线收发器卡后，随时可以通过合理地分布网络上的无线接口，分区覆盖整个智能大厦。

(2) 双向移动数据通信网

双向无线移动通信网络在智能大厦内传输移动用户的数据。这些双向无线电移动通信网有短波移动数据通信网、蜂窝移动电话网以及移动卫星通信系统等。

短波移动数据通信网是一种专用数据通信网，一般用于军事、公安和交通等单位的智能大厦中。短波移动数据通信网一般设一个基地主台和若干个移动台（如车载台、机载台、船载台），主台可以与公用数据网互联工作。

蜂窝移动电话分为模拟和数字两种，它们都可以进行移动数据通信。现在一般使用数字蜂窝移动电话网。

移动卫星通信系统是为移动用户提供大范围内数据通信的主要手段，它是以卫星为基础，在广大地理区域内实现移动台与固定台、移动台与移动台以及移动台定台与公众网用户之间的通信。它既有卫星通信的宽覆盖面又有移动通信的灵活性。

(3) 无线数据广播网

无线数据广播网是通过无线信道向多用户传输信息的方式，其基本原理是运用调制解调技术，将信息转换为数字信号发送，再通过接收机解调还原。目前具有代表性的无线数据广播网络，有电子信箱广播网络，单向数据通信调频广播网和无线电寻呼网络，这些无线数据广播方式都可以运用到智能大厦的通信和网络系统中去。

3. VAST 卫星通信系统

VSAT（Very Small Aperture Terminal）是甚小天线口径终端。即是使用小口径天线的卫星地球站。C 波段 VAST 天线直径通常在 1.8m 至 3m，Ku 波段 VAST 天线直径通常在 1.2m 至 1.8m。由于 VAST 地球站设备费用不昂贵，又可以安装在用户处，所以得到广泛的应用。

VAST 系统有单向通信系统和双向通信系统。由主站发小站接收的方向称为出向。反之称为入向。只有出向的单向系统称为广播系统。只有入向的单向系统称为数据收集系统。有出向又有入向的系统则是双向通信系统，如图 5-7 所示。

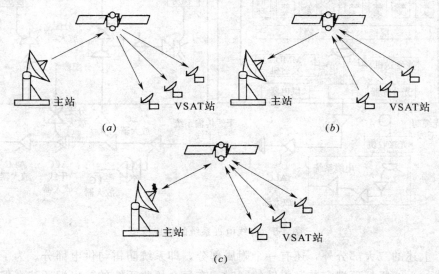

图 5-7 VAST 卫星通信系统
(a) 单向 VSAT 数据广播系统；(b) 单向 VSAT 数据收集系统；(c) 双向 VSAT 通信系统

VAST 系统可以构成星型网和网格网。星型网是以主站为中心，分别建立主站和每个小站的通信。小站就可以使用较小口径的天线。但小站与小站之间的通信需经过主站。网格网每2个小站之间都能互通，因此对 VAST 小站天线和发射功率都有一定的要求，控制也比较复杂。

五、视频通信系统

1. 有线电视系统

有线电视（Cable Television，CATV）是采用同轴电缆（含光缆）作为传输媒介将电视信号通过电视分配网络传送给用户。早期的 CATV 系统是采用高灵敏度天线和高质量的接收设备接收电视信号，然后通过电视电缆分配系统传送给用户。当时的 CATV 含义是共用天线系统（Community Antenna Television）。随着经济文化的发展，电视系统容量发展到传输几十个频道的大容量系统，现时的 CATV 就不再是共用天线系统，它正朝着宽带、双向、各种业务的信息网发展。CATV 系统可以为用户提供高质量的开路电视节目、闭路电视节目、广播卫星电视节目、付费电视节目、图文电视等等。

现在大多数有线电视台采用 HFC 传输，即由同轴电缆、光缆混合传输，其中的光缆网一般采用星形结构，同轴电缆网采用树状结构（大约包含 500～2000 用户）。有线电视系统通常由三个主要部分组成：信号源接收系统和前端设备组成前端系统，信号传输系统和分配系统。如图 5-8 所示。

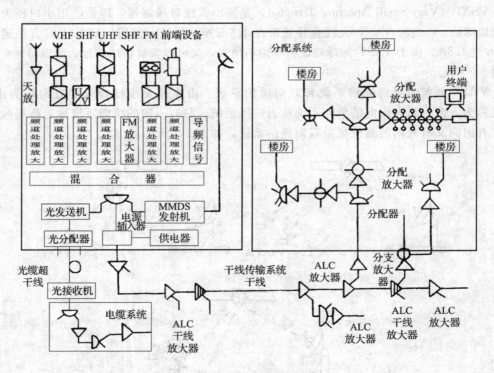

图 5-8 有线电视系统的组成模型

除了上述的三大部分外，还有一个附属部分，即系统防雷与供电部分。为了防雷击在接收天线的天线竖杆顶端安装避雷针的同时，在每个接收天线的输出端还装有保安器。由于电缆的内、外导体在有雷击时也会感应高电压，故当有线电视系统传输干线较长时，可每隔适当距离（约 200m）将电缆的外导体接地。有时雷电会通过电源进入系统，所以，除了系统前端部分的设备接地外，还要对向前端供电的电源部分采取防雷保护措施。有线电视系统的供电通常采用分散供电的方式，即在有源部件安装的地方就近接入市电，在较大的有线电视系统中也考虑采用集中供电的方式，特别是传输干线上使用的干线放大器通常是由电源插入器经过电缆的芯线进行供电。

2. 卫星电视接受

对于智能楼宇而言，作为有线电视的重要信号源之一是接受卫星电视信号。卫星广播系统由上行发送站、卫星星体和下行接受站组成。下行接受站主要由抛物面天线、高频头和卫星接受器组成。卫星接收天线为抛物面天线。如图 5-9 所示，天线分为馈源、主反射体、天线座几部分。高频头和馈线也装在天线上。根据馈源的位置可分为前馈式抛面天线和后馈式抛物面天线。前馈式为一次反射型安装简单成本低。后馈式为 2 次反射型，天线效率高但调试困难成本高。大多线天线只有一个馈源是单波束天线，只能接收一颗卫星上的电视节目。若想收看多颗卫星上的电视节目，则需要多套天线分别接收。多馈源的多波束天线可以接收多颗卫星上的电视节目，但该种天线制造和调试都比较困难，当星源变动时改变也困难。

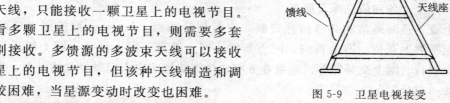

图 5-9　卫星电视接受

六、电子化信息服务系统和广播音响系统

1. 电子化信息服务系统

（1）视频点播技术（VOD）

视频点播是指根据用户的要求随时提供视频服务的业务。视频点播有三种形式：利用因特网进行视频点播、准视频点播、真正的视频点播。

① 因特网视频点播形式：主要是利用因特网的多媒体技术，采用服务器—客户机方式进行视频点播。为此，在前端需要增加多媒体图像压缩、录入系统和多媒体视频服务器，在用户端需要采用计算机或加装了机顶盒（STB）的电视机进行点播。当一个用户向服务器提出请求，用户所需的视频流就会从服务器传输给用户端，通过软件或硬件解压，实现实时播出。利用计算机网络进行视频点播，相应的数据库管理系统对数据流进行管理和调节，根据用户对带宽的需求分配给不同的带宽，即可保证高质量的、平滑的视频图像的实时点播。用户在点播节目时，还能同时访问网络上的其他文件和服务器。

② 准视频点播形式：它的原理较简单，实现起来也很容易。任何一个有线电视网，不管它是单向系统还是双向系统，只要具有足够的频道数量，有加扰、解扰设备，就可以实现准视频点播业务。采用数字压缩系统的准视频点播系统的播出和管理，技术要求较低，传输系统不需要交换设备，甚至可以在单向系统中利用电话线回传点播信息，机顶盒的功能也更少，价格较便宜。

③ 真正的视频点播形式：它具有双向对称传播容量。用户几乎拥有诸如录像机功能（即停止、快进、倒带、暂停、慢动作等）的控制权。显然真正的视频点播是今后的发展

方向。

视频点播系统的组成如图 5-10 所示。由前端信号输入部分和用户输出端组成。前端部分包括用户管理计算机系统、视频服务器、数字信号处理系统、播出系统、加扰调制系统等;用户端除接收设备外需要增加一个机顶盒,负责进行点播和节目的解压、解扰和播出。

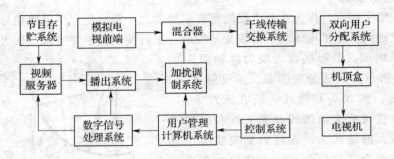

图 5-10 视频点播系统的组成

(2) 网上业务和信息综合服务

网上业务是继通信和共享信息资源二个发展阶段后,Internet 网使用发展的第三阶段,它包括网上通信、网上查询、网上新闻、网上教育、网上医疗、网上娱乐、网上办公、网上银行、网上交易等等。网络业务将成为智能楼宇内人们最经常的行为,成为办公和生活的一部分。

近年来随着计算机技术、通信技术和网络技术的飞速发展,全球性的信息社会已经到来,为此带来的信息产业发生彻底的变革。信息综合网正是在这种条件下应运而生,这种变革和全新的信息综合传输概念,也必然会影响目前智能建筑的网络建设和管理。

信息综合网的基本概念就是:提供一条宽带、高速、完全开放式的,以及最经济的传输成本而建立的交互式信息综合传输网络,以达到电话网络、电脑网络和电视网络的"三网合一",实现电话、电脑和电视"三电合一"的综合服务功能。信息综合网技术实质上就是充分利用目前"三网"各自技术的优势,取长补短,开发新的软件系统和硬件设备,实现"三电合一"的功能目标。

很多网上业务属于网上的视频应用,它们对网络的要求主要有如下三个:

(1) 带宽大。MPEG-1 要求 1.5M (VCD 质量),MPEG-2 要求 3~15M (DVD 质量)。

(2) 带宽有保证。视频应用需要连续稳定的带宽,高质量的视频应用要求每秒能传送 30 帧图像,几十分之一秒的频带拥塞就能使图像抖动。

(3) 时延小。电视会议是一种实时、双向的应用,时延长了用户会感到很不习惯。

网上信息综合服务可提供以下功能:

- VOD 视频点播。
- 网上购物。
- 网上教育。
- 远程医疗。
- 远程资料查询。

- 证券实时交易。
- 网上游戏。
- 网上借书阅览。
- BBS 公告牌和自由论坛。
- 公众服务信息。
- 在家办公（SOHO）。

2. 广播音响系统

在现代化智能建筑的设备配置中，除了通信系统、计算机网络、共用天线电视和卫星电视等现代化设施之外，广播音响系统是不可缺少的一个组成部分。大厦内为了营造一个舒适、轻松的办公生活环境，设置背景音乐系统，对于提高楼内工作人员的事务处理效率，缓解因生活、工作紧张而造成的生理和心理上的不适有着重要的作用。背景音乐及公共广播系统分为两个部分：一部分为背景音乐系统，用于向工作区、公众活动区播出背景音乐。另一部分为公共广播。公共广播系统平时用于播出通告、通知等信息，在紧急状态如发生火灾时进行紧急广播。公共广播由中心控制室控制选择节目源，并能够分楼层进行播出和切换。公共广播的音量由各个楼层自行控制。

（1）广播音响系统组成

智能建筑的广播音响系统有客房音响、背景音响、多功能厅音响、会议厅（室）音响、消防报警紧急广播音响等。广播音响系统的本质是扩声和声音传播系统。无论哪种用途的广播音响系统，它的基本功能都是将较微弱的声源信号通过声电转换、放大等方法处理后传送到各播放点，经电声转换器还原成具有高保真度的声音播放到听众区。无论何种功用的广播音响系统其设备不外乎由输入设备、前级处理设备、功率放大设备、传输网络和扬声器群等组成，它们在系统中起各不相同的作用。

1) 输入设备

输入设备是一种向广播音响系统提供节目源的设备，包括传声器、调频调幅收音机、CD 机、磁带录音机、拾音器、线路输入接口等。输入设备的配置需根据可能使用的传声器个数、准备播放的节目套数、广播音响系统的具体用途、对音响效果的要求等来确定。

2) 前级处理设备

前级处理设备的作用是对输入的信号进行调节、放大、均衡、混响、延时、监听、压缩、扩展、分频、降噪、滤波等处理，以获得理想的信号输出。前级处理设备通常由扩音机、调音台、各种效果器和压限器、监听电路等周边设备组成。其中最基本的设备是调音台，其他周边设备是为了达到某种音响效果或目的而选配的。对于音响效果已比较满意的播音环境以及某些对音响效果要求不高的系统，也可不配或适当选配周边设备。对于普通会议或语言扩声系统，前级设备往往只需要配置扩音机对声音信号进行放大调节就可以。

3) 功率放大设备

功率放大设备的作用，是将前级处理设备输出的信号加以放大，使之可以直接驱动扬声器。功率放大器有单声道和双声道、高电平信号输出和低电平信号输出之分，功率从数十瓦到数百瓦甚至上千瓦不等。对于需要多个功率放大器的情况，通常将功率放大器组成功放柜的形式。功放柜具有输出电平调节控制、电平指示、输出信号监听等功能。功率放大器的输出功率要根据音响系统的总输出功率等因素确定。

4) 传输线路和扬声器群

广播音响系统的信号传输线路是传输广播音响信号的通道，传输电缆要根据信号传输方式进行选择，按照民用建筑电气特性规范要求进行敷设。客房一般采用小功率扬声器，背景音响用吸顶式扬声器，多功能厅和会议室用各种音箱和声柱，车库或室外用号筒扬声器等。

为防止断电，广播用电源与消防系统共用，应配置UPS或应急电源。

对任何广播音响系统而言，合理的系统设计和选择高质量的音响设备是保证广播音响系统音质的基本条件之一，而科学的建筑声学设计是获得良好播音环境的另一个重要条件。只有两者的完美结合，才能得到令人满意的音响效果。

典型的广播音响系统结构框图如图5-11所示。

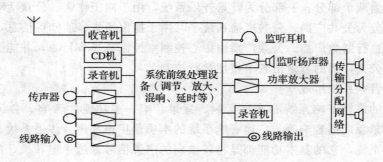

图5-11 广播音响系统的组成

(2) 常用广播音响系统简介

1) 客房音响

大型现代化综合大楼通常附设高级宾馆，在宾馆客房中一般都设有客房音响设备。客房内设置广播音响设备有两个目的，一是给客人提供优美悦耳的音乐欣赏节目和新闻广播，二是为了在紧急意外事故如火灾发生时用来指挥客人安全转移。

目前国内宾馆较普遍的配置是用调频调幅收音机提供1~2套新闻娱乐类节目。另外，再配置两套以上的CD机和磁带录音机播放音乐节目。

客房音响的节目选择和音量调节键钮一般都安装在床头柜的客房电器集中控制器面板上，扬声器安装在床头柜内。除少数要求特别高的宾馆外，客房音响一般用单声道输出。对需要双声道的客房音响，扬声器往往根据立体声效果的要求安装在客房卧床两侧的隐蔽处。扬声器的功率选1~2W即可满足客房收听的要求。客房中的火灾事故紧急广播扬声器可与客房音响共用也可独立安装。独立安装时，在客房床头柜另装一个专供消防事故紧急广播用的扬声器，直接受分层分区的消防报警广播系统控制。这种情况下，客房音响和紧急广播音响两者互不关联，便于各自系统的管理和维护，也增加了各自系统的可靠性。如果客房音响节目与火灾事故紧急广播共用同一个扬声器，则必须配备可靠的火灾紧急广播自动强行切换装置，以保证在收到消防紧急广播信号时能自动将频道从正常的客房音响节目强行切换到火灾事故紧急广播状态，并使音量自动置于最响档。另外，在停电或强行切断客房电源时，火灾事故紧急广播切换装置也应能自动切换到火灾事故紧急广播的位置，使火灾事故紧急广播系统始终处于常备不懈状态。

2）背景音响

在大堂、餐厅酒吧、走廊、门厅、商场、休息室等公共场所，一般都应设有背景音响装置。设置背景音响是为了给各个公共场所提供一种轻松的背景音乐氛围，用CD机或磁带录放音机作为音源设备，播放悦耳的音乐节目。为避免重复设置，背景音响扬声器在必要时可兼作业务性广播或火灾事故紧急广播用。

背景音响扬声器的安装环境分散又多样化，对音响效果一般只要求轻松悦耳，因此基本上采用单声道输出。在设计时应根据具体环境和空间的特点，选择扬声器的功率、数量和安装布局方式，以获得较理想的音响效果。通常按公共场所的环境位置分成若干个背景音乐播放区，例如走廊区、大堂区、餐厅区和商场区等，再根据各个分区的具体环境进行扬声器布置安装。考虑到背景音响扬声器要兼作日常业务或火灾紧急广播等用途，以及各个放音区环境空间可能大相径庭，背景音响产生的声场均匀度和声压级会有较大的差异。在不同的背景音响放音区，应设置独立的消防报警广播强行切换装置和音量调节器。强切装置在原则上应首先满足消防事故紧急广播的要求，保证在紧急广播时能可靠自动切换，并使扬声器满功率输出。

背景音响扬声器大多采用吸顶式音箱。因为现代化大楼的公共场所装修考究美观，安装吸顶音箱时要与灯光、喷淋头、报警探头等协调布置，与装饰的情调和谐一致。

3）多功能厅音响

多功能厅的音响系统因用途不同而差别可能相当大。简单的多功能厅只作为会议厅、宴会厅、群众性歌舞厅使用，而高级的多功能厅可能要作舞厅、演唱厅、放映厅、电视现场直播厅等多种用途。因此，不同用途的多功能厅音响系统，设备配置的档次、功能相差甚远。

多功能厅若设置背景音响，可以直接从中央音控室分送过来，通过独立的音量调节旋钮和控制开关。多功能厅的消防报警紧急广播若与背景音响共用扬声器，则需要通过可靠的自动切换装置控制。火灾事故紧急广播应直接受消防报警中心指挥控制。因为不同多功能厅音响系统的差异可能很大，其设计只能根据具体用途按照有关标准和规定进行。

4）消防事故紧急广播

消防事故报警系统是高层建筑必需的重要系统。消防事故紧急广播的扬声器按照分层分区的方式布置，发生紧急事故时通过自动或手动进行紧急报警广播。除了在客房和公共场所设置消防报警扬声器区域以外，在建筑物的各出入口、门厅、娱乐场所、办公室等必要的地点都应设有消防事故紧急广播扬声器。

第二节　通信网络系统的管理和维护

一、通信网络系统的管理制度和维护保养计划

智能物业通信网络系统的管理、运行和维护一般集中在网络中心，这样有利于管理的专业化和标准化。智能建筑的通信网络系统集中了现代通讯和计算机技术提供的最新设备和产品，要管理好这些设备，除了要有较高的专门技术，技能的工程技术人员外，还必须

建立一套严格的管理方法和科学的检修、保养计划以及细致周全细致的岗位责任制和交接班制度。

(一)网络中心管理组织机构及其职责

网络中心的任务包括通信自动化系统和办公自动化系统的运行、维护管理。网络管理的目的在于提供一种对计算机网络进行规划、设计、操作运行、管理、监视、分析、控制、评估和扩展等手段。因此，建立切实有效的岗位职责及管理制度，从而以合理的代价，组织和利用系统资源，提供正常、可靠、安全、有效、充分的服务。

1．网络中心管理人员职责

(1) 网络中心主任岗位职责

1) 负责网络中心的全面综合管理，包括技术资料的收集、存档和保管。

2) 负责对网络中心人员的培训及考核工作。

3) 编制设备配件、软件的采购计划。

4) 负责网络中心设备委托维修的联系工作，并对维修保养工作进行指导及检查监督。

5) 每年底制定下一年度各项设备监测保养计划，软件更新升级计划，并按运行情况指定中修、大修计划。

(2) 计算机网络工程师岗位职责

1) 负责网络服务器、数据库、防火墙的维护和管理。

2) 负责定期对网页进行及时更新维护。

3) 解决员工和客户提出的疑问。

(3) 计算机技术员岗位职责

1) 负责办理客户各种入网手续，大楼所有信息点的管理以及维护。

2) 二次装修综合布线的审核和验收。

3) 客户局域网接入大厦内部网络（联网、跳线、IP分配）。

4) 办理上网的业务。

2．网络中心管理制度

为确保系统的正常运行和各项管理工作的进一步完善，需制定机房管理、机房值班人员守则、操作运行等一系列制度。

(1) 机房管理制度

1) 机房内应经常保持清洁整洁，做到进门换鞋（外来参观人员亦应如此），地面清洁、设备无尘、排列正规、布线整齐、工具就位、资料齐全、备件有序使用方便。

2) 机房内严禁烟火，不得食用及存放食品，不准抽烟、不准大声喧哗。

3) 非机房管理人员严禁进入机房，如果因工作需要进入机房，必须得到领导同意，并登记出入时间，工作内容。

4) 机房室空调恒温器刻度应设置在24℃以下。

(2) 机房值班管理制度

1) 机房管理人员在值班室期间对机房设备的运行及安全负责。

2) 严格执行维护标准和各项制度。

3) 认真执行维护计划。

4) 保持设备、仪器、工具清洁完整无损，性能良好，运行正常。

5）遵从领导的指挥调度，密切与有关人员配合，不发生人为故障和人为事故。

6）认真如实地填写设备故障报告等原始记录，各种技术资料妥善保管，妥善处理设备出现的各种问题。

7）定期对机房设备进行巡回检查，并根据表格作相应记录。

8）如发现电路质量欠佳造成设备故障，应立即采取相应措施，详细记录并向部门主管汇报。

9）如遇电源变化、气候恶劣情况时，应加强巡回检查，并与有关人员保持联系。

10）机房管理人员请假情况记录。

11）值班期间告警、系统异常情况、发生的时间及当时在场人员名单作详细记录。

12）系统参数及用户参数修改以及其他重要事项记录。

13）记录好每天进入机房人员名单、目的、时间。

（3）机房交接班制度

1）交接班要求：接班人员应认真听取交班人交代，并查看《弱电设备设施运行日记》。检查工具、物品是否齐全，确认无误后在《弱电设备设施运行日记》上签名。

2）有以下情况之一者不准交班：上一班运行情况未交代清楚；记录不规范、不完整、不清晰；中控室、值班室不清洁；接班人未到岗；事故正在处理中或交班时发生故障，应停止交接，由交班人负责继续处理事故，接班人协助。

（二）电信设备和网络管线使用管理标准

（1）小区使用的有线电视系统统一由管理处组织相关单位负责调校、养护、维修。

（2）业户及无关人员不得转动、移动、损坏有线电视系统，否则承担恢复原状的费用。

（3）如因台风、暴雨等客观原因造成电视收视效果不良，业户应立即通知管理处值班室，管理处应在2h内通知相关单位派员检查、维修。

（4）业户应爱护公用天线，发现有人在动用或盗窃天线时，应予以制止并及时通知管理处。

（5）禁止业户私自从顶楼安装电视天线，既影响房屋外观又不便于统一管理。

（6）如需在大楼内进行布线等施工时，必须将施工方案向管理处申请，批准后方可施工，禁止对预埋或已安装的智能化网络管线进行擅自更改或破坏；若因此而造成的不良后果，追究违章业户的责任。

（7）业主（或租户）需租用大厦内配置的各种信息资源或安装接收和发射装置时，必须向大厦管理处和有关政府管理部门申请。经批准后，管理处派人安装。业主（或租户）自有设备由业主（或租户）调试。

（8）禁止任何单位或个人破坏或阻断通信。否则，按罚则处罚并由肇事者承担由此引起的经济和法律责任。

（三）通信网络系统维护保养计划

设备的维护管理主要分为故障性维修和预防性维护两类。对物业管理来说，加强设备和系统的预防性维护保养是更为重要，也是经济上更为合算的。预防性维护保养建立在计划和时间表的基础上，智能建筑通信网络系统应编制一个详尽的预防性维护保养计划。表5-1是其主要设备的一个预防性维护保养计划。

1. 网络通信设备维护保养计划见表5-1。

网络通信设备维护保养计划　　　　表5-1

设　备	保养时间	保　养　内　容
系统软件	三个月	1) 系统诊断 2) 系统功能检测
中央管理计算机、服务器、网络连接器、打印机	三个月	1) 表面检查与清洁 2) 设备性能及运行状况检测 3) 线路接口端子检查
卫星天线	每半年	1) 表面及馈源的检查和清洁 2) 机械传动部分的润滑
接受设备	每半年	1) 线路端口检查 2) 信号强度检测
用户端	每半年	端口信号强度检测（抽查）
网络交换机	三个月	1) 将已修改数据做后援备份 2) 设备清洁 3) 测试、检查设备接地电阻

2. 用户程控交换机周期维护及例行测试标准见表5-2。

用户程控交换机周期维护及例行测试标准　　　　表5-2

编号	项　目	周期	备　注
1	出中继拨号音测听	日	
2	主、备用音流、全流测听	日	
3	夜间服务转接后拨打	日	
4	出、入中继拨号测试	月	
5	蓄电池清、检、润	月	包括比重、电压测量，铅过桥、面盖板、电池槽、木架清洁，端子连接、液面高度检查
6	整流器清、检、润	月	包括告警性能测试
7	配线架清洁、整洁	季	
8	程控性能的全面测试	半年	
9	音流电路测试	半年	
10	CPU板、TDB板等备件检查	月	
11	市电中继转换性能检查	月	检查能否转换到备用电源（蓄电池）上，或检查能否把全部中继线转到指定的分机上
12	蓄电池放电测试	年	
13	接地线电阻测试	年	
14	分机室内线整治	2年	
15	分线箱清洁整理	2年	
16	引入线整治	2年	
17	电器、工具、仪表、保安带工作样安全检查	年	

3. 无线电设备维护保养要求见表5-3。

无线电设备维护保养要求 表5-3

	序号	部 位	内 容	要 求
应急广播系统的巡回检查	1	切换器、继电器	检查各切换器、继电器的接线和触点	成件完整、牢固、接触良好
	2	音量控制器	调节音量控制器、检查音量变化是否正常	音量控制良好
	3	转换控制器	检查开关、调节转换器工作是否正常	灵活、可靠
	4	话筒及话筒放大器	检查话筒及话筒放大器音量、音质是否正常	音量、音质良好
	5	线路放大器	检查各线路放大器工作是否正常	音量良好
	6	磁带机	检查磁带机的运转和音质是否正常	运转正常、音质良好
	7	楼层呼叫控制器	检查楼层呼叫控制器的开关工作是否正常	灵活、可靠
音响系统的维护保养	1	磁头	用磁头消磁清洁器清洗、消磁	清洁、无杂物、音质良好
	2	压带轮	用无水酒精润湿棉球清洗、擦净	清洁、无杂物
	3	主导轴	用无水酒精润湿棉球清洗、擦净	清洁、无杂物
	4	转动皮带	用无水酒精润湿棉球清洗、擦净	清洁、无杂物
	5	橡胶件	更换不可靠、老化橡胶件	运转良好
	6	金属转动部位	在金属转动部位注入少量润滑机油	运转良好

4. 定期检查的网络关键信息见表5-4。

定期检查的网络关键信息 表5-4

周 期	活 动	周 期	活 动
每日	检查各服务器的卷空间	每日	去除旧用户
每日	列出前一天创建的文件	每月	检查用户账号安全性
每日	找出可被存档/删除的旧文件	每月	确保备份的完整性
每日	检查备份的执行情况	每月	更新服务器模块
每日	检查服务器错误记录文件	每月	更新客户文件

二、通信网络设备的管理和维护

（一）通信网络设备管理的内容

通信网络设备的管理主要是对设备的软硬件进行保养和维护。网络设备的维修需要专门的技术，特别是一些关键设备，一般应请政府认可的专业公司。作为管理公司，一般应：

（1）熟悉通信法规，了解各种通信网络设备的使用方法，制定大厦的通信网络管理制度；

(2) 禁止擅自更改通信设备；

(3) 定期检查通信设备的完好情况，对使用不当等应及时改正；

(4) 严格执行网络管理的保密制度。

1. 网络交换机的管理与维护

(1) 网络交换机的管理

要使智能物业的通信畅通，构筑社区的通信平台或局域网平台，需要在智能物业内配置各类交换机。按交换机在不同种类的网络上使用划分，有电话交换机（目前主要是数字程控交换机）、计算机局域网交换机、ATM交换机、光交换机、移动交换机等。智能物业中主要使用前两种。

为确保各类交换机的正常运行，为用户提供良好的服务，必须对交换机进行有效的管理和监视。根据交换机的工作能力，对用户及终端进行安排，调整交换机的过载控制标准等，使交换机得以合理运行。通过仪表仪器检查和监视交换机的服务质量、用户线和中继线的运行情况，收集有关数据作为改进管理的依据。在设备发生故障时，应发出信号并输出有关信息，使有关部门及时处理，达到交换机的最佳运行状态。

交换机的管理维护是通过人机对话实现的。为防止因错误输入人机命令而使系统、交换机运行不正常，造成人为故障，因此要对输入命令进行严格的管理。

(2) 网络交换机的维护

维护工作是指对故障的检测和定位、硬件的重新组合以及软件的再启动等，即在出现故障后，能迅速利用备用资源，保证系统不间断运行。

尽管交换机拥有比较完善的维护操作子系统，并具有各种自动监控功能，能及时发现故障和消除故障的影响，但仍需要采用预防性维护，并逐步积累经验。而维护人员应能充分利用系统提供的各种输出信息和服务观察、话务测量等手段，使系统处于最佳的运行状态。

预防性的维护主要是日常的维护工作，主要包括：

- 保持设备、机房等处于恒温、恒湿、清洁、静电安全的工作环境。
- 设备应有正常的供给电源。
- 接收设备的各种警告信息并予以及时处理。
- 定期对设备进行清洁。
- 对人机对话输入设备的所有指令进行记录。
- 定期测试、检查设备地线的接地电阻。
- 定期将已修改的用户数据、局域数据存入备份存储器进行保存，作为后援信息。
- 对有双备份的软硬件要定期进行人工或自动转换，以备紧急时应用。
- 进行话务统计，一般为出、入中继话务量统计。

2. 通信终端设备的日常维护

(1) 电话机的日常维护与检测

- 有存贮功能的电话机一般装有3V纽扣电池或干电池，要注意它的有效使用时间。
- 使用免提电话时，不要把声音调得太大，以免发生啸叫、失真。
- 振铃声响后，最好在振铃停顿的间隙时摘机通话。

- 在挂机状态下测外线电压，正常值为48V。如果是48V则为电话机故障；否则，为外线故障
- 在市机状态下检测电话机输入端电压，正常值为8～12V。如果过高或过低，说明拨号电路、通话电路有局部开路或短路。
- 检查送受话电路用万用表直流50V档测外线两端电压，摘下话机，用嘴对着送话器吹气，正常时万用表指针应摆动。
- 检查拨号用万用表直流50V档测量外线两端电压，摘下话机，手按数字键，如万用表指针摆动大，说明拨号电路正常；若摆动不大，说明拨号集成电路正常，而脉冲开关电路有故障；如不摆动，则拨号电路有故障，需进一步检查。

(2) 可视电话机的维护

可视电话机的日常维护应注意的以下几个方面：
- 可视电话机不要安装在阳光直射的地方。
- 保证可视电话机的工作电压稳定，最好使用稳压器。
- 保持可视电话机整机的清洁。
- 采取适当的雷电及电磁干扰防护措施。
- 可视电话的通话电路维修较简单，但摄像头、控制电路、显示器等精密器件不可随便拆卸，如有问题应由专业人员维修。

(3) 传真机的日常维护

为保证传真机处于良好的工作状态，应对传真机进行定期清扫和检查。发现故障应及时找专业人员维修。
- 定时进行传真机的清洁维护，擦拭外壳、在确认电源切断后，用吹气刷清洁反光镜，用毛刷清洁输纸辊，用软布擦拭灯管，对机械传动部分添加润滑油。
- 检查传感器和微动开关的动作是否灵敏。
- 检查文件分离器的多页分离情况，并及时调整。
- 检查图像质量复印样张，对照鉴别。

3. 无线通信设备的维护

无线通信设备在使用中应注意主机的输入交流电压与市电电压要吻合，否则易烧毁主机电源电路，严重的可烧毁整个主机电路板。无线通信设备的主机安装位置不能离电视机、计算机等电器太近，因为这些电器开关电源产生的电磁干扰频带较宽，部分干扰频率将进入通话频道，造成干扰噪声。无线通信设备的电池充、放电应采用"充满用完"，即充电时充满，用电时用完，这样可以充分发挥电池的作用效能。对于多频道无绳电话，可以通过更换话机的通话频道，避开干扰。无线通信设备不使用时，应将其中的电池取出，以免电池中的化学溶液溢出，腐蚀电池插座和电路板。无线通信设备不宜工作在灰尘多、烟雾大的场所，因为灰尘、烟雾形成的污垢，可能会造成电路板上的电路漏电、短路。为保持无线通信设备清洁，需要经常用干净的布擦拭无线通信设备表面，保持干燥，防止生锈。

4. 有线电视设备的维护

电缆电视系统是一个庞大的网络，从信号的处理、发送、传输、分配直至用户各环节紧密相连。系统任何一点出了问题都可能影响到大量用户的收看。因此，有线电视系统正

式投入运行以后，还必须坚持经常性的技术管理，健全维护保养制度，进行经常性的检查与维护调整，才能保证系统长期正常的工作。

有线电视系统维护应从以下几个方面着手。

(1) 前端的维护。前端是整个系统的核心，日常维护的好坏决定着系统的质量。前端中的解调器、调制器和频道处理器以及各种放大器、衰减器等设备，有的在室外工作，有的在室内工作，对环境要求较高，要清洁无尘，要配置空调和高质量的稳压电源。各部分之间的连接都要注意查看，确保工作正常。前端输出电平应定期测量，为以后对系统进行分析留下第一手数据。

- 认真阅读值班日记，看是否记录前端部分在运行中有不正常现象并及时进行处理。
- 每日对前端输出信号电平检测一次，电平有变化及时调整，并做好记录。
- 经常检查前端的供电情况，对电压波动大的地区，要对供电电源进行稳压，确保电源电压在 220V±5% 范围内。
- 对前端有源设备应每周定期检测一次，并同时检查前端连接电缆及接插件是否良好。
- 前端主要设备，如调制器、卫星接收机等应有备用品，并保证其状态良好，以备突发故障时能及时更换。

(2) 自办闭路电视节目的信号质量不仅取决于播出设备，还与电视的摄、录、编等设备的性能密切相关。应根据工作需要、系统技术要求、现有设备状况及经济承受能力，选择可操作性好，投资效益高的设备，保证自办节目同其他信号源一起高质量地传输，这部分的日常维护尤为重要。

- 每日应认真翻阅播出值班日记，若记录播出设备有故障，应及时处理。
- 每日下班前，应检查播出设备的工作状态，重点是播出设备的各种功能开关位置是否正确，确保晚上的正常播出。
- 每周定期检查所有播出设备的连接线和接插件。
- 每月定期清洗录像机的磁头，发现有磨损或性能不良，应及时更换。
- 每年对录像机的传动机构进行除尘和擦拭一次，并加少量润滑剂。

5. 卫星地面接收设备的日常维护

- 对于卫星接收天线，每次大雨或持续降雨过后，应检查馈源系统内是否积水，若有积水，应卸下高频头，放掉馈源内的积水。
- 每次雷雨大风过后，应对天线进行外观检查，观察抛物面是否有变形，天线支撑部分的固定螺钉是否有松动，发现有异常应及时处理。
- 每次下雪过后，应及时消除抛物面和馈源上的积雪，以免降低信号质量。
- 每年雨季到来前，特别是南方霉雨季节前，要做好两件事：一是检查馈源喇叭防雨罩是否有损坏开裂现象，若有应更换，以防渗进雨水，造成信号衰落；二是检查系统的接地电阻，要求不大于 40Ω。
- 定期检查卫星地面接收系统的每个接插件，对松动、脱落的接插件要进行紧固处理，对氧化的接头、插座要拆开清洗，确保接触良好。一般每两年一次对天线喷漆，以防锈蚀损坏。对天线调节部分及时加油，以免锈蚀卡死。
- 经常检查卫星接收机的伴音调谐状态，以免节目出现图像正常而伴音阻塞、沙哑的现象。

（二）传输线路的管理和维护

1．有线电视和图像传输线路的管理和维护

有线电视系统在建成并投入运行后，由于气候影响、环境污染、设备器件老化，特别是那些暴露在室外的器件和部件，更容易因锈蚀、漏水及人为事故而损坏。为预防事故、减少故障的发生率，使有线电视系统性能优良地长期运行，必须进行精心维护，及时检修。

有线电视线路维护包括日常维护和故障维修，以维护为主，以检修为辅，切实做好系统的日常维护可大大减轻系统的检修工作量。有线电视线路故障常用以下维修方法：

● 替换法。将怀疑有故障的器材，用同型号器材替换。

● 测试法。用场强仪、频谱仪等仪器定期对前端、主干线路和分配系统进行检测，以便及时发现问题，同时迅速判断故障部位，查出故障部件。

● 观察法。在没有检测仪器的情况下，对一些故障，特别是维修用户端故障时，可通过观察电视屏幕接收情况来判断故障原因。

● 询问了解法。有线电视系统出现故障后，特别是用户投诉类故障，应详细询问故障现象、发生时间及用户周围其他用户的收视情况以区分是单户还是多户故障，并向故障点邻近区片用户了解信号情况，区分是主干线故障，还是分配系统故障，再根据了解到的情况，分析、判断故障原因，及时排除故障。

● 统计归纳法。每次维修都应填写"维修情况登记表"，再根据登记表归纳，计算故障概率，统计总结出常出现故障的部位、原因及规律，区分是人为故障还是自然故障，以便及早采取措施，最大限度地降低故障率。

2．开路信号接收天线的日常维护

● 每次雷雨大风过后，应检查天线支撑竖杆和固定拉线是否损坏，必要时应进行加固；天线的方向是否有变动，有变动则必须进行微调。

● 每年应定期对天线的避雷装置进行检查，检查其可能出现的接触不良，断线等问题，避雷针的接地电阻一般应小于或等于 40Ω。

● 检查从天线输出端经保安器、天线放大器直到前端之间的电缆是否有老化、破损及浸水现象，与各部件的连接是否牢靠。

3．传输网络的维护

传输网络包括干线传输部分和用户分配系统。传输干线一般采用光缆，尽管光缆可靠性高，并且在干线部分对电平因温度变化、距离长短、频率高低引起的波动采取了一定措施，但仍有可能出现故障。而且，对一些中小型传输系统不可能采用高性能的价格昂贵的干线放大器，所以应加强日常对干线的维护调整和记录，以避免误差的逐级积累，保证整个系统电平值的相对稳定。用户分配网络一般采用双绞线或电缆，分布范围广，接头多。维护经验证明，在系统故障中，接头故障占80%以上，因此必须重视对电缆接头的日常维护，以保证其良好的电气屏蔽。要经常性地了解用户的反映，一旦有了问题要及时调查和处理。对传输网络的日常维护一般包括以下内容：

● 竣工技术资料存档应包括光端机产品说明书、光缆敷设路由图。

● 应对光端机的各种告警及复原作记载，光端机主、备用设备的性能和连接开通时间也应记载,以便系统发生故障时能迅速判断故障的部位。
- 对光缆线路的定期巡视做记录,如有可疑或异常情况,应找出原因,杜绝隐患。
- 对光纤的损耗应定期测量,判断是否正常并作好记录。每次测量都应与竣工记录及以往测量值比较。
- 线路维护人员每日应认真阅读值班日记,了解用户报修情况。初步确定传输网络的运行状况。
- 每周定期抽查放大器的工作电平和用户终端电平,并作好记录,以便掌握系统工作情况。
- 每月对传输网络的电缆、各种接插件、传输器件(放大器、分支分配器等)等的防水性、屏蔽性、密封性、牢固性及各项性能巡回检查一次。
- 对传输网络每年进行一次小修。内容有:增补电缆挂钩及线卡、更换松脱和氧化的接插件、修理放大器、分支分配器的防雨防潮密封箱等。
- 每3年应对传输网络进行一次大修。大修的内容有:更换老化、破损、浸水的电缆、更换进水、锈蚀或性能不好的分支分配器、更换损坏的各种接插件、更换性能下降的放大器等。

(三) 通信网络系统的安全管理

安全管理是网络管理的重要内容。安全性一直是网络的重要环节之一,而且用户对网络的安全要求也相当高。网络中主要有以下几个安全问题:网络数据的私有性、授权、访问控制。相应地,网络安全管理包括对授权机制、访问控制、加密与解密关键字的管理等。

网络安全管理的任务主要是保护网上处理的信息不被泄漏和修改,限制没有授权的用户或者具有破坏作用的用户对网络的访问,要能控制网上的合法用户只能访问自己访问权限内的资源,以保护网上信息不会在传输时泄漏和修改。病毒对局域网的危害极大,查找并消除病毒也是局域网安全管理的一项重要任务。对数据的保护应该从如下几个方面入手:

(1) 物理安全

物理安全可从两方面来考虑,一是避免人为对网络的损害,二是保护人们免受网络的危害,最常见的是施工人员由于不了解埋在地下的电缆的位置,因而弄断电缆,最好防范措施是标明电缆位置。办公室内的终端或工作站最安全的用网方式是用墙上的接线盒或插头,这样可避免工作人员踩断电缆。电缆需要埋置时,应有一定的深度,而且外面应有可靠的保护层,因为电缆可能因洪水、火灾等灾害而损坏。服务器不能放在太湿、温度太高的地方,这些在规划电缆及服务器位置时应予以考虑。

(2) 访问控制

访问控制涉及用户访问资源权限的维护管理以及公有、私有资源的协调和使用。网络的访问控制可以从3个方面进行规划:

① 网络用户注册

网络用户注册可以认为是网络安全系统的最外层防线,只有具有网络注册权的用户才可以通过这一层安全性检查,在注册过程中,系统会检查用户名及口令的合法性,不合法的用户将被拒绝。用户账号中的用户号和口令将用于访问检查,用户的口令通常是以加密方式存放的，只有超级用户或管理员才可以删除一个用户的口令。

② 网络用户访问资源的权限

用户权限主要体现在用户对所有系统资源的可用程度。例如对于目录和文件可以授予用户的共有 8 种权限，即读文件、写文件、打开文件、建立新文件、删除文件、个人权限、搜索目录、修改文件属性。以上几种权限可能部分或全部授予特定用户以控制他对资源的访问权限。

③ 文件属性

文件属性有"读写"和"只读"，这种安全措施对保护由很多用户共享的文件特别有用。如果文件属性是"只读"，不论用户的访问资源的权限如何，用户对该文件只能读，不能写、换名或删除。因此，文件属性的安全性优于用户权限。

④ 传输安全

传输安全涉及防止网上信息的走漏和被破坏。信息的走漏指非法的从网上获取信息，破坏指向网上加入造假信号。防止信息走漏或破坏的途径是采用密码技术，必须对密码进行很好的管理。

（3）防治病毒

病毒对局域网的危害非常严重，网络病毒可以通过网络迅速地传染到局域网的每一台客户机，因此及时发现并杀死病毒至关重要。有多种不同的方法可以识别病毒，最常用的方法是对文件进行扫描，发现已知病毒的标志、代码，从而辨认出每一种病毒的变形。一旦发现病毒，当然就要清除它。利用一些杀毒软件可以杀死病毒恢复原来的文件。另一种方法是删除有病毒的文件，然后用备份的无病毒文件替代。另外还必须对受病毒感染的服务器上的各卷进行扫描，如果在网络服务器之间或客户机之间存在通信联络，还必须去扫描其他系统。确定适当的持续的病毒防护是避免病毒侵害的最有效方法，这样的防护包括：建立和增强反病毒规则和程序；在客户机上安装和更新反病毒软件；安装基于网络的反病毒软件。

第三节 通信网络系统的常见故障及维修

智能建筑中的通信网络系统是建筑物的神经中枢，随着计算机技术和通信技术的快速发展，智能建筑，特别是智能化办公楼中的通信网络设备和系统越来越先进和复杂。另一方面，由于信息化社会的到来，人们的工作和生活越来越离不开通信和网络。所以，摆在智能建筑物业管理企业前的一个问题是：既要使用和管理好这些先进的设备；又要在系统或设备发生故障时，能尽快地判断和消除这些故障，尽量少影响业主和用户的工作及生活。但通信网络中所用的设备一般都是高科技的电子、微电子装置，系统又牵涉复杂的通信和网络知识，往往牵一发而动全身。因此，复杂的设备还是要由专业公司来检测和维修，物业公司应保持与专业公司的联系和合作关系，使专业公司能尽快上门排除故障。物业公司的弱电工程师、弱电工、设备管理使用者也应不断提高业务、熟悉设备、了解原理；能判断和维修一般常见故障，至少不要使故障越来越扩大化。下面介绍在通信网络系统中较常出现的一些故障的判断和维修。

一、通信网络系统故障检测和维修的作业标准和程序

1. 通信网络设备维修保养作业标准

(1) 维修员进业户室内进行弱电设备维修时,应遵守《业户室内安装/维修标准作业规程》的条款。维修员应熟悉维修设施的电路原理及功能方框图。

(2) 维修安全操作

① 确保人身安全:维修时如需带电作业(电压高于36V时),应有相应的绝缘措施。

② 确保维修设施的安全:测量某焊点电压时切忌与相邻焊点相碰;维修设施印刷线路板底面切忌与金属物件相碰,最好用绝缘板托起;注意合理放置维修工具以免引起意外。

③ 必须正确判断故障部位、故障元器件,切忌乱拆、胡乱调整。

(3) 基本维修方法

① 观察法:有无虚焊、松脱、烧焦的元器件;有无异常的声音;注意观察图像效果。

② 静态测量法:短路电阻测量法;电流测量判断法;电压测量判断法。

(4) 维修工作结束后,维修员应及时清洁工作场地。

(5) 向业户试验维修后的效果,试验应不少于3次,并向业户说明使用中应注意的事项;如业户有不满意的地方(合理地要求),维修员应及时进行整改直至业户满意为止。

(6) 一切正常后请业户在《业户室内安装/维修(收费)通知单》上签名确认。如业户对此次维修收费有异议,维修员应根据《设备部制作维修项目收费规定》向业户作出解释,尽量消除业户的疑虑。

(7) 维修员回到设备部后,应及时填写好《业户室内安装/维修(收费)通知单》(内容包括:维修内容、所用主要材料、施工时间等),最后签上维修员的姓名以备查询。

(8) 设备部做好《业户室内安装/维修(收费)通知单》的登记工作。

2. 网络设备故障处理程序

(1) 未经允许,不得擅自对系统本身进行任何操作。

(2) 机房管理人员发现电路和设备运行不正常时,应及时进行分析并联系有关技术人员,尽量准确地定位故障原因和相应的模块,必要时需直接通知公司有关领导。

(3) 相关专责人应立即对故障处理作出反应,必要时汇报公司有关领导。

(4) 机房管理人员采取临时措施前,应记明情况,以便障碍消除后复原。

(5) 机房管理人员按有关规定、专责人及公司领导的意见进行处理,必要时关机。

(6) 机房管理人员有义务将故障时间、故障点及抢修等处理措施和效果作真实详细的记录,同时体现在值班日志、故障报告中。

3. 通信网络线路故障维修一般方法:

(1) 替换法:用同型号的器材来替换怀疑有故障的器材。

(2) 测试法:用各种专用测试仪器对线路和系统进行检测,以判断故障部位及故障部件。一般需要专业人员进行。

(3) 观测法:根据经验,从故障发生的表象来判断发生故障的原因。从故障影响的范围,来分析是主干线还是分配系统发生故障。

(4) 归纳法:根据历次故障维修的记录,统计总结出常见故障部位、原因及规律,以便尽快找出原因,采取措施,减少故障的产生。

二、常见弱电系统和设备故障的维修

1. 天线系统维修

① 放大器：检查输入、输出插头是否有松弛、氧化、生锈，如有则应整修或更换插头；检查输入信号，一般应为90dB，如相差太大（15dB以上）则应通知广播站解决；如果输入信号满足要求（90dB），调整低频增益、高频增益至最大，而输出仍不能达到要求（104dB）则应通知广播站拆修放大器。

② 分配器：检查输入、输出接头是否有松脱、氧化、生锈，如有则应整修或更换接头；检查分配器输入、输出信号强弱，如果输出信号比输入信号减少5dB以上，则应更换分配器。

③ 分接盒：检查分接盒输入、输出插头是否有松脱、氧化、生锈，如有则应整修或更换插头；检查分接盒输入、输出信号强弱，如果输出信号比输入信号减少2dB以上则应更换分接盒。

④ 插座：检查插座接线应牢固，插孔不可太松弛，否则应整改插座，整改达不到要求的应更换；检查插座输入与输出信号，如果输出信号比输入信号减少2dB以上，则应更换插座。

⑤ 馈线：检查馈线对绝缘电阻应大于2MΩ，线间绝缘电阻应大于10MΩ；检查馈线100m内的信号衰减应不超过10dB，否则应更换馈线。

2. 电话线维修

① 检查电话线接头有无生锈、氧化或发霉断路，如有则应重接接头（烫锡处理）。

② 检查电话线有无断线，如有则应更换一根电话线（有两根备用线）。

③ 检查电话线有无短路或漏电，如有则应更换电话线。

3. 楼层防盗对讲机维修

① 室内听不到铃声：检查主机按钮开关是否接触良好，否则应更换按钮开关；检查室内分机待机转换开关是否接触良好，如接触不良则应整修处理；通过上述两个步骤如仍不振铃，则应重点检查振铃放大电路，直至故障排除。

② 不能对讲：检查通话线是否接触良好，如不行则重新焊接；检查室内分机扩音器、扬声器是否正常，如不正常则应更换；检查室内分机放大电路，重点检查三极管直至故障排除。

③ 不能开楼下大闸门：检查锁舌部件是否灵活，如阻滞则应加润滑油；检查开锁电磁线圈接线是否良好、线圈是否烧坏，如有问题则应重新接好线头或更换电磁线圈；检查分机开锁按钮是否接触良好、开锁继电器是否动作可靠、开锁电路有无损坏的元器件，如有问题则应逐一检查并排除故障。

④ 主机无电源：检查桥式整流二极管是否损坏，如损坏则应更换同规格二极管；检查电源变压器是否烧坏，如烧坏则应更换同规格的变压器。

4. 可视对讲机维修

① 无图像、声音、但开锁正常：调节亮度电位器，观察屏幕有无光栅，如有光栅则应检查室内机与门口机的图像信号连接线是否接牢，如松脱则应重新接好（烫锡焊接）；如调节亮度电位器屏幕仍无光栅，此时应检查室内机电路板，包括振荡电路、推动电路、输出电路、图像显示电路等逐级检查，直至故障排除。

② 通话无声音：检查听筒与室内机的接线是否牢固，不牢固应重新接好（烫锡、焊接）；调节音量电位器，如扬声器里有交流声发出，则说明室内机的放大电路正常，此时应检查门机上的话筒，如话筒损坏则应更换同规格话筒；调节音量电位器，如扬声器里什么声音都没有，则说明室内机的放大电路有问题，室内机放大电路包括音频输入电路、前置放大电路、功放电路，此时应逐级进行检查直至故障排除。

5. 传真机故障排除

如今的传真机，功能越来越全面，内部构造也越来越复杂。因此传真机在日常使用过程中也难免会出现许多问题。下面列举传真机最常见的问题，及相应的解决或排除方法。

① 卡纸："卡纸"是传真机很容易出现的故障，特别是使用新的纸张或使用过了的纸张都较容易产生卡纸故障。如果发生"卡纸"时，在取纸时要注意，只可扳动传真机说明书上允许动的部件，不要盲目拉扯上盖。而且尽可能一次将整纸取出，注意不要把破碎的纸片留在传真机内。

② 传真或打印时，纸张为全白：如果传真机为热感式传真机，则有可能是记录纸正反面安装错误，请将记录纸反面放置再重新试试。热感式传真机所使用的传真纸，只有一面涂有化学药剂。因此安装错了在接收传真时不会印出任何文字或图片。如果传真机为喷墨式传真机，则有可能是喷嘴头堵住，请清洁喷墨头或更换墨盒。

③ 传真或打印时纸张出现黑线：对方发送来的文件或自己在复印时打印的文件出现一条或数条黑线。如果是CCD传真机，可能是反射镜头脏了，如果是CIS传真机，可能是透光玻璃脏了。用棉球或软布蘸酒精擦清洁即可。如果清洁完毕后仍有无法解决问题，就要将传真机送修检查。

④ 传真或打印时纸张出现白线：通常这是由于热敏头（TPH）断丝或沾有污物。如果是断丝，则应更换相同型号的热敏头。如果有污物可用棉球清除。

⑤ 纸张无法正常馈出：检查进纸器部分有异物阻塞，原稿位置扫描传感器失效，进纸滚轴间隙过大等。另外应检查发送电机是否转动，如不转动则需检查与电机有关的电路及电机本身是否损坏。

⑥ 电话正常使用，无法收发传真：如果电话与传真机共享一条电话线，检查电话线是否连接错误。将电信局电话线插入传真机标示"LINE"插孔，将电话分机插入传真机标示"TEL"插孔。

⑦ 传真机功能键无效：如果传真机出现功能键无效的现象。首先检查按键是否有被锁定，然后检查电源，并重新开机让传真机再一次进行复位检测，以清除某些死循环程序。如果还不能解决问题，请送修检查。

⑧ 接通电源后报警声响个不停：出现报警声通常是主电路板检测到整机有异常情况，可按下列步骤处理：检查纸仓里是否有记录纸，且记录纸是否放置到位。纸仓盖、前盖等是否打开或合上时不到位。各个传感器是否完好。主控电路板是否有短路等异常情况。

⑨ 更换耗材后，传真或打印效果差：如果是更换感光体或铁粉后，传真或打印效果没有原先的好。检查磁棒两旁的磁棒滑轮是不是在使用张数超过15万张还没更换过，而使磁刷磨擦感光体，从而导致传真或打印效果及寿命减弱。建议每次更换铁粉及感光体时，一起更换磁棒滑轮，以确保延长感光体寿命。如果是更换上热或下热后，寿命没有原先长。检查是否因为分离爪、硅油棒及轴承老化，而致使上热或下热寿命减短。

⑩ 接收到的传真字体变小：一般传真机会有压缩功能将字体缩小以节省纸张，可参考手册将"省纸功能"关闭或恢复出厂默认值即可。

三、网络常见故障及排除

网络设备在使用过程中经常会发生故障，必须要经常维护。故障的诊断和修复是一项非常复杂而又细致的工作，除了应具备一定的计算机专业知识外，还必须掌握一定的维护和维修知识和经验。网络故障诊断以网络原理、网络配置和网络运行知识为基础。从故障现象出发，以网络诊断工具为手段获取诊断信息，确定网络故障点，查找问题的根源，排除故障，恢复网络正常运行，是网管技术人员经常采用的技术手段。

1. 不能上网

（1）如果所有工作站都不能上网，则可能有如下原因：

1）电缆连接有问题这是可以用万用表测量，判断电缆是否短路、断路等；或者检查双绞线不同颜色的线是否连接正确。

2）网卡安装有问题

若电缆检查正常，就应详细检查服务器和客户机网卡的设置是否连接好，是否发生资源冲突。

3）网络协议有问题

若上面两项检查都正常，就要检查网卡驱动程序是否正确，是否绑定了正确的协议，加载过程是否出现错误等。

（2）如果是个别工作站不能上网，则可能有如下的原因：

1）网卡有问题。

2）网卡与工作站的其他硬件设备冲突。

3）工作站与 HUB 或 SWITCH 间的双绞线有问题。

4）网络协议配置不正确。

5）网络设置错误，如 IP 地址、子网掩码、DNS、网关等。

2. 文件服务器的维护

在局域网中，最重要的故障检测工作是文件服务器的维护。因为它通常会影响到很多用户，只要服务器正常工作，集中存贮的数据就是安全的，用户可以在需要时访问这些数据。当然，网络连接设备应保证用户能持续工作，而客户机本身也应能正常工作。故障处理过程有 4 个主要部分：

发现故障迹象；追踪故障的根源；排除故障；记录故障的解决方法。

当网络管理人员收到故障报告时，首先应该检查别的用户是否也遇到同一问题，如果有多个用户报告了同类问题，那么很可能是出现了服务器或缆线故障，而不是用户客户机所引起的故障。因此这时要对服务器进行认真检查：服务器是否在运行？监视器是否显示信息？服务器是否响应键盘输入？服务器控制台是否显示异常终止或其他信息？网络适配器是否发送和接收数据？服务器的卷是否已安装？

文件服务器通常容易出现三种类型的故障：第一类故障是由于配置的更改造成的，因此无论何时改变网络操作系统的配置都必须备份以前的配置并记录更改日期；第二类故障是部件失效，其中网络适配器和磁盘失效是最为常见的；第三类故障是服务器的软件模块引发的系统冲突故障，比如磁盘驱动程序或局域网驱动程序引发的内存故障等。

当服务器故障检查各方面都没有问题时，引起大量用户访问故障的问题很可能出现在网络缆线系统上。如果故障网络采用的是总线拓扑结构，那么故障检测工作可能会比较繁重；对于星形结构，则应检查集线器或路由器是否通电并能正常运行。如果连接设备本身运行良好，可检查它们与服务器的物理连接。一般而言，对于物理网络，电缆和接插件老化、电磁干扰、电缆长度限制是最常见的故障源；连接设备，如接插板、集线器和路由器也是故障多发点。

3. ADSL用户端故障

目前有很多单位和个人都用上了ADSL，但有很多用户对ADSL Modem的技术并不十分了解，一旦出现问题就束手无策了。其实，我们可以通过ADSL Modem上的指示灯来判断和排除上网故障。

Power（电源指示灯）。如果Power灯不亮，则可能是ADSL Modem或电源适配器出问题了。对于这种情况建议与商家或维修中心联系。如果用户是自行购买电源适配品，应该注意一下电源的输入（Input）、输出（Output）以及输入的是交流（AC）还是直流（DC）这几个方面。

Test（Diag）（设备自检灯）。这个指示灯一般只有在打开ADSL时才会闪烁，一旦设备自检完成，指示灯就会熄灭。如指示灯长亮，即表示设备未能通过自检，你可以尝试重开ADSL Modem或对设备进行复位来解决问题。如问题未能解决，则有可能是设备硬件或软件有问题，须与维修中心联系。

CD（Link）（同步灯）。这个指示灯表示线路连接情况。CD灯在开机后会很快长亮，如果CD灯一直闪烁，表示线路信号不好或线路有问题。检查一下入户后的分离器是否接好。分离器之前是否接有其他设备，如分机、防盗器等；接线盒或水晶头是否完好；AD-SL Modem附近是否有无线通信设备（如手机）以及电话线是否有损坏等。如户内没有问题，可以检查一下户外线路是否有问题。在确认线路没问题的情况下，CD灯都还不能长亮，则可能是ADSL Modem与服务提供商的中心交换机不兼容，建议更换另外的型号或品牌。

LAN（局域网指示灯）。这个指示灯表示你的设备与你的电脑的连接是否正常。如果LAN灯不亮，电脑是无法与ADSL Modem通信的，这时你就要检查一下网卡是否正常、网线是否有损。如果LAN灯亮了，但还是不能进行正常通信，则应该检查一下网卡的IP地址是否被修改过。网卡的IP必须与LAN口的IP在同一网段内才能通信。最简单的做法就是不设置IP，让它自动获取IP来与LAN口IP位于同一网段内。

在正常情况下，Power、CD、LAN这3个灯是要长亮的，如果处于闪烁或熄灭状态下，ADSL Modem是无法正常工作的，对此可以根据上面的内容做相应的判断和处理来解决这些常见故障。

4. 网络升级

网络升级是一个持续的过程，它需要考虑一些财务和预算因素。一般在网络管理中需要考虑的是必须进行的升级，这些升级能够保证网络正常运转。虽然网络操作系统的升级通常是最迫切的，但硬件和软件也可能需要升级。

服务器升级是最重要的。必需的服务器升级有3种：最简单的是用户许可证升级，如果网络服务器的能力已达到最大限度，并需要容纳更多的用户，就需要进行许可证升级；

另一种服务器升级是网络操作系统的升级，如果使用的是过时的或有故障的网络操作系统，就应该升级为最新的版本；第三种服务器升级所指的范围相对来说要广泛一些，主要指硬件升级，可能包括增加磁盘空间、改进容错措施或系统升级。另外，客户软件的升级有时也是很必要的，因为旧客户软件对于网络操作系统可能是一种沉重的负担。

  在确定了最重要的升级之后，应决定需要购买的产品，并对升级费用进行评估，然后制订实施升级的工作步骤，最后应从成本和效益两方面总结新配置的优点。

思 考 题

1. 智能建筑中常用的计算机网络有哪几种？结构上各有什么特点？
2. 智能建筑中电话信息系统可提供哪些服务功能？
3. 什么叫数据通信，数据通信有什么特点？目前可采用哪些方式进行数据通信？
4. 物业管理企业可通过局域网和 internet 提供哪些网上业务和信息综合服务？
5. 举例说明你在家庭或学校里享用的现代通信和计算机网络技术。
6. 通信网络系统中设备管理和传输线路管理维护的主要内容有哪些？

第六章　住宅小区智能化系统

第一节　概　　述

一、智能小区的发展和概念

（一）智能小区的发展和现状

智能化住宅小区在发达国家起步较早，始于 20 世纪 80 年代。由于社会和市场的需要，由美国联邦政府、住宅开发商、制造商、保险商、财政机构等组织成立了"智能化住宅技术合作联盟"，对住宅智能化技术、产品、应用系统等进行测试、规范，引导新技术进行住宅设计和建造。在美国把装备有各种通信、家电、安保等设施，通过总线技术应用计算机和信息技术实现监视、控制与管理等智能功能的住宅称为"智慧屋"，在欧洲叫"时髦家"（Smart Home）。20 世纪 90 年代个人电脑及其芯片技术的高速发展，促进计算机网络发展及个人电脑价格的不断降低，INTERNET 国际互联网的普及，伴随而来家用电子产品、家庭保安监控产品、家庭智能化产品日益完善且价格不断下降。使得现代高科技和信息技术（IT）走向智能住宅小区、从而走进千家万户。美国、日本都已对住宅智能化系统制定了技术标准，进行智能化住宅建设。应用于智能化住宅的产品，在发达国家已形成系列。

我国住宅小区智能化起步于 20 世纪 90 年代后期。近年来，随着国民社会与经济的发展，居民生活水平明显提高，人们对住宅功能的要求也越来越高，对环境的舒适性、便利性、安全性有了较高要求，加之电子信息产业正快速发展并向人们生活的各个领域渗透。住宅商品化为住宅小区智能化发展提供了机遇，与此相适应，各种不同档次的公寓、生活小区纷纷提出了自己不同的智能需求。目前我国小区智能化的技术水平及其相应的产品开发还处在一个初级阶段，大多相关产品的开发还主要是单一功能专用产品（如三表计量、红外报警等）。随着住宅小区智能化的普及与发展，住宅小区智能化的相关产品必将向更高水平的集成化发展，由单一功能专用产品，向多功能集成系统、一体化集成系统发展，使工程的设计安装更为简便，也将达到一个较佳性能价格比。由于住宅小区与综合性智能建筑有着很大的区别，如何根据小区特点，赋予小区各种功能以适应不同层次的居民的需求，对小区实现统一、有序、智能、网络化的管理，这是智能建筑和物业管理行业亟需解决的问题。小区智能化建设在我国虽然起步较晚，但发展非常迅速。随着互联网（Internet）的普及，很多小区都已实现了宽带接入，信息高速公路已铺设到小区并进入家庭。智能小区系统采用 TCP/IP 技术的条件已经具备。

智能小区的核心是网络。从网络角度来看，智能小区系统的运行基础正由小区现场总线向 Internet 转变。由此可以认为智能小区的发展大致可以分为以下几个阶段。

1. 分散控制阶段

这一阶段属于智能小区的萌芽期。在这一阶段里小区中各系统互相独立、互不兼容，各系统只能单独分散运行。系统中仅进行小区域单个建筑物内的通信，无法实现整个小区内大面积组网。这种分散控制的系统，互不兼容各成体系，不利于小区的统一管理，系统功能相对较为单一。

2. 现场总线阶段

小区智能化建筑进入1998年以后，组网已是最基本的要求。因此，小区的控制网络技术，广泛地采用现场总线技术。如CAN、BACNET、LONWORKS等总线。采用这些技术可以把小区内各种分散的系统互联组网、统一管理、协调运行，从而构成一个相对较大的区域系统。现场总线技术在小区中的应用，使智能小区系统向前迈出了一大步。智能小区进入了成长期。目前现场总线技术是智能小区系统的主流技术。

3. TCP/IP网络技术阶段

现场总线技术虽说成熟，但由于现场总线标准的不同，在一个小区中有可能存在多种总线并存的现象。这样就会出现各功能系统间因采用现场总线技术不同而互不兼容，不能共用一条总线。费用高、维护不便、不利于今后系统的扩充等诸多问题。随着Internet的发展，TCP/IP技术已显示了巨大的生命力。TCP/IP协议是目前世界上采用最为普及的一种开放式的标准，并且有取代现场总线的趋势。它的采用可以避免现场总线技术所带来的各自为政、互不兼容的缺点。目前，国内已经有企业在开发基于TCP/IP协议的智能小区系统。但现在还是仅仅利用TCP/IP技术完成数字信号的传输，实现家庭安防、家电控制和三表数据远传等功能。今后的方向是全面解决了语音、视频、数据在网上传输问题，使智能小区系统在真正意义上实理与Internet融为一体，从而实现数据、语音、视频三线合一。

（二）智能住宅小区的概念

智能小区是在智能化大楼的基本涵义中扩展和延伸出来的。它通过对小区建筑群4个基本要素（结构、系统、服务、管理以及它们之间的内在关联）的优化考虑，提供一个投资合理，又拥有高效率、舒适、温馨、便利、安全、和谐的居住环境。与智能大楼相比，更注重于满足住户在安全性、居住环境的舒适性、便利的社区服务与社区管理、具有增值应用效应的网络通信等方面的实现的和个性化需求。随着21世纪的到来，人类逐步跨入了信息时代。信息技术的应用逐步进入千家万户，我国也在《2000年小康型城乡住宅科技产业工程项目实施方案》中，将建设智能化小康示范小区列入国家重点的发展方向。随着智能化技术从大厦走向小区，迈进千家万户，信息技术住宅小区智能化中越来越重要，在一定程度上，可已认为智能化小区＝住宅楼宇的智能化＋小区网络化。

必须指出，我国的住宅小区智能化的建设是根据我国的具体国情发展起来的，有别于国外的智能化住宅，目前重点还是在户外的小区的公共部分的建设上，而且对不同标准、不同规模的住宅小区，切合用户实际需求的配置也有较大差别，所以智能小区根据其技术含量可分若干等级。我国政府很重视住宅小区智能化的建设，有关部门推出了多个关于智能小区建设的要求和类别标准。在这些准则或标准中对智能小区的描述主要有以下一些：

建设部住宅产业办公室在《2000年小康型城乡住宅科技产业工程项目实施方案》中，

将建设智能化小康示范小区列入国家重点的发展方向，提出了我国住宅智能化的概念，即：住宅小区智能化是利用4C（计算机、通信与网络、自控、IC卡）技术与建筑艺术、环境艺术有机地结合在一起，通过有效的传输网络，将远程信息服务与管理、物业管理与安防、住宅智能化系统集成，为住宅小区的服务与管理提供高技术的智能化手段，以期实现快捷高效的超值服务管理，提供安全舒适的家居环境。

建设部住宅产业化办公室主编的《全国住宅智能化系统示范工程建设要点与技术导则》试行稿，对住宅小区的设计和开发建设总体目标是：通过采用现代信息传输技术、网络技术和信息系统集成技术，进行精密设计、优化集成、精心建设，提高住宅高新技术的含量和居住环境水平，以适应21世纪现代居住生活的要求。

《上海市智能住宅小区功能配置试点大纲》中所阐述的智能住宅小区是指将通信、计算机和自控等技术运用于住宅小区，通过有效的信息传输网络、各系统的优化配置和综合应用，向住户提供先进的安全防范、信息服务、物业管理等方面的功能，以期为居住者创造安全、便捷、高效的生活空间，提高居住的物质和精神文明水平。

综合以上定义，我们可以这样通俗地描述：智能小区是对具有一定智能化程度住宅小区的笼统称呼。是指通过综合配置住宅区内的各功能子系统，并以综合布线为基础，由网络将在一定地域范围内的若干智能住宅连接起来，以及实现园区内各种公共设施智能管理的集合，它服务于社区的需要，提供安全、舒适、方便、节能、可持续发展的生活环境。智能小区有4个重要组成部分，即注重未来对宽带数据剧烈增长需求的接入传输网络；保证家居安全的安全防范系统；公共设备和家庭智能化设备自动化管理的控制网络；以及提供多元信息服务和园区公共物业管理的中心。

从一般意义而言，智能化小区应满足以下要求：

（1）对区内居民提供"舒适、安全、方便"的家庭生活空间，"以人为本"、"节能为重"和"环境优先"的原则是智能化设计的重点；安全防范和网络通信是智能小区最主要的功能。

（2）具有信息高速公路的家庭入口，有快捷、全方位的信息交换功能。

（3）提供丰富多彩和高品位的文化娱乐生活；提供包括儿童教育、成人教育在内的多层次家庭和业余教育服务。

（4）提供家庭保健、远程看护服务。

（5）小区的物业管理以"高效、周到、系统"为目标，能在更大程度上满足区内住户的需求，服务于居民。

二、智能小区的分级标准

从本质上来说，智能住宅涉及到视频、语音和数据传输。以及家用电器控制和接线方式标准化等技术问题。早在1983年美国电子工业协会（EIA）就组织专门机构开始制定家庭电气设计标准，并于1988年编制了一个适用于家庭住宅的电气设计标准。即《家庭自动化系统和通信标准》，也称为家庭总线系统标准。在其制定的设计规范与标准中，智能住宅的电气设计要求必须满足以下3个条件，即：

- 具有家庭总线系统。
- 通过家庭总线系统提供各种服务功能。
- 能和住宅以外的外部世界相连接。

我国从1997年初开始制定的《小康住宅电气设计导则》中规定小康住宅小区电气设计在总体上应满足以下要求：
- 高度的安全性。
- 合适的生活环境。
- 便利的通信方式。
- 综合的信息服务。
- 家庭智能化系统。

目前，建设部正组织实施全国不同地区、不同类型的住宅小区智能化技术示范工程。住宅小区的智能化等级将根据其具备的功能和相应投资来决定，建设部在《全国住宅小区智能化技术示范工程建设大纲》中对智能小区示范工程划分为三个层次，对其技术含量作出了如下的划分。

1. 普及型住宅小区，应用信息技术实现以下功能要求：
1) 住宅小区设立计算机自动化管理中心；
2) 水、电、气、热等自动计量、收费；
3) 住宅小区封闭，实行安全防范自动化监控管理；
4) 住宅的火灾、有害气体泄露等实行自动报警；
5) 住宅设置紧急呼叫系统；
6) 对住宅小区的关键设备、设施实行集中管理，对其运行状态实施远程监控。

2. 先进型住宅小区，应用信息技术和网络技术实现以下功能要求：
1) 实现普及型的全部功能要求；
2) 实行住宅小区与城市区域联网，互通信息、资源共享；
3) 住户通过网络终端实现医疗、文娱、商业等公共服务和费用自动结算（或具备实施条件）；
4) 住户通过家庭电脑实现阅读电子书籍和出版物等。

3. 领先型住宅小区，应用信息技术、网络技术和信息集成技术实现以下功能要求：
1) 实现先进型的全部功能要求；
2) 实现住宅小区开发建设应用 HI-CIMS 技术，实施住宅小区开发全生命周期的现代信息集成系统，达到提高质量、有效管理、改善环境的目标。

中国建设部住宅产业化办公室初步将我国的智能化住宅小区依据所实现的功能划分为初级（一星级）、中级（二星级）和高级（三星级）3级。具体如表6-1所示。

我国智能化住宅小区的功能等级划分　　　　　表6-1

子系统	功　　能	初级（一星级）	中级（二星级）	高级（三星级）
通信功能	小区通过光缆接入公共网		支持	支持
	数字程控交换机、语音服务		支持	支持
	共同电视天线	支持	支持	支持
	卫星电视天线	支持	支持	支持
	VOD 视频点播			支持

续表

子系统	功 能	初级（一星级）	中级（二星级）	高级（三星级）
安防功能	闭路电视监视		支持	支持
	电子巡更系统	支持	支持	支持
	对讲、远程控制开锁	支持	支持	支持
	可视对讲、远程控制开锁		支持	支持
	密码或指纹锁		支持	支持
	家庭自动报警系统			支持
	紧急按钮		支持	支持
	防火、防煤气泄漏报警	支持	支持	支持
	防灾及应急联动系统			支持
物业管理	三表IC卡或户外人工抄表	支持		
	三表远距离自动抄表		支持	支持
	三表集中监控			支持
	给排水、变配电集中监控	支持（单机）	支持（网络）	支持（网络）
	电梯、供暖、车库车辆监控		支持	支持
	空调、空气过滤监控			支持
	公共区域照明自动控制	支持	支持	支持
	物业管理网络化、电脑化（收费、查询、报修）	支持（单机）	支持	支持
	电子布告栏、信息查询、电子邮件		支持	支持
	网上多功能信息服务		支持	支持
	网上高级信息服务（远程医疗、监护等）			支持
	家庭电器自动控制和远程电话控制			支持
基础设施	PDS布线、监控及管理中心	电话、电脑视频三线满足基本要求	电话、电脑视频及监控四线可扩展性好	同中级

在此基础上，一些智能化小区发展较快的地区根据当地的具体条件和情况制定了一些地方的智能化小区的分类标准和配置要求。例如，《上海市智能住宅小区功能配置试点大纲》中将功能配置分为基本配置和可选配置，基本配置是智能住宅小区应满足的功能，可选配置是扩展部分。

三、智能小区的构成和功能

（一）智能小区的构成

住宅小区智能化与大厦智能化有一定的区别。虽然它们实现智能化的技术手段是相同的，但服务对象、功能以及技术要求是不同的。住宅小区智能化具有更广域的空间，而不是集中在建筑物内。控制方式采取集散式的模式。住宅小区智能系统由于受到房屋售价的市场约束作用，它的投资强度要远远低于大厦智能化，因而更加注重性能价格比。住宅小区智能系统设计的指导思想：系统设备的选择要求具有先进性、成熟性；随着建设资金的投入和技术的发展，对系统可进行扩充升级，使系统得到不断的完善和提高；在使用方面,要求简洁方便,不要求住房者具有很高的专业知识。

住宅小区智能化系统主要由安防自动化系统、通信自动化系统、管理自动化系统和设备管理等4大部分组成,小区网络布线的建设,将4者紧密地结合成一个统一的智能网络,并充分考虑到将来对宽带的需求;具有何种档次的综合布线系统和通信网络这两个硬件平台,既是小区建设中主要的投资之一,也是评价小区水平的重要标志。智能小区综合管理中心既是小区智能网络的管理中心,又是将小区局域网同广域网连接起来的通道。

智能小区的系统结构有着如下的特点:首先采用先进的、符合标准的技术和设备;同时所有的系统均采用集散式的构造方式,既具有分散于各个住户的终端或设备,又通过网络集中到一个管理或控制中心,中心提供公共信息资源,或者对各个住户提供集中安全监控;最后,所有的智能系统既可独立,又可以在计算机网络的基础上实现集中管理。

建设部推出的《全国住宅小区智能化系统示范工程建设要点与技术导则》指出,智能小区基本上包括以下内容:

(1) 智能化的安全防范系统;
(2) 设备管理及物业收费系统;
(3) 信息网络系统提供给家庭的电子化服务;
(4) 以计算机网络通信为基础的物业管理。

按此要求的智能小区的基本功能框图如图6-1所示。

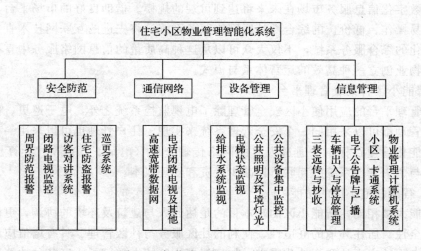

图 6-1 智能小区的基本功能框图

从上面所说的智能小区的基本组成和基本要求来看,目前的智能小区的构成有以下特点:

1. 智能小区有综合布线系统

小区智能化系统有3大平台,家庭综合布线是智能小区的物理平台,计算机网络技术是智能小区的技术平台。而小区选择的现场总线则是智能小区的应用操作平台。智能小区系统集成水平的高低与所选择建立的现场总线密切相关,特别是将影响到小区智能化系统集成功能的可扩展性。

2. 通信网络必不可少

智能化小区的核心是网络。在网络时代，宽带和智能化肯定会成为一个小区的必备设备。目前，宽带通道主要有两种方式，一种是综合布线，即在小区专设局域网，此局域网与 Internet 直接相联，二是对现有的为有线电视铺设的光缆进行改造，即将目前有线电视光缆单向通道改为双向互动（HFC）。智能化小区的信息通信服务功能，应保证小区住户具有连网能力和多种多样的接入服务；这样可把小区内各家各户的电脑同物业管理中心连接起来，实现新型物业管理，也可以通过 ADSL 高速专线等接入 Internet，使小区居民真正实现网上教育、网上购物、IP/TV、多媒体娱乐、网上交易、网上交费、VOD 视频点播和家中办公等，还能实现对家电的远距离控制以及一卡通、可视对讲、三表自动抄表、防盗/防火监控、停车场管理等多种应用。

3. 小区有智能控制中心

目标是保证小区内住户的安全和有效管理。主要的子系统有：

（1）小区内及周边环境的安全监视和安全防范；

（2）家庭的警报防范及小区的报警响应网络；

（3）小区内的停车场管理系统；

（4）家庭"三表"的自动抄送传输；

（5）通信联络的畅通，保障视音频传输。

4. 小区有物业管理子系统，能以"一卡通"完成各项收费

社区数字化信息服务市场在未来将达到可观的规模。借助良好的市场平台，创建一个多功能、易操作、低价位的综合性社区网络服务系统，将先进的互联网技术直接用于这样一种大众化的综合服务系统，不仅大众可以从这种高质量的信息网络服务中直接受益，同时更可以物业创立一种高效的运营体系与模式。

5. 智能小区有集成管理平台

集成管理平台的应用使小区安全管理除了电视监控系统之外，电子巡更、停车场管理和出入口管理都可以采用同一个安全管理系统来实现。住户管理也可以采用一种设备来实现各种智能化管理目标，并通过现有的网络传输介质（电话、CATV、计算机网络布线等）实现与中央管理系统的互联，以减少投资和管理成本。

（二）智能住宅小区的功能

与智能大楼相比，智能小区的基本目的是达到人与建筑及环境的协调，更注重于满足住户在安全性、居住环境的舒适性、便利的社区服务与社区管理、具有增值应用效应的网络通信等方面的实现的和个性化需求。如何根据小区特点，赋予小区各种功能以适应该小区居民的需求，并在建筑格式和智能化方面有着自己的特点，这是智能小区应有的追求。

智能小区和智能住宅的功能随着小区的等级和入住人群职业和收入水平的不同而差异很大。这里只能就一般情况下，智能小区和智能住宅应该或可能具备的主要功能列举如下：

（1）通信功能

具有信息高速公路的家庭入口，有快捷、全方位的信息交换功能；电话（电话包括可视电话）、电视（包括有线电视、卫星电视）、传真、高速数据通信、音乐邮件、电子邮件、会议电视、在家办公、背景音乐/广播/紧急广播、电话遥控、远程教育、远程医疗、远程护理、远程控制、家庭购物、Internet 访问等。

(2) 安全技术防范功能

安全防范和网络通信是智能小区最主要的功能。防盗防劫报警（包括双鉴报警器、紧急按钮等）、火灾报警与消防联动（包括感烟报警器、感温报警器等）、有害气体报警、紧急呼救、远程监听、电视控制与录像、可视对讲、远程护理、分区分时布防撤防、出入口及门禁管理、巡更、周界防卫、车库管理、设备状态监控、防破坏报警等。

(3) 楼宇设备及家电控制功能

对区内居民提供"舒适、安全、方便"的家庭生活空间，"以人为本"、"节能为重"和"环境优先"的原则是智能化设计的重点；小区能进行三表（水、电、气）数据自动采集与传输、给排水、供配电、空调、多功能卡、火灾报警与消防联动、程序自动化控制、红外遥控调节功能（空调、音响、电视等）、室内无线遥控、电源控制及调光、电梯控制与监视等。

(4) 信息服务功能

小区的物业管理以"高效、周到、系统"为目标，能在更大程度上满足区内住户的需求，服务于居民。提供综合信息查询功能、电子新闻、电子报刊杂志、电子图书馆、电子博物馆、网上旅游、旅游服务、家庭信息中心、证券股票交易、电子商务、社区公共服务信息发布，其他增值信息服务等。

(5) 社区服务功能

提供客访服务、电子银行与投资理财、家庭转帐、三表自动收费、交互式物业管理服务、交互式遥距学习（网上学院和网上实验室）、提供包括儿童教育、成人教育在内的多层次家庭和业余教育服务；交互式医疗诊断、一卡通服务（购物、就餐、三表交费、健身、洗衣、理发、租借书刊、门诊就医等）、报修管理、停车场、住户信息管理、收费管理、物业服务管理、社区娱乐信息及管理、小区公告板等。

(6) 康乐舒适功能

提供家庭保健、远程看护服务。提供丰富多彩和高品位的文化娱乐生活；交互式多媒体游戏、卡拉OK点播、网上博奕、视频点播、收费电视、音乐与剧场转播、频道租用、交互式家庭购物、家中订餐、家电程序化服务、遥控调节家电等。

四、智能化小区的信息网络系统和综合布线

智能化住宅从某种意义上讲是信息化住宅。小区通信自动化系统有赖于外部网络和内部网络的建设。通过建立小区的局域网，并设立家庭总线接口，就可以充分利用通信网络与外界进行广泛的信息交流。小区通信网络是智能小区最基本的投资项目之一，其实施方案直接关系到小区开发商的投资费用和小区在通信与网络方面的现代化程度，以及提供综合信息与咨询服务的能力。

（一）智能小区信息网络

智能化小区的核心是网络。智能小区的信息通信网络是智能化家庭、小区综合管理中心和外界广域网进行信息交互的纽带。智能化小区的信息通信服务功能，应保证小区住户具有连网能力和多种多样的接入服务：

1. 智能小区信息网络的功能

(1) 建成小区局域网络系统。为小区提供公用设备管理、物业管理、房屋管理及安防系统的信息基础设施和运行环境。

(2) 建立网络运行中心和网络信息中心。

(3) 建立社区运行中心、物业管理系统,实行有效的社区管理、物业管理、安全管理、计费管理等。

(4) 建立以信息交换、信息发布和查询应用为主的计算机网络应用基础环境。为满足住户间信息交流、物业公司的管理等提供先进的支持手段。

(5) 通过网络中心连接 Internet 网,满足小区住户通过小区局域网或有线电视上网,既可获取丰富的信息,又可极大地降低上网费用。

(6) 提供 PPP〈Point to Point Protocol〉接入服务,为小区实现与远程的通信和网上服务。

(7) 小区网络采用千兆的以太网先进技术,从而为小区住户实现宽带应用做好准备,提供到住户的 10/100M 带宽独享条件。

2. 小区信息网络的结构

信息化智能小区即在住宅小区内采用现代信息网络技术,建立一个宽带信息业务接入平台,对各种信息实现全面、实时、有效的接收、传递、采集和监控,是一个典型的园区网,见图 6-2。其组成主要包括:

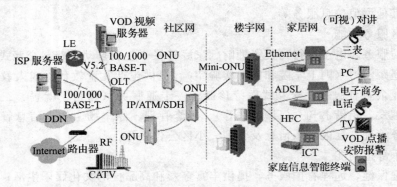

图 6-2 智能小区信息网络系统结构图

(1) 主干网。小区网络的主干网是数据与信息流动主通道,同时肩负着对数据与信息流动的管理任务。所以主干网要实现几个功能:为子网间互联提供高速路由,实现核心高速路由交换;连接全部网络上的共享服务器,如 VOD 服务器、Internet 服务器;实现网络的系统管理和安全管理;拨号接入,实现与国际互联网的连接。

(2) Internet 接入。小区网络系统的用户,不仅仅要实现小区内的网络通信与信息共享,更多的要实现与其他网络的互联,让信息交换与信息共享扩展到整个 Internet 上。

(3) 子网。小区网络不仅为用户提供互联服务,同时要为小区公用设备管理、房屋智能管理以及安全防灾管理实现互联。所以,小区网络又可以分为用户互联网、小区公用设备管理网、房屋智能管理网和安防管理网 4 个子网。

(4) 工作组。在各个子网连接下的互联个体或个体群组成了网络工作组。

下图是一个信息化智能小区信息网络系统结构图,由社区网、楼宇网和家居网三级网络组成,分别以 ONU 小区接入节点,BNU 楼宇接入节点,ICT 家庭信息控制终端和 ICGW 智能控制网关为核心设备,实现住宅小区的信息化和智能化。

(二) 小区综合布线和家庭综合布线

智能小区的兴起,使智能小区所依赖的网络基础设施——综合布线系统也变得越来关键。智能小区综合布线是整个小区智能系统的基础部分，也是伴随着住宅小区土建的同时建设的。由于它是最底层的物理基础，其他智能系统都建立在这一系统之上，布线系统的质量直接影响住宅中所智能系统的运行，所以选择一个好的智能住宅布线系统非常重要。智能住宅的高科技应用的基础都是宽带通信网。并且随着应用系统的发展及新应用的出现，对通信带宽的要求也越来越高。传统的布线将无法满足这些应用的需要。而日后新增或改造这些线路除了消耗人力物力外，还会影响家庭美观及家庭正常生活。这就需要专门针对智能住宅小区的建设同时建设其综合布线系统——智能小区布线系统。从本质上来说，智能小区布线系统涉及到视频、语音、数据和监控信号及控制传输信号的传输，从传输介质来说，智能小区布线包括非屏蔽双绞线（UTP）、75Ω同轴线缆和光缆等。智能小区住户端设备包括计算机、通信设备、智能控制器，各种仪表（水表、电表、煤气表和门磁开关）和探测器（红外线探测器、煤气表探测表，烟雾探测表和紧急按钮），所有相关数据经通过智能小区布线系统进行统一传输。智能小区综合布线为小区网络及布线管理中心，楼宇自控系统（BAS）、保安监控及巡更系统（SAS）、门禁及消费"一卡通"系统，停车场自动管理系统、Internet、ISDN电话、IP电话、数字传真等通信系统（CAS）提供一个性能优良的系统平台。

在多层大厦智能小区布线系统中，每个家庭必须安装一个分布装置。分布装置是一个交叉连接的配线架，主要端接所有的电缆、跳线、插座及设备连线等。分布装置配线架主要提供用户增强、改动电信设备的需要，并提供连接端口为服务供应商提供不同的系统应用。配线架必须安装在一个合适的地方，以便安装和维护。配线架可以使用跳线、设备线来提供互联方法，长度不超过10m。电缆长度从配线架开始到用户插座不可超过90m。如两端加上跳线和设备连线后，总长度不可超过100m。所有新建筑从插座到配线架电缆必须埋于管道内，不可使电缆外露。主干必须采用星形拓扑方法连接，介质包括光缆、同轴电缆和非屏蔽双绞线，并使用管道保护。通信插座的数量必须满足需要。插座必须安装于固定的位置上，如果使用非屏蔽双绞线必须使用8芯568A（或568B）接线方式。如果某网络及服务需要连接一些特别的电子部件，如分频器、放大器、匹配器等，必须安装于插座外。

智能小区和办公大楼的主要区别在于智能小区是独门独户，且每户都有许多房间，因此布线系统必须以分户管理为特征的。一般来说，智能小区每一户的每一个房间的配线都应是独立的，使住户可以方便地自行管理自己的住宅。另外，智能小区和办公大楼布线的一个较大的区别是智能住宅需要传输的信号种类较多，不仅有语音和数据，还有有线电视、楼宇对讲等。因此，智能小区每个房间的信息点较多，需要的接口类型也较为丰富。由于智能小区有以上特点，所以在进行智能住宅小区建设时，最好选用专门的智能布线产品。

智能小区布线除支持数据、语音、电视媒体应用外，还可提供对家庭的保安管理和对家用电器的自动控制以及能源自控等。智能住宅布线系统可支持家居话音、数据、视频、远程医疗、音频、以及监控控制等多种家庭服务应用功能。为住户提供轻松、有序、高效的生活方式。数年后，没有智能住宅布线系统的房子将会同没有网络的办公楼一样显得过时、落伍。

智能住宅布线系统具有以下优点：
- 为家庭服务，能够集中管理的家庭服务各种功能应用。
- 支持视频、语音、数据及监控等信号传输。

- 高带宽，高速率。
- 灵活性及高可靠性。
- 兼容性与开放性。
- 易于管理。
- 适应网络目前及将来的发展。
- 整齐美观。

五、智能化住宅小区的安全防范系统

对于小区住户最关心的是居住环境，而安全又是第一位的。住宅小区安全防范主要是把人防、技防和物防有机的结合起来，形成立体化、多层次、全方位、科学的防范犯罪的强大网络体系（见图6-3），从而减少安全防范中的人为因素造成的盲区及漏洞。一个完整的小区安防系统可由如下几道防线构成：

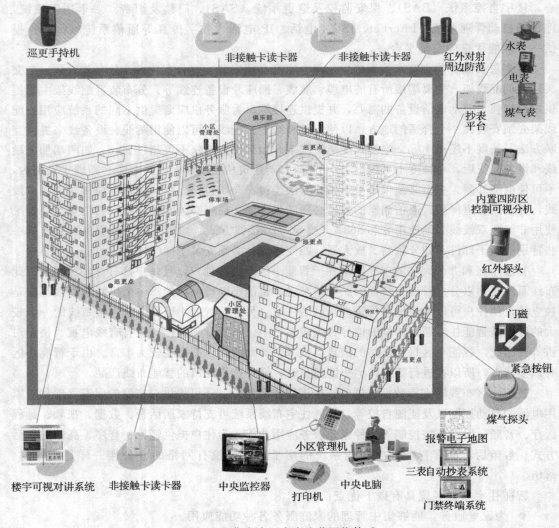

图6-3 住宅小区安全防范网络体系

- 第一道安全防线：由周界防越报警系统构成，以防范翻越围墙和周界进入社区的非法入侵者。
- 第二道安全防线：由闭路电视监控系统构成，对社区出入口、主要通道及重点设施进行监控管理。
- 第三道安全防线：由保安巡更管理系统构成，通过物业中心保安人员对住宅区内可疑人员、事件进行监控。
- 第四道安全防线：由楼宇可视对讲系统构成，可将闲杂人员拒之于梯口处。
- 第五道安全防线：由住户室内综合报警系统构成，若发生非法入侵住家或发生如火灾、老人急症等紧急事件，通过户内各种探测器，报警中心将很快获得警情消息，并迅速派员赶往事件现场进行处理。

1. 周界防越报警系统

周界防越报警系统是为防止不法之徒通过小区非正常出入口闯入时而设立的，以此建立封闭式小区，防范闲杂人员出入，同时防范非法人员翻越围墙或栅栏。通常在小区的围墙四周设置红外多束对射探测器，一旦有非法入侵者闯入就会触发，并立即发出报警信号到周界控制器，通过网络传输线发送至管理中心，并在小区中心电子地图上显示报警点位置，以利于保安人员及时准确地处警，同时联动现场的声光报警器（白天使用）或强光灯（夜间使用），及时威慑和阻吓不法之徒，提醒有关人员注意，做到群防群治，真正起到防范的作用。

2. 小区巡更

现代化大型住宅小区出入口较多，来往人员的情况也较复杂，必须有保安人员巡逻，以保证居民人身财产的安全。巡更是技术防范与人工防范的结合，巡更系统的作用是要求小区保安值班人员能够按照预先随机设定的路线顺序地对小区内各巡更点进行巡视，同时也保护巡更人员的安全。

巡更管理系统可以用微机组成一个独立的系统，也可以纳入大楼或小区的整个监控系统。对于一幢智能化的大厦或一个现代社区来说，巡更管理系统要求与其他系统合并在一起，组成一个完整的自动化系统，这样既合理又经济。

巡更管理系统的系统结构由现场控制器、监控中心、巡更点匙控开关、信息采集器等部分组成。通常现场控制器与监控中心可以与防盗报警系统共用。巡更系统分为在线式和离线式两种：在线式的各巡更点的信息设备跟控制中心用线路连接，现场巡更信号直接送往控制中心；离线式的则用数据采集器从现场的各信息钮采集信号，然后带到控制中心输入电脑处理。

图6-4是一种离线式电子巡更设备图示，主要有数据采集器、数据变送器、信息纽扣和管理软件组成。巡更人员只需携带数据采集器到各指定的巡更点，将它轻触在信息按钮上，就会把数据输入采集器中，然后只需在主控室里通过数据变送器将采集器中的记录信号送到电脑中，便可查阅、打印，实现规范管理。

3. 闭路电视监控系统

智能小区占地面积和范围较大，因此监控目标以整个园区环境、园区周界、建筑物外侧为主，用于整个小区范围内的监视。同时将监视点设于小区的各主要出入通道、车库、电梯等处，对小区的人流进行动态控制。各监控点的图像信号，通过传输线路送往小区的监控中心。同时采用多媒体控制平台与周界防越报警系统及住宅报警系统联动。当发生警情时，中央监视器将自动弹出警情发生的区域的画面，并进行记录。

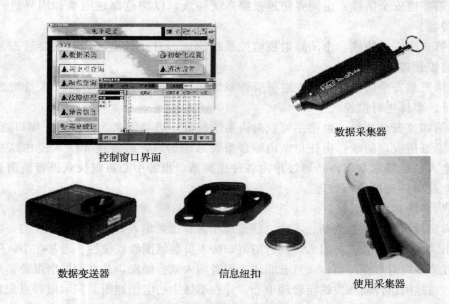

图 6-4 离线式电子巡更设备图示

电视监控系统实现的主要功能有：

（1）与报警系统联网，发生报警触发录像并自动弹出报警区域的摄像机的图像。

（2）在中央控制室可以切换看到所有的图像。在图像的切换过程中感觉不到图像间的干扰。

（3）系统设有时间、日期、地点、摄像机编号提示，可在录像带上作标记，便于分析和处理。

（4）系统可任意选择某个指定的摄像区域，便于重点监视或在某个范围内对多个摄像机区域作自动巡回显示。

（5）矩阵系统具有分组同步切换的功能，可将系统全部或部分摄像机分为若干个组，每组摄像机图像可以同时切换到一组监视器上。

（6）可以在必要的场所设置副控，通过副控键盘可以在监视器上切换看到所有的图像，并进行控制。

（7）在配置系统时，可以决定每个使用者有权进入系统的哪个部分，使用者可观看哪些摄像机，又能控制哪些摄像机，使用者可以用自己的键盘手动操作哪些继电器（联结到外围），操作哪些 VCR 和多画面分割器。

4．访客对讲系统

访客对讲系统主要用于防止非本楼的人员在未经允许下进入楼内，充分保证本楼住户的人身和财产安全。访客对讲系统是在各单元口安装防盗门和对讲系统（有一般对讲和可视对讲两种），以实现访客与住户对讲，住户可遥控开启防盗门。来访者也可通过按动对讲主机上的"保安键"同保安人员通话。

访客对讲系统的主要设备包括有小区访客对讲管理主机、访客对讲主机、访客对讲分机（或称用户对讲分机）及电控门锁等。访客对讲系统的系统图可参见图 6-5 所示。

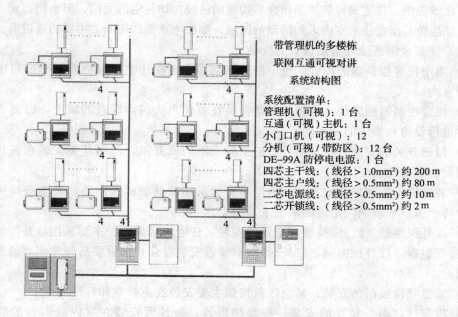

图 6-5 访客对讲系统的系统图

小区访客对讲管理主机一般设置在住宅小区物业管理部门的安全保卫值班室内。访客对讲主机也称为门口主机,一般安装在大楼的楼门上或大楼入口的墙上。访客对讲分机也称为用户对讲分机,一般安装在各住户大门内附近的墙上。

楼门平时总处于闭锁状态,避免非本楼人员在未经允许的情况下进入楼内,本楼内的住户可以用钥匙自由地出入大楼。当有客人来访时,客人需在楼门外的访客对讲主机键盘上按出欲访住户的房间号,呼叫欲访住户的访客对讲分机。被访住户的主人通过访客对讲设备与来访者进行双向通话或可视通话,通过来访者的声音或图像确认来访者的身份。确认可以允许来访者进入后,住户的主人利用访客对讲分机上的开锁按键,控制大楼入口门上的电控门锁打开,来访客人方可进入楼内。来访客人进入楼后,楼门自动闭锁。

住宅小区物业管理的安全保卫部门通过小区访客对讲管理主机,可以对小区内各住宅楼访客对讲系统的工作情况进行监视。如有住宅楼入口门被非法打开、访客对讲主机或线路出现故障,小区访客对讲管理主机会发出报警信号、显示出报警的内容及地点。小区物业管理部门与住户和住户与住户之间可以用该系统相互进行通话,如物业部门通知住户交各种费用、住户通知物业管理部门对住宅设施进行维修、住户在紧急情况下向小区的管理人员或邻里报警求救等。

5. 住宅报警联防系统

防盗报警系统主要用于发现有人非法侵入(如盗窃、抢劫),并向住户和住宅小区物业管理的安全保卫部门发出报警信号,使住户免受侵害。

(1)防盗报警系统的设备组成:防盗报警系统设备包括小区集中报警控制器、报警控制器、门磁开关、玻璃破碎探测器、红外探测器、红外/微波双鉴器、紧急呼救按钮、报警扬声器、警铃、报警指示灯等。

(2)防盗报警系统的防护区划分:防盗报警的防护区域分成两部分,即住宅周界防护和住宅内区域防护。住宅周界防护是指住宅四周的区域，如住宅的大门、阳台门、窗户等；住宅内区域防护是指在住宅室内人们活动的区域，如住宅重要的房间、主要的通道等。

（3）防盗报警系统设备的设置与安装：

1）集中报警控制器的设置：集中报警控制器设置在住宅小区物业管理部门的安全保卫值班室内。

2）报警控制器的安装：报警控制器安装在各住户大门内附近的墙上，以便人们出入住宅时进行设防和撤防的设置。

3）门磁开关的安装：住宅周界防护主要采用门磁开关，门磁开关安装在各住户的大门、阳台门和窗户上。

4）玻璃破碎探测器的安装：住宅周界防护采用玻璃破碎探测器，玻璃破碎探测器安装住户各个窗户和玻璃门附近的墙上或顶棚上。

5）红外探测器、红外/微波双鉴器的安装：住宅内区域防护主要采用红外探测器、红外/微波双鉴器，红外探测器、红外/微波双鉴器安装在住户内重要房间和主要通道的墙上或顶棚上。

6）紧急呼救按钮的安装：紧急呼救按钮主要安装在主卧室和客厅的墙上。

7）报警扬声器、警铃的安装：报警扬声器、警铃可安装在室内或阳台的墙上或顶棚上。

8）报警指示灯的安装：报警指示灯安装在各住户大门外的墙上。

6. 防火（火灾报警）系统

通过设置在厨房的感温探测器、设置在客厅、卧室等的感烟探测器和设置在餐厅的感烟感温复合探测器，监视各个房间内有无火灾的发生。如有火灾发生报警控制器控制报警扬声器（警铃）和报警指示灯发出声光报警信号，通知家人及小区物业管理部门。报警控制器还可以根据有人在家或无人在家的情况，自动调节感温探测器、感烟探测器和感烟感温复合探测器的灵敏度。小区物业管理的保安人员可以通过小区集中报警控制，对小区内各住户内是否有火灾的发生进行集中监视。

7. 防煤气泄漏系统

通过设置在厨房的煤气探测器，监视煤气管道、灶具有无煤气泄漏。如有煤气泄漏发生，报警联动控制除了可以控制报警扬声器（警铃）和报警指示灯发出声光报警外，还能立即控制煤气管道上阀门关闭，并开启厨房内的排风机，排出厨房中已泄漏出的煤气。报警控制器将报警情况通知家人及小区物业管理部门。小区物业管理的保安人员可以通过小区集中报警控制，对小区内各住户内是否有煤气泄漏的发生进行集中监视。

8. 报警联动控制

报警联动控制除了上述可以控制报警扬声器（警铃）、报警指示灯、煤气管道阀门和排风机的功能外，还可以控制室内照明、按程序拨通预先设置的电话等功能。

（1）室内照明的控制：防盗系统、防火（火灾报警）系统、防煤气泄漏系统报警后，在夜间可以控制室内照明灯的开启，为防盗、灭火、处理煤气泄漏提供有利的条件。

（2）自动拨通有关电话：在报警控制器内按等级预先设置若干个报警电话号码（如家人单位电话号码、手机电话号码、寻呼机电话号码和小区物业管理安全保卫部门电话号码等），在有报警发生时，按等级的次序依次不停地拨通上述电话进行报警（并可报出家中是哪个系统报警了)。

六、智能化小区的设施管理系统

(一) 智能化住宅小区中设备监控系统的重要性:

鉴于目前的实际情况和人们的心理要求,在智能化住宅设计中,往往把"安全防范系统"特别是访客对讲系统、闭路电视监视系统、巡更系统、防盗报警系统等放在第一重要的位置。其次是水、电、气、暖表计费系统、信息传输系统。对于机电设备监控、监视系统没有给予充分的重视,实际上,这一部分的内容,也直接关系到住户的舒适与安全,也为实现物业管理各项指标提供了可能性。住宅与智能大厦不同,住宅用户多,住户的知识水平及年龄差异大,管线复杂,维修水平低,维修力量薄弱,设备在运行过程中,发生故障的涉及面及可能性要比智能大厦大得多,尽管系统简单,但对需要监视的仍必须监视,对需要控制的又必须控制。对一些投资费用不大,通过适当的控制系统,可以收到良好效果的项目就应增加。如设置灯光与背景音乐系统,花钱不多,但对智能化住宅小区有锦上添花的作用。

水泵、发电机组、供冷、供热、照明、通风、电梯等设备本身既是管理检测的难点,又往往都是耗能大户,因此如何便利生活、又通过科学手段加强对小区各种公共设备的管理,降低管理成本,提高管理效率,创造舒适的生活环境是小区物业的重要内容之一。传统管理缺乏科学性,物管人员劳动强度大,管理档次低。小区设备控制管理系统的实现是小区公共设备智能管理水平的体现,也是小区物业硬件上档次的表现,同时也是住户的需要。物业管理人员无需亲临现场,一切都可由系统自动完成。如水压降低,检测系统自动通知水泵开启;停电时,发电机组自动开始工作;住宅楼集中供冷热时,外界温度发生变化,中央空调机组将自动随之变化;小区路灯和楼道灯管理系统是由控制中心控制器分别确定开关时间,而楼道灯是否开启由声控开关完成,这样可以确保照明设备白天不亮。晚上有人在楼道行走时,楼道灯自动开启。

现代住宅小区普遍选用恒压供水系统和 VVVF 电梯。这些都为实现小区设备管理自动化提供了先决条件。通过有关网络、控制中心可显示小区内主要设备如水泵、水池水位、电梯、高低压开关、路灯等的运行状况,并可通过软件控制设备,使设备运行于最经济合理模式中。当设备发生故障时,控制中心发生声光报警并通知管理人员处理事故。实现机电设施自动控制,可以节约能源减少管理人员,提高管理效率。

(二) 智能化住宅小区中设备监控系统的内容:

对于住宅小区,设备监控相对于智能大厦的 BAS 系统要简单得多,在国家建筑标准设计"住宅智能化电气设计施工图集"中,大致包含以下几个方面:

给水排水泵监控;变配电监视;消防泵监视;电梯监视;室外照明监控;绿化泵监控;汽车库停车场管理。

智能化住宅小区设备管理内容主要包括:

1. 电源开关状态及故障报警

(1) 高、低压配电柜之状态监测及开/关控制。

(2) 高压配电之电流、电压及有功功率监测。

(3) 变压器出线电流、电压、功率因数及有功功率监测。

(4) 各种负载的电流监测。

(5) 自动开关、母联开关的投切与故障报警。
(6) 多台开关的逻辑控制。
(7) 各处配电的状态与故障监测。

2. 给排水系统智能化管理

给水、排水系统无论缺水或溢出都是很大的故障。监测系统可对给排水系统进行全面监控。电脑屏幕以流程图形式显示给排水系统的运行状况，一旦有异常情况，自动调出报警画面、显示故障位置及原因并提供声响报警和打印数据。

给排水系统的智能管理可供选择的功能有：
(1) 各水箱、水池的低位预警。
(2) 各水泵的运行状态与故障集中监控。
(3) 生活水泵、潜水泵、污水泵故障报警、程序启动/停止。
(4) 污水池最高限控制水位报警及夜间抽污水的控制。
(5) 定期自动开列各水泵的保养工作单。
(6) 各泵轮流交替使用。
(7) 设备管理中心电脑屏幕显示水系统的运转现状，如有异状，自动调出报警画面显示并提供声响报警及打印数据。

3. 温度、压力、流量检测

(1) 检测供水与回水的温度、压力、流量。
(2) 自动检测总管压力。
(3) 自动检测补水泵运行状态。
(4) 根据协调级所确定的换热站控制方案，确定所需开启换热器台数。
(5) 开关机过程控制，自动控制相关泵的启停，根据用户侧供水温度，自动控制相关阀门的开度，按优化控制算法自动调节相关用户侧循环泵的开启台数；根据回水压力，确定补水泵的启停。
(6) 热水循环泵的启停控制。
(7) 供热温度的自动调节。
(8) 显示各测量参数，修改各项设定值。

4. 风机的启停状态

送排风应依清晨、上班、午休、下班、夜间及区域要求特性，自动调整风机启停及节电运转周期。送排风系统的智能化运转可供选择功能包括：
(1) 按不同时段及区域属性自动时序控制新风机的启停。
(2) 送排风机状态监控、故障报警。
(3) 火警发生时自动开启送排风机、正压送风机。
(4) 正压送风机状态监控，故障报警。

5. 照明智能化

(1) 电梯口夜间警戒时段由红外人体侦测联动照明，自动启动CCTV系统录像。
(2) 小区庭院照明。
(3) 节日彩灯、泛光灯、广告霓虹灯、喷泉彩灯等的定时开关控制及各种图形及效果控制。园区旁立面、广告灯的时序控制。

6. 电梯运行状态及故障报警
（1）电梯故障及具体故障类型。
（2）各部电梯运动方向。
（3）各部电梯供电电源状态。
7. 其他设施管理
（1）绿化自动灌浇控制。
（2）分质供水。
（3）有机垃圾生物处理。
（三）所有监控设备的集中管理

智能化小区要求对公用设备进行智能化集中管理、分散控制，实现设备管理系统自动化。做到运行安全、可靠、精确高效、节省能源、节省人力。

智能化小区系统集成的初期，就是简单地将各种应用系统进行叠加，而各应用系统之间的信息沟通，必须通过管理员的操作才能进行。以这种方式进行的系统集成，集成度较低，但对管理员能力的要求却较高，因为对各种应用系统的熟练操作和将各种信息在各应用系统中的相互传递并非人人能行，甚至根本做不到。

随着人员成本的不断增加、管理内容和要求的提高，希望统一的操作界面来管理各种应用系统，以形成反应精确快速的管理机制，达到更高的系统性能，同时降低对管理人员操作能力的要求，以软件为主的系统集成应运而生，这种系统集成就是将各种应用系统的信息在一个软件平台上进行统一的处理和管理，并能在各应用系统间传递或共享相关的信息资源。这种模式要求各应用系统输出和输入的信息格式有统一的约定，即要求各应用系统有一个开放的界面或开放的接口。将现有的各种应用系统进行统一的接入和控制，则总体的硬件成本和软件成本将会降至最低，其开放性、可靠性、可扩展性将会最优。同时，将各应用子系统汇聚在一个中央平台上，解决了因多个系统、多种平台带来的施工管理及应用管理的诸多不便，使整个系统纳入一个有效的、规范的、可靠的集成管理平台上，极大地减少智能小区建设中重复布线的状况，亦极大地降低设计、施工成本，同时，对系统的运行、维护等方面带来了极大的方便。

这种系统集成的方式是将信号的采集、处理和传输分成不同的模块，针对目前应用于智能小区内的各厂家的各种应用子系统，开发一系列的功能模块与之兼容，根据现有的技术，将各子系统的信息汇总到专用控制器中，在专用控制器中，开发能适应于现行多种网络协议的功能模块。这样，整个系统可适应绝大多数子系统厂商的产品，又可在统一的平台上，用一套完整的结构化、开放的、可扩充的软件实现对各子系统的监视、控制，以及对所有信息的处理、优化、汇总、统计等。

对于所有监控设备的运行、维护管理的系统集成，最重要的是选择好现场控制总线，现在已有很多采用总线或网络方式的应用方案，如 LonWorks、C-BUS、F-BUS、TCP/IP 等等。每一个住宅小区，由于所处地域和地理位置的不同、周边环境的不同、房型设计的不同、工程实施条件的不同、所面向住户群的不同等多种因素，其系统集成的方案也会不同。一个优秀的系统集成商会根据多种不同的因素，设计一份最具针对性的系统集成方案。

图 6-6 显示的是一个所有监控设备的系统集成的方案的结构图和部分操作界面图（图 6-7）：

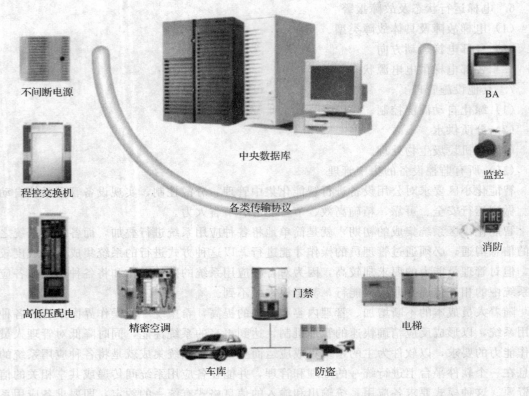

图 6-6 所有监控设备的系统集成方案的结构图

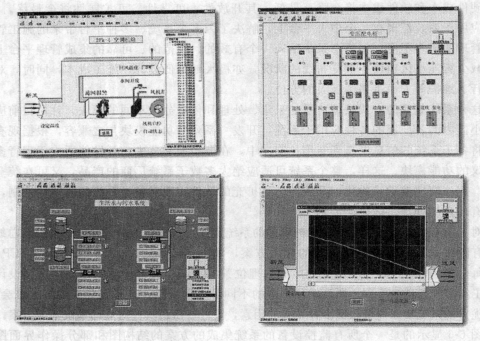

图 6-7 部分操作界面图

(四) 车辆出入和停放管理系统

小区停车场管理系统就是用数字和计算机技术对出入小区的车辆进行监控、管理、收费。小区停车场管理系统的规划设计，应根据停车场的规模、停车的数量、小区内免费车位、用户长期租用车位以及公共收费停车的具体情况，指定管理系统构建策略。根据目前社会经济的发展状况，家庭车辆拥有数量急剧上升，所以小区停车场采用的核心技术应是车辆的自动监控、识别与自动判别。

小区停车场有不同的类型和管理方式：

1. 小区免费停车场及管理系统：这种停车场由于是免费停车，车辆进出自由，所以对这类停车场的安全管理，多数采用电视监控。

2. 仅限小区内部使用停车场及管理系统：此类停车场应用范围为普通住宅小区和花园别墅群的车辆保安与管理，它只限于内部车辆的使用，禁止外部车辆进入。而其管理系统是，在距停车场入口处一定的距离设置读卡装置，同时要求小区内部车辆的前方玻璃或车身底部装置感应卡。当小区内部车辆停在入口处防撞挡板前时，车辆上感应卡被读卡机识别，在确认后将车辆出入事件记录在管理中心的中央控制计算机中，系统自动落下防撞挡板，让合法车辆通过，否则车辆不能通过。系统在车辆通过以后，会自动关闭。在停车场出口处，也有类似的装置，用来管理车辆驶出。

3. 小区收费停车场及管理系统。在停车场停泊的车辆，通过小区物业管理中心付费后可租得泊车位，并领取感应卡。每张卡记录有持卡人的资料、车牌号码、计费等级、使用期限等信息。

停车场的管理系统组成：感应式读卡机、电子显示屏、对讲系统、自动车道闸、电磁检测器、防盗电子栓、车位管理子系统、财务管理子系统。

智能停车场及管理系统与普通的相比具有两大特点。

1. 具有停车场自动化管理系统的功能：

（1）车辆入场时，读卡机会自动感应并记录车辆的入场时间。

（2）当车辆入场时，感应卡首先被登录，栅栏机会自动抬起，车辆驶入后落下，具有防砸车功能，就是栅栏机的抬起和落下不会由于车速的快慢而错误控制。

（3）当车辆驶进出口时，系统会自动计算停车费用，对于临时停车卡可以提供现金结算。

（4）采用了防止同卡重进入技术，禁止一卡多车用，保证一卡一用，以避免车辆丢失。

2. 具有视觉识别与联网功能：

（1）当车辆驶近停车场入口时，用高速摄像监控，实时记录车型并由系统自动识别车牌号，以便在车辆驶出时进行车辆信息对比，确认放行车辆，可以有效地防止盗车行为。

（2）具有联网功能，即在联网的任意一个停车场都可以停车而不必重新登记，在主控中心可以获得任一停车场资料及停车收费资料。

（3）可配合小区出入口控制、巡更、区内消费等系统，实现一卡通管理。

（4）具有完善的财务监控与管理，可以杜绝资金流失。

（5）与中央控制系统之间具有集中与分散管理的智能判别，即使中央系统出现故障，不会影响到停车场管理系统的正常运行。

图 6-8 是一个停车场管理系统的示意图：

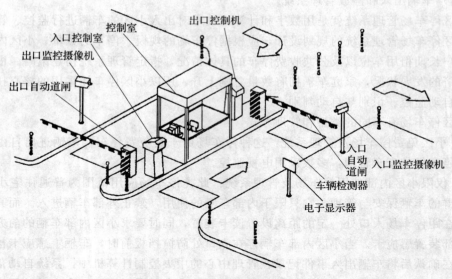

图 6-8 停车场管理系统的示意图

（五）IC 卡管理系统

所谓智能小区"一卡通"就是以 IC 卡技术为核心，以计算机和通信技术为手段，将小区内的各项设施连接成为一个有机的整体，用户通过一张 IC 卡便可完成通常的资金结算和某些控制操作，如用 IC 卡开启房门，用 IC 卡支付电费，水费，煤气费，物业管理费，停车费，电话费，网络信息服务费等，用 IC 卡购物，停车，甚至通过 internet 来进行网上购物等等，而不必象以往携带多把钥匙开门，去各个对应部门交费等繁杂的操作。

1. IC 卡"一卡通"的特点

Intergraded 集成电路卡片，又称 IC 卡。其保存介质是低功耗的互补型金属氧化半导体大规模 IC，通过读写存储在芯片中的数据来达到信息交换的目的。卡内的信息加密后不可复制，与传统的磁卡相比较，IC 卡具有以下优点：

- 使用寿命长。IC 卡的使用寿命是磁卡的 10 倍。
- 存贮量大。
- 抗干扰能力。IC 卡不受电磁的干扰，性能可靠。
- 设备故障率较低。
- 系统容易维护。
- 不易复制，安全性能较高。

在小区范围内用 IC 卡取代了现金交易，方便了业主。业主通过一张卡就可以完成各种支付、身份认证等多种功能。

物业管理以 IC 卡为媒介，杜绝了现金流通，财务管理可以自动建立各种账目，自动生成统计用的各种报表，自动建立卡片库，具有多种灵活方便的查询检索功能。提高了财务处理的效率，堵塞了财务管理的漏洞。

卡片管理中心可以对所有的卡片独立控制，使其在安防系统中有效或无效，有利于安全防范。管理中心能对所有卡片进行加密、注销和挂失等功能。通过设置不同类型的卡片（如工作人员卡和业主卡）能够区别对待小区用户和服务人员。

IC卡固有的安全性和先进性保证了网上交易，网上支付的可行性和安全性，IC卡的不可伪造性也保证了安防系统的可靠性。

2. IC卡"一卡通"系统的构成和功能

智能小区"一卡通"系统由IC卡物业管理和IC卡家庭管理二部分构成。其中小区的IC卡物业管理，即通过IC卡完成对门禁系统管理，IC卡发卡系统管理，餐饮娱乐管理，物业消费资金结算，信息服务管理，停车场管理，保安监控等；IC卡家庭管理包括：IC卡支付电费，水费，有线电视费，煤气费及住户IC卡门禁等。

IC卡系统功能可分为两部分：金融应用和非金融应用。金融应用中，IC卡作为存折或钱包使用，可以储蓄，取款，支付。非金融应用主要是指IC卡的身份认证功能，包括：进出楼门，IC卡可以作为钥匙，这种钥匙不会被伪造。进出小区大门和停车场，作为身份的凭证。作为娱乐场所的会员卡等。

物业管理中心作为管理单位，其工作人员也可以是持卡人，其卡片功能包括了金融应用中的支付功能，还可以作为工作证、餐厅就餐卡、考勤卡等。在小区"一卡通"应用系统中，所有在小区之内活动的人员都可以是持卡人，卡片包括业主卡、工作人员卡和各种管理卡，此外还可以设置临时卡，作为流动人员的临时身份证，设置会客卡，作为来宾或来访客人的临时身份证等。

小区卡片管理中心负责卡片的发行，挂失和注销等卡片的管理工作，IC卡系统的财务管理，与各消费场所进行金融结算。考虑到小区的多种应用，包含了电子支付，身份认证等各项功能，小区拟采用接触式和非接触式二合一的IC卡（CPU卡），以方便用户使用。

小区IC卡物业管理系统的各子系统有以下功能：

● 发卡管理系统

发卡管理系统用于实现IC卡消费及资金管理，IC卡发放和相关管理功能。其中IC卡管理包括人员信息录入，挂失及黑名单管理，续卡和补卡，IC卡数据查询等功能；IC卡消费资金管理包括消费IC卡初始化，消费卡发放，消费卡权限设置和报表生成，打印等功能，查询统计功能包括人员信息查询，IC卡信息查询和退卡信息查询等功能；系统维护功能包括数据入库，数据库更新，报表打印和数据恢复等功能。

● 小区消费系统

用于小区内商务中心，娱乐中心，餐厅，停车场等收费场所，实现IC卡持有者及外来的非持卡用户的收费，减少不必要的现金流动。小区消费系统由IC卡消费/收费终端，管理主机，IC卡读写器，通信网络和管理软件组成。

● IC卡门禁系统

IC卡门禁采用了先进的计算机技术，智能卡技术，精密机械制造技术等，并采用IC卡作为房门开启的钥匙，提高了房门的安全性和可靠性，是未来门锁控制的发展方向。与普通门锁相比，IC卡门禁系统具有安全性高，一卡多锁，一锁多卡，一卡多用，存储刷卡记录，非法卡操作报警，遗失补发等特点。

小区IC卡家庭管理系统有以下功能：

● 家庭物业管理系统主要是为小区居民提供以IC卡为依托，针对家庭日常消费和保安的管理系统。家庭IC卡物业管理系统的设计以安全为核心，简便易用为目标，为小区的居民提供安全，周到的服务。家庭IC卡物业管理系统包括IC卡取电，IC卡取水，IC卡取煤气，IC卡支付有线电视费，可视门铃和闭路电视监控等功能。

● 小区居民家中安装IC卡控制的数字式电表，数字式水表，数字式煤气表和IC卡控制有线电视加扰器。这些表或加扰器都有一个IC卡读写控制器。当在该控制器的读写头中插入从小区收费中心购买的IC储值卡，如卡中的储值为零，则不能使用电，水，煤气和接收有线电视，用户需到小区收费中心重新充值后，才能使用电，水，煤气和接收有线电视。

（六）自动抄表系统

三表（或称四表、五表）远传计费系统是与住户密切相关的一个智能化系统。目前我国现在采用的是将冷水表、热水表、燃气表，电表安装在用户室内或安装在楼道内。每月水表、气表、电表入户抄表收费给用户带来很多麻烦，给抄表人员带来烦恼，造成很多不必要纠纷并且不安全。为了有效解决入户抄表收费存在的诸多弊端，提高效率，避免入户抄表引发的不安全因素，避免用户受到打扰和杜绝拖欠费用等情况，远传计量系统应运而生。

目前，三表远传系统一般分为四个部分：前端采集装置、数据采集处理装置、传输线路、中心控制平台。从传输上可分为总线传输和电力载波以及利用公共电话网或有线电视网等几种。在数据采集处理部分，已经发展的较为完善。有采用单片机的，有采用LonWorks技术的，一般是采用脉冲式电表、水表、燃气表，输出电信号供给数据采集器进行收集和处理，然后由小区的管理计算机接收数据采集器发送的资料数据存入收费数据库中。

小区智能抄表系统的出现，方便了住户，可提供网上查询应缴费用的功能，定期催缴，具有收费登记、转账、统计功能及收费项目、计费方式的变更登记等功能。住户可通过银行或IC卡缴费，也可使用IC卡查询，并打印出所需了解的账单。可设置多级加密功能，定义访问权限，更可增加系统的保密性。防泄漏报警可以使住户放心，不必因家中只有老人、孩子而担心煤气的泄漏与触电现象的发生。

（七）电子公告牌、社区广播和背景音乐

在小区广场的显著位置树立大屏幕的电子公告牌，每天可以向居民发布天气预报、报刊新闻、社区公告等，大屏幕显示的内容由中心计算机控制，通过一套专用软件，可方便地修改电子公告牌显示的内容。

在小区广场、中心绿地、道路交汇处设置音箱、音柱等放音设备，由管理中心集中控制，可在节假日、早晚、体育活动时间播放不同风格的音乐，也可遍布于小区内的音箱播放一些公共通知、科普知识、娱乐节目等。

同时，在发生紧急事件时可作为紧急广播强制切入使用。

七、智能小区物业管理及信息服务系统

物业管理信息系统是指采用先进、成熟的网络技术和计算机技术，配置实用的计算机物业管理软件，实现小区物业管理计算机化。并向住户提供包括自动抄表，IC卡"一卡通"，电子公告牌和广播，家庭联网信号处理，网上查询等优质、高效的服务。

（一）物业管理计算机化

随着房产体制改革的不断深化，有关物业的数据越来越庞杂，人们对物业信息的处理要求日益提高，因此采用计算机作为物业管理的工具是历史发展的必然。事实上用计算机进行单项房地产管理事务的操作管理，从20世纪80年代就开始了。随着时代和技术的进步，物业管理越来越离不开计算机。在目前情况下，只有利用计算机进行物业管理，特别是进行联网管理，才可能实现物业信息的标准化和规范化，为物业管理工作提供准确及时的信息，有助于物业管理部门进行管理并作出相关决策；同时也使物业管理公司及时准确地了解运营状况，做出经营决策，这样才能使物业管理走向现代化。

物业管理计算机化的主要功能如下。

1. 房产管理子系统
- 房产档案储存、输出。
- 业主档案储存、输出。
- 产权档案储存、输出。

2. 财务管理子系统

实现小区账务的电子化，并与指定银行协作，实现业主费用的直接划转。

3. 收费管理子系统

业主可以通过集成电路卡交纳各种物业费用，包括租金，月收费，年收费，合同收费，三表收费等，此外还包括日常各种服务收费，如有线电视，VOD服务，internet网络服务，停车，洗衣，清洁等。
- 收费标准：对收取的各类费用确定价格因素以及进行计算工作。
- 收费计算：确定最后应向用户收取的费用和设定费用追补项目，为费用收取作准备。
- 费用结算：进行实际的费用收取工作，输出每一套户的各类费用收欠情况。

4. 图形图像管理子系统

储存物业小区的建筑规划图、建筑效果图、建筑平面图、楼排的建筑平面图、建筑效果图、建筑示意图，套户的单元平面图、基础平面图、单元效果图、房间效果图。

5. 办公自动化子系统

在小区网络的基础上提供一个足够开放的平台，实现充分的数据共享，内部通信和无纸办公。办公自动化主要包括：
- 文档管理。
- 收发文管理。
- 各类报表的收集整理。
- 接待管理（来宾来客、投诉、报修等）。
- 事务处理。

6. 查询子系统

查询系统采用分级密码查询的方式，不同的密码可以查询的范围不同，查询的输出采用网络、触摸屏等多种方式。
- 为领导了解小区管理状况和决策提供依据。
- 为一般工作人员提供工作任务查询和相关文档查询。
- 为业主和宾客提供小区综合服务信息查询。

7. internet 和 intranet 服务子系统

小区租用专线，自身成为一个ISP服务站。小区对外成为一个internet网站，可发布小区的概况，物业管理公司，小区地形，楼盘情况等相关信息，提供电子信箱服务；对内形成intranet局域网，实现业主的费用查询，报修，投诉，各种综合服务信息（天气预报，电视节目，新闻，启示，广告）的发布，网上购物等。

8. 维修养护管理子系统
- 房产维修：贮存、输出物业维修养护的详细情况。
- 设施设备维修：贮存、输出对物业中的各种公共设施、各种楼宇设备进行维修养护的详细情况。
- 统计及账务：贮存、输出所有维修养护工作的综合情况以及按照产权人来统计其应交的各种费用。

9. 公用模块及系统维护

在以上子系统中，都包括有如下三个公用模块：
- 查询统计。
- 系统维护。
- 帮助。

（二）智能小区的电子信息服务

智能小区的电子信息服务一般有以下一些内容：

1. 智能化系统的维护、管理、日常收费和投诉处理系统

这个系统的目的是为了全面提升社区智能化系统的维护和管理水平，便于物业公司的管理和维护，提升物业的档次，最大限度地为住户服务。在网络高度发达的今天，我们采用的智能化产品和家电产品应具有远程调试、通信和控制功能。这样，管理人员通过网络就可以预先知道系统是否运行良好，何时需要维护和修理，就可以克服系统开通后，由于维护不及时，管理不善所带来的种种后果。住户就不用顾虑家里的智能化系统和各种电器性能是否有问题，而将精力花在其他的方面。物业管理的日常收费和投诉也可以在网上进行，充分发挥了网络的作用，最大限度地避免了由于人为因素而带来的不便，提高了社区的生活品位，提升了居民的生活素质。

2. 远程教育和医疗诊断

与相关的大、中、小学以及教育培训机构联合，设立相应的教育以及收费系统，让住户在家就可以自由自在地接受各种培训和教育。

经由通信网和高清晰电视系统传递医疗多媒体信息，远地查询医疗信息库，实现远程医疗诊断或多处异地专家会诊，使就医更加方便、及时。

3. 远程金融和证券服务

通过网络通信系统可以进行远程银行服务，进行费用的划拨和结算。证券公司的大户室有走向家庭的趋势，和相关的券商合作，利用社区网和因特网，让住户在家里就可以进行金融、证券投资。

4. 娱乐和信息系统

根据社区的特点设立一些游戏、视频点播、社区文娱项目，丰富平台的内容，使其具有更大的吸引力。设立一些旅游、交通、通信、气象、房产和购物指南的一些和住户密切相关的一些栏目，让住户通过电脑，基本上可以了解到他们想了解的东西。

5. 电子购物系统

在目前的条件下，物业公司加入可以有效地解决传统电子商务中出现的送货不及时、收货不方便等制约电子购物发展的因素。物业管理公司和各大商场联系，设立商场的货物栏目，住户通过网络或打电话到物业公司，由物业公司统一登记并收费，然后，物业公司统一向商场下订单，商场将货物送到物业公司，在每一栋楼前设立一台冰柜（一些商场愿意提供），物业公司根据业主的地址，分门别类地将货物放入冰柜或指定地点，由楼前保安统一管理，住户回家时，通过一定的确认程序，就可以将货拿回家。这种模式，商场利用物业公司的中转作用，解决了"时间准确性"问题，精简了配送队伍，减少了投入，提高了销售额；物业公司利用商场的配送能力和提供的冰柜，在硬件上几乎不用投资，在没有增加人手的情况下，完成了中转，还可以从差价上获利；为业主提供了方便。同时密切了物业公司和业主之间的关系。

第二节　智能化住宅小区的管理和维护

一、智能住宅小区物业管理的特点

目前，中国的智能化小区的建设注重"硬件"，以实用、价廉为基本原则，随着生活水平的提高，智能化社区的建设将以适用、舒适和安全为基本原则，除了进一步提升原有的硬件水平外，随着网络硬件、软件和电子商务环境的成熟，用电子商务全面提升社区智能化的硬件水平、管理水平和服务水平，使广大居民真正地享受智能社区信息化给人民生活带来的重大变化，使居民真正地感受到智能化系统给人们的生活所带来的便利。

与一般住宅小区的物业管理相比较智能化住宅小区的物业管理有以下特点

- 采用多种先进技术。

智能小区采用了大量先进的设备和通信器材以及各种监控系统和计算机网络还有多种管理软件，物业管理在原来的基础上涉及面更加广泛、专业性要求更加高。

- 采用一体化的系统集成与高效的管理模式。

在一体化的系统集成的环境下，物业管理的组织机构必须采用高效的扁平化结构模式与之相适应。各级管理人员可以及时采集各级现场数据，依靠系统及时作出反应和决策。可以综合利用先进的通信、网络和办公自动化设施采用最有效的时间和空间的合理安排与及时调整开展各项服务提高服务水平。

- 全面监控、集中指挥、实时调度的现场管理。

综合布线系统（PDS）为各子系统的信号传输提供了一个高速通道，系统可实时采集小区内各个智能化子系统的信号并依靠计算机分布式高速处理进行信息的汇总、处理、协调和决策。

- 综合管理中心是智能化小区的心脏。

智能化小区的综合管理中心既是小区智能网络的管理中心，又是将小区局域网同广域网连接起来的通道。小区内各个安全防范子系统和设备自动化系统产生的数据都能传送到智能控制中心，在智能控制中心的集成管理平台上也能对各子系统进行直接的控制。小区内来往的各类数据也进入控制中心汇总、处理再传递到各终端。外界广域网的接入也是通过控制中心再接通到各通信、控制设备上。所以，综合管理中心的正常运行是智能化小区日常运转的关键。

- 物业管理增加了新的内容。

智能小区的物业管理不但对原来传统物业管理的内容如日常管理、清洁绿化、安全保卫、设备运行和维护赋予了新的管理方式和内容，还增加了新的管理内容，主要有以下几点：

（1）综合性社区信息服务，常包括以下内容：娱乐（影视点播、网上游戏、音乐剧场），资讯（新闻、财经、商情、交通），商业（购物指南、电子购物和转账、预订），教育（网络教育、虚拟实验室），医疗保健（远程诊断、电子病历、虚拟医院、保健咨询）等。

（2）集中式全防范的安保系统。主要有小区周边监测防范、电子巡更系统、可视对讲和IC卡门禁、家庭三防（防火、防煤气泄漏、防盗）监测与报警等。

（3）公共机电设备的集中监控和管理。主要有给排水、变配电集中监控，电梯和供暖监控及区域照明自控。其控制方式普遍采用集散式控制，自动进行信号的采集和控制。

（4）"三表"自动计量、停车场管理和计费及IC卡一卡通收费管理。"三表"自动计量和IC卡一卡通收费管理是智能小区重要标准之一。

- 物业管理智能化。

物业管理信息系统。在智能化物业中它不再是个独立的系统，它本身是智能小区集成系统的一个组成部分，所以与其他软、硬件存在着互联、互操作问题，要求采用规范的数据接口、开放式的结构模式以利于数据共享、互访和系统扩充。

二、智能化小区物业管理的要点

1. 早期介入是高效率运作和管理的前提。

小区物业管理的最高领导有必要参加系统规划和方案论证，工程部技术骨干有必要参加系统集成设计和各子系统的深化设计，各设备的维护人员有必要参加系统的调试。

2. 建立精干的管理机构和专业化的人才队伍。

智能大厦集成化的管理系统将大厦内所有人、财、物组织成一个完全融合的有机整体。这就为建立高效、精干、协调的管理机构提供了基础。同时，由于采用了大量先进的设备和通信器材以及各种监控系统和计算机网络还有多种管理软件，物业管理公司必须根据需要培训和组织一支高素质的专业服务队伍才能胜任智能大厦物业管理的内容。

3. 建立严格的使用、维护、培训制度。

实际调查表明目前智能小区中存在着不同程度的问题，其中有的系统更本没开通或开通后不久就崩溃瘫痪。除了设计上的原因外主要还是因为原始资料不齐、使用操作不规范、维护保养不准确所造成的。由此可见，要使智能小区设备正常开通运行，第一要正确使用，第二需良好的维护保养。要做到这两点必须制定严格的操作规程和管理制度，并且要特别注意人员的培训。

（1）设备运行管理制度：主要包括制定系统操作规程，操作员责任界面，交接班制度等。设备维护管理制度：主要包括故障性维修程序，设备维护保养计划和程序等。

（2）要建立一整套系统的图纸资料：包括设备器材规格型号、性能参数、运行功能、安装图、配线图等技术资料。这些资料的收集整理在物业管理的早期介入时就要开始进行，同时还应建立整套的系统维修保养的历史资料文档。

（3）要请专业公司提供维修服务支持。智能小区中普遍采用了目前国内外先进的计算机技术、控制技术、通信与网络技术等高新科技。物业管理公司不可能也没必要全部自行进行维护修理。解决的办法一是要求设备供货商或工程承包商提供长期或永久的维修服务，二是同专业的维护管理公司建立长期固定的维修服务关系，还可以利用智能小区先进的网络系统和监控设备进行异地远程快速的故障诊断和维修指导。

（4）员工培训：智能小区的设备和系统操作人员和管理人员都应接受有关的技术培训，只有培训考核合格者才能上岗。行政人事部门要建立重要岗位明细，作为培训考核和资格确认的依据。考核不合格的员工必须进行再培训或换岗。对新增加的操作要求或客户提出新的服务技能要求，也必须经过培训合格后才能上岗。

4．"智能化"定位要适当。

与智能大楼相比，智能小区物业管理企业的意见对智能小区的智能化水平的定位更加重要。随着高新技术的快速发展和普及，除了一些新开发的住宅小区外还有很多原先没有智能化内容或智能化水平较低的小区都有可能进行一些智能化改造。由于计算机技术和通信技术的飞速发展使得智能化系统的更新生存周期往往只是房屋寿命的几分之一，所以在智能小区中对智能化系统的扩充、更新、改造将是经常发生的。实际上同计算机技术一样，智能化技术也不可能一次到位。一般说来，内部自闭合的控制系统可适当超前些，要接入外界大系统的不应太超前。

5．网络服务是智能小区的优势。

建设智能小区的目的是提高居住质量，提高工作效率和丰富人们生活，所以依靠小区的网络系统创建一个多功能、易操作、低价位的综合性社区网络服务系统是不可少的。这些功能真正的实现不是光靠一些硬件设施就够了，还要社会资源和专业人员的介入，物业管理在这里只是起一个桥梁作用，目前有效开通的较少，所以在建设时应根据情况选择一部分可行的实现之，切忌宣传过头和滥收费。物业管理企业应将重点放在将多元信息服务管理与物业管理进行综合上面，使小区管理中心同时成为信息集散中心。

6．物业管理的宗旨还是以人为本，为住户服务。

居住小区增设智能化部分主要目的不是为管理者提供方便而是为住户提供安全舒适的家居环境。所以物业管理公司不能光重视智能化建设和运行而忽视与住户的人际交流和感情沟通，不要企图以"虚拟现实"来代替现实服务。在员工的岗位规范中要强调文明礼貌服务的要求。对在智能化建设和运行中产生的矛盾和问题，应本着急住户所急，想住户所想，耐心、细致地做好工作。

三、住宅小区智能化系统的管理和维护

只要有资金，配备好一个智能化小区的"硬件"不难，但是要管好一个智能化小区，并让已有的智能化系统发挥它应有的作用，却不是一件容易的事，关键就在于有没有一套比较完善而且切实可行的智能化物业管理方案。对于智能建筑中智能化设备及系统的管理以及管理制度等内容在前面章节已论述，智能小区的管理亦是如此，只是智能小区的管理更加以人为本，在管理内容、管理方式的侧重点有所不同。

（一）智能化小区物业管理的组织实施

进行智能化物业管理除了要做好一般性物业管理的共性组织实施工作（人员组织、设备配置、制度制定等）外，更要着重从以下几个方面着手：

1. 参与智能物业建成前各环节的工作

要派人参与从智能物业规划设计到施工、验收的各环节工作,目的之一是对设计、施工、验收各环节的不足(系统配置、集成性、施工安装质量、验收测试等方面)及时提出改进意见;二是及早熟悉线路的布置、设备的安装调试程序和构造性能及系统的整体协调,熟悉整个系统的配置情况;三是积累消化技术资料,收集、汇总、分析系统各类测试数据、施工资料,了解掌握各系统工作原理、使用功能与运行规律,积累项目实际运行经验。总的来说是为物业接手后的管理打下好的基础。

2. 组织编写操作使用、运行管理的指导文件

由于智能系统供应商提供的系统技术资料内容繁杂,侧重于介绍系统产品的技术性能,许多只有英文版本,专业性强,对具体某个智能物业项目系统日常运行管理指导性、针对性不强。为此必须组织力量翻译、消化这些技术资料,结合前期参与获得的经验,针对物业管理智能化系统的具体配置和拟参加系统管理维护相关人员的实际技术水平,重新编订简明直观的《各智能化系统操作手册》、《设备维护台账》等基础文件和指导文件。

3. 制定针对性的智能化系统运行管理制度

为实现对智能物业日常运行的科学管理,须针对智能化系统设备的特点和物业的使用特点,编制一套较为完善的智能系统设备运行管理制度,如《岗位责任制》、《设备系统操作规程》、《值班与交接班制度》、《主要机房出入制度》、《事故紧急处理程序》、《日常维护、运行记录规程》及《定期总结学习制度》等。

4. 做好专业队伍组织分工,抓好员工的岗位技术培训

智能化系统的运行、维护管理需要多层次、多专业的技术人才。物业管理公司可以参与前期工作的专业人员为班底,根据实际需要,通过招聘、培训,配齐相关专业技术人员。在培训方面应特别注意对智能化系统管理、维护操作人员的上岗实习培训,培养一开始就严谨认真、规范负责的工作态度和工作作风。同时,抓好不间断的培训和专业考核。

(二)智能小区设备的基础资料管理

智能小区的设备要比一般住宅多且价格昂贵,更要做好设备的基础资料管理工作,小区设备基础资料的管理可以为设备管理提供可靠的条件和保证。在对小区设备进行管理的工作中,对所管理小区的设备及设备系统,要有齐全、详细、准确的技术档案,主要包括设备原始档案和设备维修资料。

1. 小区设备原始档案的管理

(1) 设备在接管后均应建立原始资料档案

原始资料档案文件主要有设备验收文件(包括验收记录、测试记录、产品与配套件的合格证、订货合同、安装合同等)、设备安装图及设备使用维修说明等。

(2) 建立设备卡片

设备管理部门对所管理的所有设备应建立设备卡片。卡片应记录有关设备的各项明细资料,如楼宇设备类别、编号、名称、规格、技术特性、附属物所在地、建造年份、开始使用日期、中间停用日期、价值及预计使用年限、进行大修理次数和日期、报废清理情况等。

2. 设备维修资料档案管理

设备管理部门应对所管理设备建立维修资料档案,并进行妥善管理。维修资料档案应

包括：

（1）报修单

对维修部门填写的报修单，每月统计一次，每季装订一次，物业设备管理部门负责保管以备查存。

（2）运行记录

值班人员填写的运行记录每月一册，每月统计一次，每年装订一次，由物业设备管理部门保管，以备查存。

（3）技术革新资料

设备运行的改进、设备革新、技术改进措施等资料由设备管理部门汇总存查。

（三）智能小区设备运行管理

小区设备运行管理包括技术运行管理和经济运行管理。

1. 智能小区设备技术运行管理

设备运行首先要在技术上考虑安全性和可靠性，其次在技术性能上应始终处于最佳运行状态，以发挥设备的最佳效用。在设备技术运行管理过程中要做到：

（1）制定科学、严密的操作规程在设备管理工作中，应针对设备的特点制定切实可行的操作规程，例如空调制冷设备管理中对开机、关机等一系列操作都应有一定的操作规程，并定期对操作工人进行考核评定。

（2）对操作人员进行专业的培训教育在设备管理工作中，对操作人员进行专业的培训教育，积极参加政府职能部门举办的培训班，掌握专业知识和操作技能。通过理论及实际操作的考试，取得专业设备的操作资格证书，如高低压电工操作证、电梯运行操作证等。

（3）加强维护保养工作设备操作人员在使用操作设备的同时应做好维护保养工作，做到"正确使用，精心维护"，确保设备保持完好能用状态。

（4）对事故的处理要严格执行"三不放过"原则。设备发生事故后，不能就事论事简单处理，要做到事故原因不查清不放过、对事故责任者不处理不放过、事故后没有采取改善措施不放过。事故发生后应该对事故的潜在原因及故障规律进行分析，并提出有效的改善措施，确保类似事故不再发生。

2. 智能小区设备经济运行管理

物业设备管理工作中除了设备的技术性能管理外，还要重视设备的经济运行管理，即要重视设备运行时的经济性、维护检修和更新改造的经济性等。在设备经济性运行管理中最重要的是设备运行成本管理。设备运行成本管理主要包括能源消耗的经济核算、设备操作人员的配置、设备维修费用的管理和设备大修费用的管理。

（四）智能小区设备维护管理

智能小区设备的维护管理包括维护保养和计划检修。实践证明，设备的完好与否和寿命长短很大程度上决定于维护管理的优劣。

1. 小区设备的维护保养

设备在使用过程中会发生污染、松动、泄露、堵塞、磨损、振动、发热、压力异常等各种故障，影响设备正常使用，严重时会酿成设备事故。因此，应经常对使用的设备加以检查、保养和调整，使设备处于最佳的技术状态。

（1）维护保养的方式　维护保养方式主要是"清洁、紧固、润滑、调整、防腐、防冻及外观表面保护"。对运行的设备要巡视检查，定期切换，轮流使用，进行强制保养。

（2）维护保养工作的实施　维护保养工作主要分日常维护保养和定期维护保养两种。

日常维护保养工作要求设备操作人员在班前对设备进行外观检查，在班中按操作规程操作设备，定时巡视记录各运行参数，随时注意运行中有无异声、振动、异味、超载等现象，在班后对设备做好清洁工作。日常维护保养工作是设备维护管理的基础，应该坚持实施，并做到制度化。

定期维护保养工作是以操作人员为主、检修人员协助进行的。它是有计划地将设备停止运行，进行维护保养。根据设备的用途、结构复杂程度、维护工作量及人员的技术水平等，来决定维护的间隔周期和维护停机时间。

（3）设备的点检　设备的点检就是对设备有针对性的检查。一些主要的设备在出厂时，制造厂商会提供该设备的点检卡或者点检规程，其内容包括检查内容、检查方法、检查周期以及检查标准等。设备点检时可按制造厂商指定的点检点和点检方式进行工作，也可根据各自的经验补充增加一些点检点。设备点检时可以停机检查，也可以随机检查。通过设备的点检，可以掌握设备的性能、精度、磨损等情况，及时清除隐患，防止发生突发事故。因此，设备点检不但保证了设备的正常运行，又为计划检修提供了正确的信息依据。

设备的点检包括日常点检及计划点检。设备的日常点检由操作人员随机检查。日常点检内容主要包括：① 运行状况及参数；② 安全保护装置；③ 易磨损的零部件；④ 易污染堵塞、需经常清洗更换的部件；⑤ 在运行中经常要求调整的部位；⑥ 在运行中经常出现不正常现象的部位。设备的计划点检一般以专业维修人员为主，操作人员协助进行，计划点检应该使用先进的仪器设备和手段，可以得到正确可靠的点检结果。计划点检内容主要有：① 记录设备的磨损情况，发现其他异常情况；② 更换零部件；③ 确定修理的部位、部件及修理时间；④ 安排检修计划。

2. 小区设备的计划检修

对在用设备，根据运行规律及计划点检的结果可以确定其检修间隔期。以检修间隔期为基础，编制检修计划，对设备进行预防性修理，这就是计划检修。

实行计划检修，可以在设备发生故障之前就对它进行修理，使设备一直处于完好状态。根据设备检修的部位、修理工作量的大小及修理费用的高低，计划检修工作一般分为小修、中修、大修和系统大修4种：

（1）小修主要是清洗、更换和修复少量易损件，并作适当的调整、紧固和润滑工作。小修一般由维修人员负责，操作人员协助。

（2）中修除包括小修内容之外，对设备的主要零部件进行局部修复和更换。

（3）大修对设备进行局部或全部的解体，修复或更换磨损或腐蚀的零部件，力求使设备恢复到原有的技术特性。在修理时，也可结合技术进步的条件，对设备进行技术改造。

中修、大修应由专业检修人员负责，操作人员只能作一些辅助性的协助工作。

（4）系统大修　这种检修方式是一个系统或几个系统甚至整个物业设备系统的停机大检修。系统大修的范围很广，通常将所有设备和相应的管道、阀门、电气系统及控制系统都安排在系统大修中进行检修。在系统大修过程中，所有的相关专业检修人员、操作人员以及技术管理人员都应参加。

设备的计划检修不能绝对消除计划外的检修（偶然性的故障抢修和意外事故的恢复性

检修），但如果认真贯彻各项操作规程和规章制度，认真完成设备的日常维修和计划检修工作，那么计划外的检修是可以减少或避免的。

3. 计划检修和维护保养的关系

设备管理应建立"维护保养为主，计划检修为辅"的原则。如果维护保养工作做得好，发现问题后及时加以处理，则会大大减少设备检修工作量；反之，如果设备操作人员不爱护设备，不遵守设备的操作规程和规章制度，不对设备进行维护保养工作，就会加剧设备的损坏，使设备经常发生故障停机，则会大大增加设备检修工作量。因此，每位维护保养人员应该具有很强的工作责任心，认真执行各项工作标准，精心维护设备。

第三节　智能化小区设备的检修和故障处理

为了减少设备故障时间，物业设施管理人员要了解装置中寿命最短的部件或组件，并加以特别注意。还要找出设计、施工和材料方面的缺陷和不足，分析造成设备故障的原因并加以解决，尽快使设备故障率下降并进入稳定运行状态。为此，物业设施管理人员在建筑物的安装调试阶段就应该到位，对工程实施进行监理，熟悉整个系统，学习操作和设备保养的方法和程序。在设备开始使用后，应着重提高物业设施管理人员对故障的检测诊断能力和修理能力，加强对物业设备管理人员的教育培训，加强对备品的管理。为降低设备故障率、延长耐用寿命，有时还应进行必要的设计改善。

一、公用设备维修管理

设备的完好与否和寿命长短很大程度上取决于维修管理的优劣。

（一）维修计划的编制与实施

编写系统设备维修计划时，一般按收集资料、编制草案、平衡审定和下达执行等程序执行。维修计划实施中要注意以下几个环节：

1. 交付修理使用单位应按维修计划规定的日期，在修前认真做好安排，按期移交给修理单位，移交时应认真交接并填写"设备交修单"，一式两份，交接双方各存一份。

2. 维修施工在维修过程中，双方技术人员与管理人员密切配合，特别要注意有无在修前未发现或未预测到的问题，并尽快发出以下技术文件和图样：

- 按检查结果确定的换修件明细表。
- 修改补充的材料明细表。
- 维修技术任务书的局部修改与补充。

3. 竣工验收　竣工验收由物业管理公司设备管理部门的责任人主持，要认真检查修理质量和查阅各项修理记录是否齐全、完整。经设备管理部门、质量检验部门和使用单位的责任人一致确认，通过修理已完成维修技术任务书规定的修理内容并达到规定的质量标准及技术条件后，各方代表在维修竣工报告单上签字验收。

（二）备品配件管理

备品配件管理工作的目的是，既要科学地组织备件储备，及时满足设备维修的需要，保证设备维修的质量和进度，减少备件加工制造和采购的突击性和盲目性；又要将储备的数量压缩到最低的限度，降低备件的储备费用，加快资金周转。

设备在运行过程中，一些运转的零部件要磨损、老化，降低了设备的技术性能。为了恢复设备的技术性能，在检修时需要用新的零部件来更换已磨损老化的零部件。同时，为了缩短检修时间，应该在检修之前就把新的零部件准备好。这就是备品配件管理的基本原则。

备品配件管理工作的目的是，既要科学地组织备件储备，及时满足设备维修的需要，保证设备维修的质量和进度，减少备件加工制造和采购的突击性和盲目性；又要将储备的数量压缩到最低的限度，降低备件的储备费用，加快资金周转。

备品配件的技术管理应由专业技术人员负责，包括备件范围的确定，备件图纸的收集、测绘、整理，确定备件来源的途径和方法，确定合理的储备数量和储备形式，编制备件卡和备件台账，为备件的制造、采购、库存提供科学的依据。

（三）紧急维修管理

对简单的急修工作应在较短时间内完成，对比较复杂的急修工程必须有效跟进，重视监督落实。对紧急维修的部位及项目进行分类、统计、分析，找出设备出现故障的规律，以避免同类故障再次出现从而消除安全隐患。同时由于智能化系统设计及零部件专用性强，对维修用材必须进行有效监控，以保证维修质量。

图6-9是公共设施维修工作标准流程。

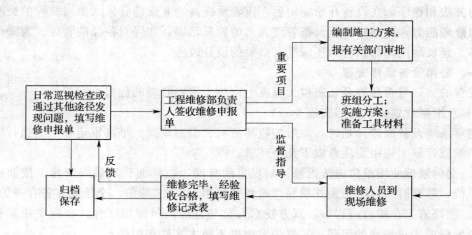

图6-9 公共设施维修工作标准流程

二、设备故障诊断

作为一名小区设备的管理人员，必须对自己所管理的对象的情况有全面深入的了解，及时对设备的故障作出可靠的诊断。设备的诊断分以下几个阶段：

（一）预备调查 预备调查是根据竣工图纸文件、各种管理台账、大楼管理者和业主提供的资料进行现场确认，为今后的诊断确定调查对象。但仅凭这样的预备调查是不能作出诊断的。预备调查的主要内容是确认可能故障的程度和范围、今后进行设备诊断的实施条件（如实施的时间、周期、预算，保管的资料、数据）、进行诊断维修的制约条件（维修作业的空间限制、时间限制，设备功能中止的容许范围、时期、周期等）。

（二）现场诊断 对在预备调查中所选定的对象，进行视觉、听觉、触觉等的感官调查，作出初步的诊断。这时诊断的正确很大程度取决于技术人员的主观经验，可能条件下，应进一步在设备系统运行的状态下，用检测仪器收集和分析各种数据，或是取样进行分析。根据分析的结果可以作出定量的诊断。

（三）厂家诊断　对大型设备或复杂系统进行分解分析，一般要靠制造厂或专业公司派员来实施。

故障诊断的主要目的是了解设备的下述情况：

1．设备的劣化情况。对部件主要是掌握其磨耗度、腐蚀度和绝缘性。对机器主要是掌握其效率、噪声和振动。对系统则主要掌握其热平衡、风量平衡、水量平衡。设备的劣化会影响其功能，因此比较容易找准诊断的对象。但不能只调查现象，必须找到原因。

2．节能情况。调查分析能耗量的构成，判断是否能引入建筑、设备、运行管理和室内环境方面的节能技术措施。

3．提高功能，适应新技术。对于设备系统的功能变更和提高的要求，应对现存系统的功能程度进行调查诊断，以机器、系统的能力测定为中心，掌握附加新的功能的可能性和制约因素。

4．环境。测定温度、湿度、二氧化碳浓度、噪声和照度，对舒适性和节能性进行诊断。

5．安全性。根据现行法规，对建筑物调查其设施状况和动作情况，以确认设备的安全性和防灾机能。

三、设备维修一般方法

（一）预防性维修。它是最常见，也是最受欢迎的一种维修方法。其基本做法就是维护设备，以防止过早地出现故障。它包括润滑工作以及例行检查和调整。由此可以使许多潜在的问题在其发生前得到校正。通过这一级的维修，在多数情况下，设备运行开始达到令人满意的水平。预防性维修工作包括：① 例行维修，如润滑、清洗和检查。② 主动更换零部件，即在其出现问题或故障前就将其更换。

（二）故障维修。设备已经出现故障才予以维修。一般只处理目前有故障的设备和器件，这是功效代价比最差的维修方式。设备的运行通常达不到令人满意的水平。

（三）预见性维修。它是预防性维修的另一种形式，这需要采用可预见故障的技术。通常是对设备的现状进行监测和分析。要作这类分析，一般需要掌握一些参数的变化趋势，如振动、温度、流动等。预见性维修可在不影响运行的情况下对设备进行维修。设备运行将会达到很高的标准。

（四）因地制宜维修。它是根据需要而进行的维修，在这种情况下，需要对设备不间断地监测。超出正常标准允许值范围的一切偏差将会导致自动报警。这种按实际时间监测变化趋势的方法能使维修工作适时进行，而且成本效益最佳。

（五）零故障维修。对所有关键部位都按实际运行时间进行监测，而且数据以图表的形式记录下来，所反映的趋势也标列出来，由此预测每个零部件所剩的运行寿命。一旦设备或程序出现问题，就将其拆除，进行维修，然后重新恢复运行。这是最昂贵的一种维修方法。

四、办公设备故障的检修

（一）计算机病毒的防治

近年来出现一个令人头痛的问题——计算机病毒。宽带网的使用使得用户连接及访问网络的速度大大提高，同时也使病毒传播及黑客入侵需要的时间减少，因而宽带网用户更容易遭受病毒或者黑客的攻击。因此，宽带网用户应该根据使用要求及宽带网络的应用特点合理设置浏览器中涉及网络安全的选项，同时注意观察网络连接及访问速度的变化和所进行操作的关联，若出现异常，则应对系统进行全面的扫描检查。

另外，宽带网使用的操作系统仍然不同程度地存在多种系统漏洞，这就使病毒和黑客有可乘之机，解决这个问题的办法就是定期到相关站点升级系统并下载、安装安全补丁。

1. 计算机病毒的传播

计算机病毒主要通过以下几种途径在计算机系统中传播：

(1) 电子邮件。
(2) 盗版CD。
(3) 共享软件。

所以在使用中，对于含有附件的电子邮件不要轻易打开，同时尽量避免使用盗版CD以及共享软件，在使用这些文件之前应该预先杀毒。

2. 病毒感染的特征

在一般情况下，计算机病毒总是依附某一系统软件或用户程序进行繁殖和扩散，病毒发作时危及计算机的正常工作，破坏数据与程序，侵犯计算机资源。那么，如何知道计算机是否受到病毒感染了呢？

下面列举几条感染病毒时可能出现的状况，如果在操作时发现计算机产生这些症状时，就必须执行计算机病毒检测软件，以确认自己的计算机是否已遭受计算机病毒的感染：

(1) 出现不寻常的错误信息。
(2) 内存容量、磁盘空间骤减。
(3) 系统引导时间增加。
(4) 丢失数据或程序，文件属性、名称、日期、扩展名被更改过。
(5) 程序加载时间比平常长。
(6) 异常死机。
(7) 计算机执行速度比平常缓慢。
(8) 档案中出现一些怪异的资料。
(9) 磁盘中的坏磁道骤增，卷标发生变化。
(10) 系统自行引导。
(11) 内存中出现来路不明的常驻程序。
(12) 屏幕显示异常。

如果出现上述现象时，应首先对系统的BOOT区、MSDOS.SYS、IO.SYS、.EXE、.COM、COMMAND.COM文件进行仔细检查，并与正确的文件相比较，如有异常现象则可能感染病毒。然后对其他文件进行检查，有无异常现象，找出异常现象的原因。

3. 计算机病毒的防治

对于计算机病毒可以从防毒、查毒、解毒三个方面加以防治：

"防毒"——是指根据系统的特性，采取相应的系统安全措施，以预防病毒侵入计算机。

"查毒"——是指对于确定的环境，能够准确地报出病毒名称，该环境包括，内存、文件、引导区（含主引导区）、网络等。

"解毒"——是指根据不同类型病毒对感染对象的修改，并按照病毒的感染特性所进行的恢复。该恢复过程不能破坏未被病毒修改的内容。感染对象包括：内存、引导区（含主引导区）、可执行文件、文档文件、网络等。

4．计算机病毒防治软件的设置和使用

现在常用防病毒软件，来预防病毒侵入、检查病毒和杀除病毒。市场上有很多优秀的防毒、杀毒软件，要使这些软件充分发挥作用，一是要正确掌握这些杀毒软件的使用习惯和技巧；二是要不断进行升级。下面介绍一些防治计算机病毒软件设置和使用。

（1）防火墙的设置要合理

一个设置合理的防火墙能够在最大限度上保护用户的电脑不受病毒入侵，避免出现漏洞。下面就以金山毒霸为例说明如何达到最佳设置。

① 如果在金山毒霸防火墙的设置中，选上所有文件、压缩文件、启发式查毒、清除病毒前备份文件，这样的设置相对是比较安全的。

② 一定要选上"清除病毒前备份文件"选项，这样一旦清除失败，用户还可以利用备份文件找到原来的文件，避免了数据丢失。

③ 正常情况下，为了避免数据丢失，不要选择"删除病毒文件"这一项。

（2）杀毒软件必须定期更新

因为新的病毒总是层出不穷的，如果不对杀毒软件进行升级，它就无法防范新病毒，所以杀毒软件要定期更新。建议一周至少更新一次杀毒软件，以防范新病毒的入侵。

（3）定期对硬盘进行全面的查毒

许多杀毒软件都提供定时查毒这样的功能，用户就可以利用空闲的时间对硬盘进行全面的查毒工作了，像瑞星2002、金山毒霸、KV3000等都有定时查毒的设置。我们可以根据自己的需要选择合适的时间、方式以及其他设置。

（4）一定不要关上杀毒软件的防火墙

一般来说，下载软件、解压缩文件时都是需要防火墙的监控的，所以用户最好还是开着实时监控防火墙，以免病毒有机可乘。

（5）要按时制作DOS杀毒盘、备份盘

有些情况下，一些病毒在WINDOWS下面可能无法完全清除，这时就得在DOS环境下清除，杀毒软件的DOS杀毒盘就是在这时候起作用的。在每次升级完杀毒软件后用户最好也进行DOS杀毒盘升级，以备不时之需。

（二）常用外设的维修

1．打印机维修的基本方法：

当出现问题时，应先利用打印机自检系统来进行检测，可能通过打印机自带的指示灯或者是蜂鸣器的声音来加以判断，其中指示灯可以指示出最基本的故障，包括缺纸、缺墨、没有电源等情况，而蜂鸣器的判断主要是依靠听觉，比如大多数打印机蜂鸣器以一声长鸣来表示准备就绪可以开始打印了，以急促的短鸣来表示打印机有故障等。如果故障依旧，可以试试进行线路观察，从检测打印机电缆开始（包括端口、通道、打印线的检测），再分析打印机的内部结构（包括托纸架、进纸口、打印头等），看部件是否正确工作，针对不同的故障情况锁定相关的部件，再确定存在问题的部件。接下来可以使用测试法，进行测试页打印或者局部测试打印机内部件，看故障原因。要是这些都没用，那可能就是软件故障了。很多时候软件故障可以通过升级驱动程序或者访问其官方网站得到解决。

2. 扫描仪故障排除的基本方法：

首先，了解一下扫描仪的工作方式，其实很简单，就是利用光源照射原稿或者图片上产生高亮度反射光线，光线通过反射镜、透射镜，由分光镜进行色彩分离，照射到CCD（电荷耦合器件，Charge Coupled Device）元件上，CCD元件将光信号转换为电信号，传送到计算机中。因此，扫描仪的关键配件是CCD，它的品质直接影响着扫描仪的性能。扫描仪主要由感光器件、大功率的日光灯管、驱动马达、驱动皮带、模数信号转换器所组成，其中感光器件的工作是将感应到的光信号转换成电信号。大功率光管用于对文字或者图像进行强烈的照射以达到完全感应的作用，驱动马达的作用是带动日光灯管，将光一步步扫过需要的物品。驱动皮带是与驱动马达一齐带动日光灯管的装置。模数信号转换器也就是将模拟电信号转换成为数字信号以供电脑识别。确定故障的方法可以是观察法，观察产生故障的原因，确定有问题的部件，例如扫描仪没有响应，可以考虑到电源线有没有接好；也可以用测试法进行测试，确定有问题的地方，例如扫描一张图片，发现扫描的图像是否清晰；还有筛选法，当用观察法时发现可能引致故障有好几个部件的时候，可以用筛选法进一步确定故障部位，然后寻求解决办法。

思 考 题

1. 什么是办公自动化技术，它有什么特点？
2. 办公自动化系统常用的软硬件有哪些？
3. 智能物业管理的主要特征表现在哪几个方面？
4. 物业管理信息系统软件的功能应覆盖哪些方面？
5. 实际操作并了解一个物业管理信息系统软件，谈谈你对该软件的功能的实用性、使用的方便性的看法。
6. 智能化住宅小区的管理和维护有哪些特点和要点？

第七章 综合布线技术

第一节 概 述

一、综合布线的概念

1. 综合布线产生的背景

不管是大厦的网络还是小区网络,都离不开信息传输的通道,离不开布线系统。建筑物(大厦或小区)的布线系统作为提供信息服务的最末端,其性能的优劣将直接影响信息服务质量。传统布线的不足主要表现在:不同应用系统(电话、计算机系统、局域网、楼宇自控系统等)的布线各自独立,不同的设备采用不同的传输线缆构成各自的网络,同时,连接线缆的插座、模块及配线架的结构和生产标准不同,相互之间达不到共用的目的,加上施工时期不同,致使形成的布线系统存在极大差异,难以互换通用。当工作场所需要重新规划,设备需要更换、移动或增加时,只能重新敷设线缆,安装插头、插座,并需中断办公,显然布线工作非常费时、耗资、效率很低。因此,传统的布线不利于布线系统的综合利用和管理,限制了应用系统的变化以及网络规模的扩充和升级。

为了克服传统布线系统的缺点,美国 AT&T 公司贝尔实验室的专家们经过多年的潜心研究,于 20 世纪 80 年代末率先推出了 SYST IMAX PDS 综合布线系统。综合布线系统是一套用于建筑物内或建筑群之间为计算机、通信设施与监控系统预先设置的信息传输通道。它将语音、数据、图像等设备彼此相连,同时能使上述设备与外部通信数据网络相连接。该系统支持电话和多种计算机数据通信系统,可传输语音、数据和图像信息,与外部通信网络连接后可提供各种网络通信服务。

2. 综合布线系统的基本概念

综合布线系统(Premises Distribution System)全称"建筑与建筑群综合布线系统"。它是随着现代化通信需求的不断发展、对布线系统的要求越来越高的情况下推出的从整体角度来考虑的一种标准布线系统,是为满足未来高速网络的需求而设计的。它使用高品质标准材料,采取组合压接的方式,因此使用其元件很容易组合成一套完整的配线系统(不需要长期的专业人员维护)。同时采用高质量双绞线和光纤可以同时传送话音、高速数据、高显像度图片并符合 ISDN 标准。当然与外部通信网络相连接也不会有任何困难。它为智能大厦和智能建筑群中的信息设施提供了多厂家产品兼容,模块化扩展、更新与系统灵活重组的可能性。既为用户创造了现代信息系统环境,强化了控制与管理,又为用户节约了费用,保护了投资。综合布线系统已成为现代化建筑的重要组成部分。

综合布线系统统一进行规划设计,组成一套完整而开放的布线系统。该系统将语音、数据、图像信号的布线与建筑物安全报警、监控管理信号的布线综合在一个标准的布线系统内。在墙壁上或地面上设置有标准插座,这些插座通过各种适配器与计算机、通信设备以及楼宇自动化设备相连接。

综合布线系统是一套具有标准、设计、施工及信息界面的无源系统,不包含任何相关的有源连接设备。综合布线的硬件包括传输介质(非屏蔽双绞线、大对数电缆和光缆等)、配线架、标准信息插座、适配器、光电转换设备、系统保护设备等。

3. 综合布线系统的优点

采用星型拓扑结构、模块化设计的综合布线系统,与传统的布线相比有许多特点,主要表现在系统具有开放性、灵活性、模块化、扩展性及独立性等特点。

(1) 开放性

综合布线系统采用开放式体系结构,符合多种国际上现行的标准,它几乎对所有著名厂商的产品都是开放的,并支持所有的通信协议。这种开放性的特点使得设备的更换或网络结构的变化都不会导致综合布线系统的重新铺设,只需进行简单的跳线管理即可。

(2) 灵活性

综合布线系统的灵活性主要表现在三个方面:灵活组网、灵活变位和应用类型的灵活变化。

● 综合布线系统采用星型物理拓扑结构,为了适应不同的网络结构,可以在综合布线系统管理间进行跳线管理,使系统连接成为星型、环型、总线型等不同的逻辑结构,灵活地实现不同拓扑结构网络的组网;

● 当终端设备位置需要改变时,除了进行跳线管理外,不需要进行更多的布线改变,使工位移动变得十分灵活;

● 同时,综合布线系统还能够满足多种应用的要求,如数据终端、模拟或数字式电话机、个人计算机、工作站、打印机和主机等,使系统能灵活地联结不同应用类型的设备。

(3) 模块化

综合布线系统的接插元件,如配线架、终端模块等采用积木式结构,可以方便地进行更换插拔,使管理、扩展和使用变得十分简单。

(4) 扩展性

综合布线系统(包括材料、部件、通讯设备等设施)严格遵循国际标准,因此,无论计算机设备、通信设备、控制设备随技术如何发展,将来都可很方便地将这些设备连接到系统中去。

综合布线系统灵活的配置为应用的扩展提供了较高的裕量。系统采用光纤和双绞线作为传输介质,为不同应用提供了合理的选择空间。对带宽要求不高的应用,采用双绞线,而对高带宽需求的应用采用光纤到桌面的方式。语音主干系统采用大对数电缆,既可作为话音的主干,也可作为数据主干的备份,数据主干采用光缆,其高的带宽为多路实时多媒体信息传输留有足够裕量。

(5) 独立性

综合布线系统的最根本的特点是独立性。最底层是物理布线,与物理布线直接相关的是数据链路层,即网络的逻辑拓扑结构。而网络层和应用层与物理布线完全不相关,即网络传输协议、网络操作系统、网络管理软件及网络应用软件等与物理布线相互独立。

无论网络技术如何变化,其局部网络逻辑拓扑结构都是总线型、环型、星型、树型或以上几种形式的结合,而星型的综合布线系统,通过在管理间内跳线的灵活变换,可以实现上述的总线型、环型、星型或混合型(含有环、总线等形式)的拓扑结构,因此采用综合布线方式进行物理布线时,不必过多地考虑网络的逻辑结构,更不需要考虑网络服务和网络管理软件,也就是说综合布线系统具有与应用的独立性。

二、综合布线标准

1. 综合布线系统标准

目前综合布线系统标准一般为国内的 CECS 92:97 和美国电子工业协会、美国电信工业协会(EIA/TIA)为综合布线系统制定的一系列标准。其中,CECS 92:95《建筑与建筑群综合布线系统工程设计规范》是由中国工程建设标准化协会通信工程委员会北京分会、中国工程建设标准化协会通信工程委员会智能建筑信息系统分会、冶金部北京钢铁设计研究总院、邮电部北京设计院、中国石化北京石油化工工程公司共同编制而成的综合布线标准,而 CECS 92:97 是它的修订版。

EIA/TLA 标准主要有下列几种:
1) EIA/TLA-568 民用建筑线缆标准;
2) EIA/TIA-569 民用建筑通信通道和空间标准;
3) EIA/TIA-×××民用建筑中有关通信接地标准;
4) EIA/TIA-×××民用建筑通信管理标准。

无论是 CECS 92:95(CECS 92:97)还是 EIA/TIA 制定的标准,其标准要点为:
(1) 目的
1) 规范一个通用语音和数据传输的电信布线标准,以支持多设备、多用户的环境;
2) 为服务于商业的电信设备和布线产品的设计提供方向;
3) 能够对商用建筑中的结构化布线进行规划和安装,使之能够满足用户的多种电信要求;
4) 为各种类型的线缆、连接件以及布线系统的设计和安装建立性能和技术标准。
(2) 范围
1) 标准针对的是"商业办公"电信系统;
2) 布线系统的使用寿命要求在10年以上。
(3) 标准内容
标准内容为所用介质、拓扑结构、布线距离、用户接口、线缆规格、连接件性能、安装程序等。
(4) 几种布线系统涉及范围和要点
1) 水平干线布线系统:涉及水平跳线架,水平线缆;线缆出入口/连接器,转换点等;
2) 垂直干线布线系统:涉及主跳线架、中间跳线架;建筑外主干线缆,建筑内主干线缆等;
3) UTP 布线系统:UTP 布线系统传输特性划分为 5 类线缆:
- 5 类:指 100M/Hz 以下的传输特性。

- 4类：指20M/Hz以下的传输特性。
- 3类：指16M/Hz以下的传输特性。
- 超5类：指155M/Hz以下的传输特性。
- 6类：指200M/Hz以下的传输特性。

目前主要使用5类、超5类。

4) 光缆布线系统：在光缆布线中分水平干线子系统和垂直干线子系统，它们分别使用不同类型的光缆：

- 水平干线子系统：62.5/125μm多模光缆（入出口有2条光缆），多数为室内型光缆。
- 垂直干线子系统：62.5/125μm多模光缆或10/125μm单模光缆。

综合布线系统标准是一个开放型的系统标准，它能广泛应用。因此，按照综合布线系统进行布线，会为用户今后的应用提供方便，也保护了用户的投资，使用户投入较少的费用，便能向高一级的应用范围转移。

2. 综合布线系统的设计等级

对于建筑物的综合布线系统，一般定为三种不同的布线系统等级。它们是：

1) 基本型综合布线系统；
2) 增强型综合布线系统；
3) 综合型综合布线系统。

下面简述之。

(1) 基本型综合布线系统

基本型综合布线系统方案，是一个经济有效的布线方案。它支持语音或综合型语音/数据产品，并能够全面过渡到数据的异步传输或综合型布线系统。它的基本配置：

1) 每一个工作区有1个信息插座；
2) 每一个工作区有一条水平布线4对UTP系统；
3) 完全采用110A交叉连接硬件，并与未来的附加设备兼容；
4) 每个工作区的干线电缆至少有2对双绞线。

它的特性为：

1) 能够支持所有语音和数据传输应用；
2) 支持语音、综合型语音/数据高速传输；
3) 便于维护人员维护、管理；
4) 能够支持众多厂家的产品设备和特殊信息的传输。

(2) 增强型综合布线系统

增强型综合布线系统不仅支持语音和数据的应用，还支持图像、影像、影视、视频会议等。它具有为增加功能提供发展的余地，并能够利用接线板进行管理，它的基本配置：

1) 每个工作区有2个以上信息插座；
2) 每个信息插座均有水平布线4对UTP系统；
3) 具有110A交叉连接硬件；
4) 每个工作区的电缆至少有8对双绞线。

它的特点为：

1）每个工作区有 2 个信息插座，灵活方便、功能齐全；
2）任何一个插座都可以提供语音和高速数据传输；
3）便于管理与维护；
4）能够为众多厂商提供服务环境的布线方案。
（3）综合型综合布线系统
综合型布线系统是将双绞线和光缆纳入建筑物布线的系统。它的基本配置：
1）在建筑、建筑群的干线或水平布线子系统中配置 62.5μm 的光缆；
2）在每个工作区的电缆内配有 4 对双绞线；
3）每个工作区的电缆中应有 2 对以上的双绞线。
它的特点为：
1）每个工作区有 2 个以上的信息插座，不仅灵活方便而且功能齐全；
2）任何一个信息插座都可供语音和高速数据传输；
3）有一个很好环境，为客户提供服务。

三、综合布线系统的结构

按照 EIA/TIA568 标准，建筑物综合布线系统由六个独立的子系统组成：它们分别为工作站区子系统、水平干线子系统、管理区子系统、垂直干线子系统、设备间子系统、建筑群子系统。系统组成如图 7-1 所示。

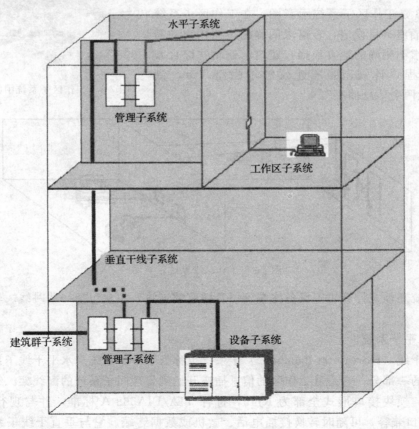

图 7-1 综合布线系统示意图

1. 工作区子系统

工作区子系统又称为服务区子系统，是从信息输出口到末端设备的连接部分（用户端子），此系统处在用户终端设备（包括电话机、计算机终端、监视器、数据终端）和水平子系统的信息插座（I/O）之间，起着搭桥的作用。它包括装配软线、连接器和连接所需的扩展软线。信息输出口采用符合业界标准的RJ45芯插口，根据用户的使用环境可选用埋入型、桌上型、地毯型或通用型插座。在进行终端设备和I/O连接时，可能需要某种传输电子装置，但这种装置并不是工作区子系统的一部分。例如，调制解调器，它能为终端与其他设备之间的兼容性传输距离的延长提供所需的转换信号，但不能说是工作区子系统的一部分。

工作区子系统中所使用的连接器必须具备有国际ISDN标准的8位接口，这种接口能接受楼宇自动化系统所有低压信号以及高速数据网络信息和数码声频信号。工作区子系统设计时要注意如下要点：

1）从RJ45插座到设备间的连线用双绞线，一般不要超过5m；
2）RJ45插座须安装在墙壁上或不易碰到的地方，插座距离地面30cm以上；
3）插座和插头（与双绞线）不要接错线头。

常用的连接器有：D8SA-7FT（4对，RJ45-RJ45，用于终端设备与信息模块的跳接）如图7-2所示。

图7-3是工作区子系统示意图。在工作区子系统内，信息插座数目设定，若需求明确的按照用户的需求，在需求不明确的地方根据《建筑与建筑物综合布线系统工程设计规范》所建议的增强型"$5m^2$到$10m^2$设置两个信息插座"。

图7-2 工作区子系统中的连接器

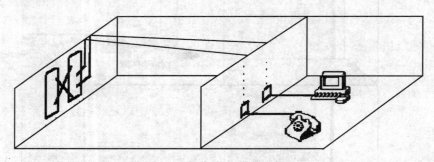

图7-3 工作区子系统示意图

此系统还涉及计算机等设备终端到信息插座的连线。主要包括一些跳线、软线等非有源器件。

2. 水平子系统

水平干线（Horizontal Backbone）子系统也称为水平子系统。水平干线子系统是整个布线系统的一部分，它是从工作区的信息插座开始到管理间子系统的配线架。结构一般为星型结构，模块接口形式全部为RJ45，符合TIA/EIA568-A标准，并与现行电话系统RJ11型接口兼容，可随时转换接插电话、微机或数据终端。它与垂直干线子系统的区别在于：水平干线子系统总是在一个楼层上，仅与信息插座、管理间连接。在综合布线系统中，水平干线子系统由 4 对 UTP（非屏蔽双绞线）组成，能支持大多数现代化通信设备，如果有磁场干扰或信息保密时可用屏蔽双绞线。在高宽带应用时，可以采用光缆。从用户工作区的信息插座开始，水平布线子系统在交叉处连接，或在远程通信接线间、干线接线间或设备间的交叉连接处连接。

在水平干线子系统的设计中要注意如下要点：
1) 水平干线子系统用线一般为双绞线；
2) 长度一般不超过 90m；
3) 用线必须走线槽或在吊顶内布线，尽量不走地面线槽；
4) 用 3 类双绞线可传输速率为 16Mbps，用 5 类双绞线可传输 100Mbps；
5) 确定介质布线方法和线缆的走向；
6) 确定距服务接线间距离最近的 I/O 位置；
7) 确定距服务接线间距离最远的 I/O 位置；
8) 计算水平区所需线缆长度。

图 7-4 是常用的超五类四对水平电缆和超五类 RJ45 模块化插座

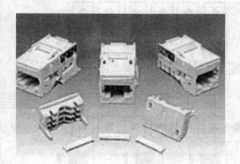

图 7-4　常用的超五类四对水平电缆和超五类 RJ45 模块化插座

信息插座的安装：铜缆超五类信息插座均为墙面暗装（特殊应用环境可考虑吊顶内、地面或明装方式）底边距地 30cm。为使用方便，要求每组信息插座附近配备 220V 电源插座，以便为数据设备供电，根据标准建议安装位置距信息座不小于 10cm。RJ45 埋入式信息插座与其旁边电源插座应保持 20cm 的距离。如图 7-5 所示：

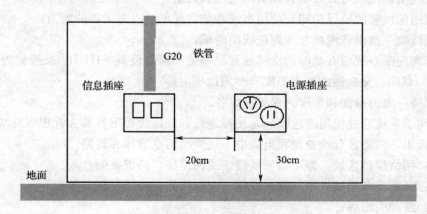

图 7-5　RJ45 埋入式信息插座的安装

3. 管理间子系统

管理间子系统（Administration Subsystem）由交连、互联和 I/O 组成。管理间为连接其他子系统提供手段，它是连接垂直干线子系统和水平干线子系统的设备，其主要设备是配线架、HUB 和机柜、电源。

交连和互联允许将通信线路定位或重定位在建筑物的不同部分，以便能更容易地管理通信线路。I/O 位于用户工作区和其他房间或办公室，使在移动终端设备时能够方便地进行插拔。在使用跨接线或插入线时，交叉连接允许将端接在单元一端的电缆上的通信线路连接到端接在单元另一端的电缆上的线路，使整个系统的连接更加灵活。图 7-6 是交叉连接和直接连接的结构示意。跨接线是一根很短的单根导线，可将交叉连接处的二根导线端点连接起来；插入线包含几根导线，而且每根导线末端均有一个连接器。插入线为重新安排线路提供了一种简易的方法。互联与交叉连接的目的相同，但它不使用跨接线或插入线，只使用带插头的导线、插座、适配器。互联和交叉连接也适用于光纤。

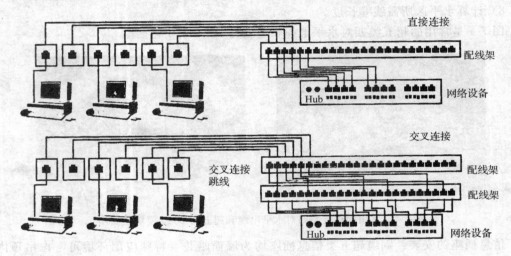

图 7-6　交叉连接和直接连接

设计时要注意的如下要点：
1）配线架的配线对数可由管理的信息点数决定；
2）利用配线架的跳线功能，可使布线系统实现灵活、多功能的能力；
3）配线架一般由光配线盒和铜配线架组成；
4）管理间子系统应有足够的空间放置配线架和网络设备（HUB、交换器等）；
5）有 HUB、交换器的地方要配有专用稳压电源；
6）保持一定的温度和湿度，保养好设备。

管理间子系统通过使用颜色编码，使得追踪和跳线变得很容易。管理点的端接区用色码标签来标识，以便区分设备间和电信中下述类型的电缆段和线路。

绿色：网络接口区域，即电话局线路；或网络接口的设备侧；

紫色：公用设备端接区域（端口线路、中继线路、多路复用器等）；

黄色：各种引出线；

白色：干线子系统电缆；

蓝色：水平子系统电缆；

橙色：网络接口；

灰色：设备间之间或电信接线间之间的干线电缆；

棕色：建筑群子系统电缆；

红色：关键电话系统。

4. 垂直干线子系统子系统

垂直干线子系统也称骨干（Riser Backbone）子系统，它是整个建筑物综合布线系统的一部分。它提供建筑物的干线电缆，负责连接管理间子系统到设备间子系统的子系统，一般使用光缆或选用大对数的非屏蔽双绞线。它也提供了建筑物垂直干线电缆的路由。该子系统通常是在二个单元之间，特别是在位于中央节点的公共系统设备处提供多个线路设施。该子系统由所有的布线电缆、光缆以及将此光缆连到其他地方的相关支撑硬件组合而成。采用光纤作为传输介质具有：支持距离长，频带宽、通信容量大、不受电磁干扰和静电干扰的影响、在同一根光缆中，邻近各根光纤之间几乎没有串扰、保密性好、线径细、体积小、重量轻、衰耗小、误码率低等优点，大大提高网络可靠性，同时使系统具备极高的升级能力，可支持目前及将来最先进的网络技术。因此，采用光纤作为主干是目前智能大厦的必然选择。另外，为了满足各种100Mbps网络的需求，还应敷设一定数量的超五类UTP电缆作为数据主干，可支持100MBPS、155MBPS、622MBPS传输速率。

垂直干线子系统还包括：

1) 垂直干线或远程通信接线间、设备间之间的竖向或横向的电缆走向用的通道；

2) 设备间和网络接口之间的连接电缆或设备与建筑群子系统各设施间的电缆；

3) 垂直干线接线间与各远程通信接线间之间的连接电缆；

4) 主设备间和计算机主机房之间的干线电缆。

设计时要注意：

1) 垂直干线子系统一般选用光缆，以提高传输速率；

2) 光缆可选用多模的（室外远距离的），也可以是单模（室内）；

3) 垂直干线电缆的拐弯处，不要直角拐弯，应有相当的弧度，以防光缆受损；

4) 垂直干线电缆要防遭破坏（如埋在路面下，要防止挖路、修路对电缆造成危害）；

5) 确定每层楼的干线要求和防雷电的设施；

6) 满足整幢大楼干线要求和防雷击的设施。

图 7-7 是电缆从电缆井穿越楼层的结构示意。

5. 设备间子系统

设备间子系统也称设备（Equipment）子系统。设备间子系统由电缆、连接器和相关支撑硬件组成。它把各种公共系统设备的多种不同设备互联起来，其中包括邮电部门的光缆、同轴电缆、程控交换机和大厦设备自动化系统等。它连接着其他各个子系统，使其构成一个统一的整体，水平子系统和垂直主干线及其他设备的线路均在这里终结，通过跳线可实现系统的灵活搭建，是实现结构化布线系统灵活性的关键。在该子系统中有大量硬件设备，集中了大量的通信干线。有连接设备主机系统的配线架、适配器、连线等。对于电话、电脑系统应用，常用的设备器件有：语音用铜配线架、数据用铜缆配线架、光缆配线架等。

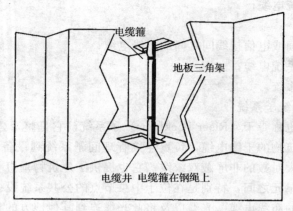

图 7-7 垂直干线中电缆穿越楼层

设计时注意要点为：
1) 设备间要有足够的空间保障设备的存放；
2) 设备间要有良好的工作环境（温度湿度）；
3) 设备间的建设标准应按机房建设标准设计。

图 7-8 是一个典型的设备间子系统。

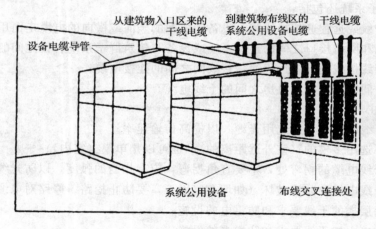

图 7-8 设备间子系统

6. 建筑群子系统

楼宇（建筑群）子系统（Campus Backbone）是将一个建筑物中的电缆延伸到另一个建筑物的通信设备和装置，通常是由光缆和相应设备组成，建筑群子系统是综合布线系统的一部分，它支持楼宇之间通信所需的硬件，其中包括导线电缆、光缆以及防止电缆上的脉冲电压进入建筑物的电气保护装置。

在建筑群子系统中，会遇到室外敷设电缆问题，一般有 3 种情况：架空电缆、直埋电缆、地下管道电缆，或者是这 3 种的任何组合，具体情况应根据现场的环境来决定。设计时的要点与垂直干线子系统相同。

图 7-9 是建筑物缆线的入口处。

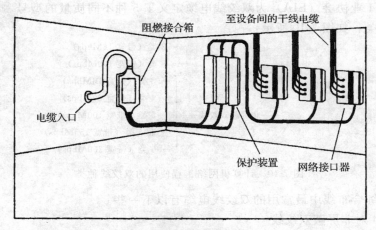

图 7-9 建筑物缆线入口处

四、综合布线系统的线缆

布线线缆的选择必须考虑网络的性能、价格、使用规则、安装难易性、可扩展性及其他一些因素。目前，在通信线路上使用的传输介质有：双绞线、同轴电缆、大对数线、光导纤维等。

1. 双绞线

双绞线（Twisted Pair，TP）是一种综合布线工程中最常用的传输介质。双绞线是由两根具有绝缘保护层的铜导线组成。把两根绝缘的铜导线按一定密度互相绞在一起，可降低信号干扰的程度，每一根导线在传输中辐射出来的电波会被另一根线上发出的电波抵消。双绞线一般由两根为 22 号、24 号或 26 号绝缘铜导线相互缠绕而成。如果把一对或多对双绞线放在一个绝缘套管中便成了双绞线电缆。与其他传输介质相比，双绞线在传输距离、信道宽度和数据传输速度等方面均受一定限制，但价格较为低廉。虽然双绞线主要是用来传输模拟声音信息的，但同样适用于数字信号的传输，特别适用于较短距离的信息传输。采用双绞线的局域网络的带宽取决于所用导线的质量、导线的长度及传输技术。只要精心选择和安装双绞线，就可以在有限距离内达到几 Mbps 的可靠传输率。当距离很短，并且采用特殊的电子传输技术时，传输率可达 100~155Mbps。

非屏蔽双绞线（Unshielded Twisted Pair，UTP）电缆的优点：

1) 无屏蔽外套，直径小，节省所占用的空间；
2) 质量小、易弯曲、易安装；
3) 将串扰减至最小或加以消除；
4) 具有阻燃性；
5) 具有独立性和灵活性，适用于结构化综合布线。

因为双绞线传输信息时要向周围辐射，很容易被窃听，所以要花费额外的代价加以屏蔽，以减小辐射（但不能完全消除）。这就是我们常说的屏蔽双绞线电缆（Shielded Twisted Pair，STP）。屏蔽双绞线电缆的外层由铝泊包裹着，它的价格相对要高一些，安装要比非屏蔽双绞线电缆难一些，类似于同轴电缆，它必须配有支持屏蔽功能的特殊连接器和相应的安装技术。但它有较高的传输速率，100m 内可达到 155Mbps。

国际电气工业协会（EIA）为双绞线电缆定义了5种不同质量的型号。综合布线使用的双绞线的种类，如图7-10所示：

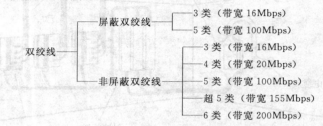

图7-10 计算机网络工程使用的双绞线种类

目前，在综合布线中最常用的双绞线电缆有以下一些。

(1) 5类4对非屏蔽双绞线

它是美国线规为24的实芯裸铜导体，以氟化乙丙烯做绝缘材料，传输频率达100MHz，导线物理结构如图7-11所示。

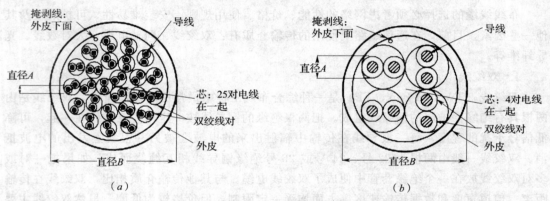

图7-11 5类4对及25对非屏蔽双绞线物理结构

(a) 5类25对24AWG非屏蔽软线；(b) 5类4对24AWG非屏蔽双绞线

(2) 超5类布线系统

超5类布线系统是一个非屏蔽双绞线（UTP）布线系统，通过对它的"链接"和"信道"性能进行测试表明，其性能超过TIA/EIA586的5类，与普通的5类UTP比较，其衰减更小，同时具有更小的时延和衰减，性能得到了提高，具有以下优点：

1) 提供了坚实的网络基础，可以方便迁移到更新网络技术；
2) 能够满足大多数应用，并用满足偏差和低串扰总和的要求；
3) 为将来的网络应用提供了传输解决方案；
4) 充足的性能余量，给安装和测试带来方便。

比起普通5类双绞线，超5类系统在100MHz的频率下运行时，用户的设备受到的干扰只有普通5类线系统的1/4，使系统具有更强的独立性和可靠性。

(3) 6类线

虽然6类国际标准还未正式颁布，但目前各标准化组织在6类布线系统的信道技术上已基本达成一致。6类布线依赖于不要求单独屏蔽线对的线缆，从而可以降低成本、减小体积、简化安装和消除接地问题。此外，6类布线要求使用模块式8路连接器（IEC603-7或RJ45），从而能够适应当前的语音、数据和视频以及千兆位应用。

6类布线标准将是未来UTP布线的极限标准，为用户选择更高性能的产品提供依据，同时，它也应当满足网络应用标准组织的要求。整个系统包括应用和接口类型都要有向下兼容性，即新的6类布线系统上可以运行以前在3类或5类系统上运行的应用，用户接口应采用8位置模块化插座。同5类标准一样，新的6类布线标准也采用星形的拓扑结构，要求的布线距离为：基本链路的长度不能超过90m，信道长度不能超过100m。

2. 同轴电缆

同轴电缆（coaxial cable）是由中心导体、绝缘材料层、网状织物构成的屏蔽层以及外部隔离材料层组成。中心导体是直径为2.17mm的实心铜线。绝缘材料要求满足同轴电缆电气参数的绝缘材料。屏蔽层是满足传输阻抗和ECM规范说明的金属带或薄片组成。外部隔离材料一般选用聚氯乙烯（如PVC）或类似材料。同轴电缆具有足够的可柔性，能支持一定的弯曲半径。其频率特性比双绞线好，能进行较高速率的传输。由于它的屏蔽性能好，抗干扰能力强，通常多用于基带传输。

同轴电缆不可绞接，各部分是通过低损耗的75Ω连接器来连接的。连接器在物理性能上与电缆相匹配。中间接头和耦合器用线管包住，以防不慎接地。同轴电缆每隔100m采用一个标记，以便于维修。必要时每隔20m要对电缆进行支撑。在建筑物内部安装时，要考虑便于维修和扩展，在必要的地方还要提供管道来保护电缆。

对电缆进行测试的主要参数有：

1) 导体或屏蔽层的开路情况；
2) 导体和屏蔽层之间的短路情况；
3) 导体接地情况；
4) 在各屏蔽接头之间的短路情况。

同轴电缆可分为两种基本类型，基带同轴电缆和宽带同轴电缆。目前基带常用的电缆，其屏蔽线是用铜做成网状的，特征阻抗为50Ω，如RG-8、RG-58等；宽带常用的电缆，其屏蔽层通常是用铝冲压成的。特征阻抗为75Ω，如RG-59等。

粗同轴电缆与细同轴电缆是指同轴电缆的直径大小。粗缆适用于比较大型的局部网络，它的标准距离长、可靠性高。由于安装时不需要切断电缆，因此可以根据需要灵活调整计算机的入网位置。但粗缆网络必须安装收发器和收发器电缆，安装难度也大，所以总体造价高。相反，细缆则比较简单、造价低。但由于安装过程要切断电缆，两头装上基本网络连接头（BNC），然后接在T型连接器两端，所以当接头多时容易产生接触不良的隐患，这是目前运行中的以太网所发生的最常见故障之一。

为了保持同轴电缆的正确电气特性，电缆屏蔽层必须接地。同时两头要有终端来削弱信号反射作用。无论是粗缆还是细缆均为总线拓扑结构，即一根缆上接多部机器，这种拓扑适用于机器密集的环境。但是当一触点发生故障时，故障会串联影响到整根缆上的所有机器，故障的诊断和修复都很麻烦。所以，逐步被非屏蔽双绞线或光缆取代。当前，同轴电缆的型号一般有如下几种：

RG-8 或 RG-1150

RG-5850

RG-5975

RG-6293

计算机网络一般选用 RG-8 以太网粗缆和 RG-58 以太网细缆；RG-59 用于电视系统。

同轴电缆一般安装在设备与设备之间。在每一个用户位置上都装有一个连接器为用户提供接口。接口的安装方发如下：

● 细缆：将细缆切断，两头装上 BNC 头，然后接在 T 型连接器两端用于传输速率为 1M 的网络。

● 粗缆：粗缆一般采用一种类似夹板的 Tap 装置进行安装，它利用 Tap 上的引导针穿透电缆的绝缘层，直接与导体相连。电缆两端头要有终结器来削弱信号的反射作用。用于传输速率为 10m 的网络。

在计算机网络布线系统中，对同轴电缆的粗缆和细缆有 3 种不同的构造方式，即细缆结构、粗缆结构（图 7-12）和粗/细缆混合结构。

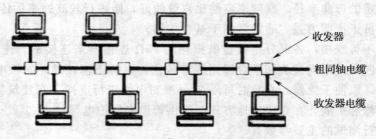

图 7-12 粗缆以太网结构示意图

3. 光缆

光导纤维是一种传输光束的细而柔韧的媒质。光导纤维电缆由一捆纤维组成，简称为光缆。光缆是数据传输中最有效的一种传输介质，光纤通信系统有以下几个优点：

● 传输频带宽、通信容量大，短距离时达几千兆的传输速率；
● 线路损耗低、传输距离远；
● 抗干扰能力强，应用范围广；
● 线径细、质量小；
● 抗化学腐蚀能力强；
● 光纤制造资源丰富。

（1）光纤通信的原理

光纤通信系统是以光波为载体、光导纤维为传输介质的通信方式，起主导作用的是光源、光纤、光发送机和光接收机。

1）光源－光源是光波产生的根源；

2）光纤－光纤是传输光波的导体；

3）光发送机－光发送机负责产生光束，将电信号转变成光信号，再把光信号导入光纤；

4）光接收机－光接收机负责接收从光纤上传输过来的光信号，并将它转变成电信号，经解码后再作相应处理。光纤通信系统的基本构成如图 7-13 所示。

图 7-13　光纤通信系统构成

（2）光纤的分类

1）按光信号的传输方式分，光纤主要有两大类，即单模/多模和折射率分布类。

● 单模/多模

单模光纤（SMF Single Mode Fibre）的纤芯直径很小，在给定的工作波长上只能以单一模式传输，传输频带宽，传输容量大。光信号可以沿着光纤的轴向传播，因此光信号的损耗很小，离散也很小，传播的距离较远。

多模光纤（MMF Multi Mode Fibre）是在给定的工作波长上，能以多个模式同时传输的光纤。多模光纤的纤芯直径一般为 50 至 $200\mu m$，计算机网络用纤芯直径为 $62.5\mu m$，也就是通常所说的 $62.5\mu m$。与单模光纤相比，多模光纤的传输性能要差。

光纤单模、多模特性比较如表 7-1：

光纤单、多模特性比较　　表 7-1

单　　模	多　　模
用于高速度、长距离	用于低速度、短距离
成本高	成本低
窄芯线，需要激光源	宽芯线，聚光好
耗散小，高效	耗散大，低效

● 折射率分布类

折射率分布类光纤可分为跳变式光纤和渐变式光纤。

2）按照光纤的不同结构和使用范围，光纤有以下几种类型：

● 单芯互联光缆　主要应用范围包括：跳线、内部设备连接、通信柜配线面板、墙上出口到工作站的连接、水平拉线等。

● 双芯互联光缆　主要应用范围包括：交连跳线、水平走线、直接端接、光纤到桌、通信柜配线面板、墙上出口到工作站的连接等。

● 分布式光缆　主要应用范围包括：多点信息口水平布线、垂直布线、大楼内主干布线、从设备间到无源跳线间的连接、从主干分支到各楼层应用等。

● 分散式光缆　主要应用范围包括高性能的单模和多模光纤符合所有的工业标准。

● 室外光缆 4～12 芯铠装型与全绝缘型　主要应用范围包括：园区中楼宇之间的连接、长距离网络、主干线系统、本地环路和支路网络、严重潮湿，温度变化大的环境、架空连接、地下管道或直埋、悬吊缆/服务缆等。

● 室内/室外光缆（单管全绝缘型）主要应用范围包括：园区中楼宇之间的连接、本地线路和支路网络、严重潮湿，温度变化大的环境、架空连接、地下管道或直埋、悬吊缆/服务缆等。

图 7-14 是几种不同类型的光缆的外形结构图示：

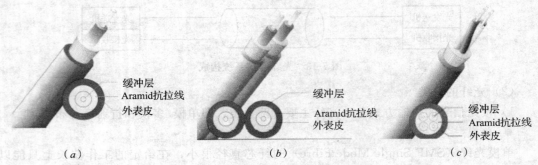

图 7-14 几种光缆外形结构
(a) 单芯光缆；(b) 双芯光缆；(c) 圆芯光缆

在进行综合布线时需要了解光纤的基本性能。光纤的类型由模材料（玻璃或塑料纤维）及芯和外层尺寸决定，芯的尺寸大小决定光的传输质量。常用的光纤缆有：

$8.3\mu m$ 芯/$125\mu m$ 外层单模

$62.5\mu m$ 芯/$125\mu m$ 外层多模

$50\mu m$ 芯/$125\mu m$ 外层多模

$100\mu m$ 芯/$140\mu m$ 外层多模

在网络工程中，一般是 $62.5\mu m/125\mu m$ 规格的多模光纤，有时也用 $50\mu m/125\mu m$ 和 $100\mu m/140\mu m$ 规格的多模光纤。户外布线大于 2km 时可选用单模光纤。

光缆在普通计算网络中的安装是从用户设备开始的。因为光缆只能单向传输，为要实现双向通信，就必须成对出现，一个用于输入，一个用于输出。光缆两端接到光学接口器上。安装光缆需小心谨慎。每条光缆的连接都要磨光端头，通过电烧烤工艺与光学接口连在一起。要确保光通道不被阻塞。光纤不能拉得太紧，也不能形成直角。

五、小区综合布线和家庭综合布线

1. 智能化小区的综合布线

智能网络与布线系统是小区智能化系统的支撑平台，作为智能小区的首要条件是具有一套结构化的灵活性极高的综合布线网络，能够长远地满足用户的需求，并将用户长期运营、维护、变更、支持建筑物的费用降至最低。综合布线系统将话音信号、数据信号和图像信号的配线经过统一的规划和设计，采用相同的传输介质、信息插座、交连设备、适配器等，把这些性质不同的信号综合到一套标准的布线系统中。在使用时，用户可不用定义某个工作区的信息插座的具体应用，只要把某种终端设备（如个人计算机、电话、视频设备等）接入这个信息插座，然后在交连设备上作相应的跳线操作，这个终端设备就能接入到自己的系统中。

智能化社区的综合布线要求在每户住宅中必须满足语音、数据和有线电视的功能，以便满足将来推出的小区局域网、小区 VOD 点播、网上购物、远程教学等新兴小区服务和家庭智能化的升级。在设计小区布线系统时，除能支持话音、数据和图像传输及适应 ATM（异步传输模式）外，最好也能满足楼宇自控系统、报警监控系统、出入口控制系统、及多媒体会议电视等系统的传输要求。

根据住宅小区的智能化程度，布线系统和网络结构也相应有所不同。

(1) 已建的普通小区的智能化。

智能化程度要求不高,对网络系统要求较低,不重新规划数据网络结构,而是充分利用现有的网络(如电话网、有线电视网等)与广域网进行简单的、低速的数据交换。如利用电话进行简单的三表远传、报警和控制;利用有线通或 ADSL 上网;利用视频线实现视频点播〈VOD〉等。该方案的特点是投资少,不用重新布线,但系统功能不易扩展,不能满足用户增长的功能需求,故适合于已竣工工程的智能化。

(2) 新建智能小区的布线结构。

应从总体上规划小区的布线系统,充分利用小区附近的网络资源,采用 HFC(光纤同轴混合电缆)或 PDS(智能小区综合布线系统)勾画小区的布线结构。一般布线系统分为两个子系统,即干线子系统和工作区子系统。

干线子系统由每栋住宅楼的管理间到小区管理中心之间的电缆构成,平均距离不超过 150m。数据系统传输都采用五类 100Ω 高性能多芯双绞线电缆,并预留光纤。这些电缆可把住宅楼内的信息高速传送到小区的管理中心。

工作区子系统由各个住宅楼区域构成,连接到家庭接入线缆。每户设一配线架,连接各数据点,数据点为五类配置,以支持 100M 的数据通信。

(3) 高档智能小区的布线结构。

小区管理中心与每栋楼之间都采用 6 芯多模室外光缆进行连接,每户的信息点数量 10 个左右,提供高速率的 Internet 和 VOD 视频点播服务。

下面是某一个单栋 30 层的住宅的综合布线系统方案:

大楼背景如下:

单栋 30 层高层住宅,每层 8 个住户,整栋楼共 8×30=240 个住户。具体情况如下:

总楼层数:	地下 0 层、地上 30 层
每层住户数:	8 户
每层净高:	3m
每户结构和面积:	三房二厅(面积约 120m²)
主配线间:	一楼的配线房
监控管理中心:	主配线间
有线电视接入中心:	主配线间
计算机网络中心:	主配线间
楼宇控制中心:	主配线间

系统综述如下:

● 传输介质:智能住宅小区布线包括双绞线、同轴线缆和光纤等 3 种传输介质。其中同轴线缆作为有线电视的传输介质。双绞线传输数据、电话、监控、智能等信号。光纤则用作楼宇间的数据网络主干。本方案中智能住宅布线系统包括家庭户内布线系统、垂直主干布线系统和楼宇间布线系统和主配线间系统四个部份。

● 管理中心:本方案的布线系统有二级管理中心,第一级管理中心为小区网络控制及维护中心,设在一楼的主配线间。它不仅是整个小区公共管理监控中心,也是计算机网络中心,电信局和有线电视台的线路汇入中心,还是安防监控中心、三表抄表管理中心。第二级管理是每个住户单元的家庭小型配线管理中心。

● 楼内垂直主干：住宅垂直主干线系统是指从一楼主配线间连到各住户单元的家庭配线管理中心之间的传输线缆，本方案采用两种传输介质，一是XX公司的四对超5类线缆可支持语音、数据及可视电话、防盗/灾报警系统、三表抄表系统的信号传输。二是75Ω同轴线缆，可支持有线电视等视像应用。从主配线间向各住户单元的家庭配线中心作星形结构的铺设。每住户单元接入三条超五类四对线缆及一条总线型75Ω同轴线缆。

● 室内布线：家庭户内布线系统包括家庭配线中心、户内布线和信息插座。家庭配线中心由双绞线配线架和同轴复接面板构成，一般设在居室的大门内侧，与电源总控盒安装在一起。家庭配线中心集中管理家庭中的所有信息点，包括计算机、电话、有线电视、可视电话、防盗/灾系统，三表抄表系统等。住户室内布线可以一次布线到位，或由最终住户自己进行装修时再施工到最佳位置。从一楼主配线间来的线缆将端接在家庭配线架，以传输介质来分，可分双绞线UTP部分及75Ω同轴有线电视部分。其中超五类双绞线支持数据、语音、及可视对讲门铃系统，防盗报警系统，三表抄表系统等应用，75Ω同轴线缆支持有线电视、保安监控、家庭影院等应用。

户内信息点的设置分增强型和普通型两种。

增强型户内布线信息点如表7-2。

增强型户内布线信息点 表7-2

房间	数据点	语音点	可视门铃点	有线电视点	防盗/防灾报警	三表抄表
客厅	1	1	1	1	1	
主人房	1	1		1		
书房	1	1				
卧房		1		1		
卫生间		1				
厨房		1			2	3
小计	3	6	1	4	3	3

普通型住户单元内的信息点的分布及配置如表7-3。

普通型住户单元内信息点的分布及配置 表7-3

房间	数据点	语音点	可视电话点	有线电视点	防盗/防灾报警	三表抄表
客厅	1	1	1	1	1	
主人房	1	1		1		
书房		1		1		
卧房						
卫生间						
厨房					2	3
小计	2	3	1	3	3	3

2. 家庭综合布线

人们往往忽略了在家居智能化中担当重要角色的弱电布线系统，很多人甚至还停留在以为只要拉一根线就可以了的认识误区，事实上，无论何种智能化控制设备，都需要通过某种传输方式进行信号传送，才能实现智能化控制。通常我们可以采用的方式有无线和有线两类，在目前家庭的智能化布线中，有线传输方式占绝对的主导地位，无线传输方式仅仅作为一种补充。

家庭的布线，大约经历了这样一个过程，当"电"还没有进入人们的生活，深入到家庭的时候，住宅是不需要布线的。从家庭有了第一盏电灯开始，居室内开始拉进了第一根强电的线缆，随着社会的发展，电器开始普及，家庭中的用电器越来越多，人们开始意识到在居室内应该综合考虑电源线的科学管理、维护和分布，此时开始出现了强电的配电箱。同样，弱电的发展也经历了类似的过程，十几年前，当家中第一次有了电话的时候，是没有人去计较电话线是不是太难看，电话是不是应该放在客厅，是不是每个房间都应该有一个电话的，接着，有线电视入户了，宽带网络入户了……，同时随着人们生活水平的提高，对住宅的要求也越来越高，传统的弱电布线方式已经完全不能满足要求，在此情况下，家用综合布线管理系统应运而生。

智能住宅布线系统具有的优点：
- 为家庭服务，能够集中管理的家庭服务各种功能应用。
- 支持视频、语音、数据及监控等信号传输。
- 高带宽，高速率。
- 灵活性及高可靠性。
- 兼容性与开放性。
- 易于管理。
- 适应网络目前及将来的发展。
- 整齐美观。

"宽带网"的出现，将使有线电视网、计算机网、电话网三网合一，为大众提供集成的服务。而现代家庭娱乐、通信、安防的需求不断增长和提高，人们要上网，要在家办公，需要网络。家庭布线成为迫切的需求，使规范的家用布线系统逐渐成为继水、电、气之后第四种必不可少的家庭基础设施。现在的"宽带信息社区"仅仅是提供"宽带到户"，而只有解决了家庭的弱电布线，才能算是真正、彻底解决了"宽带到桌面"的问题。而只有"宽带到桌面"，家庭内才能充分的享受宽带所带来的方便与舒适。

家用综合布线管理系统的分布装置主要由监控模块、电脑模块、电话模块、电视模块、影音模块及扩展接口等组成，功能上主要有接入、分配、转接和维护管理。

图7-15是一种家用综合布线管理系统的组成示意图，该系统包括一个分布装置，各种线缆以及各个信息出口的标准接插件。像用综合布线管理系统采用"模块化设计"和"分层星形拓扑结构"，各个功能模块和线路相对独立，单个家电设备或线路出现故障，不会影响其他家电的使用。

随着计算机技术、通信技术、自动化技术等多学科的发展和相互融合，家庭将在不远的将来真正实现智能化，利用住户家庭内的电话、电视、计算机等工具通过家用综合布线管理系统将电、水、气等设备连成一体，并与互联网相连，从而达到自主控制、管理并实现如家庭防盗、防灾、报警，通过互联网遥控家电等强大的功能，并且随着网络综合业务的发展，将会实现如 VOD 视频点播，网上购物，SOHO 家庭办公，远程教育，远程医疗等，使家庭能真正享受便捷、高质的工作、学习和娱乐，因此，以家用综合布线管理系统为基础所构建的家庭网络应该包括宽带互联网，家庭互联网和家庭控制网络等几方面，三者之间的关系是：宽带互联网是家庭对外的桥梁，实现与外界的沟通和互动，家庭互联网则是信息家电的网络基础并与互联网能很好地连接，控制网络则对各种家电设备进行控制，起到前两个网络的补充作用。

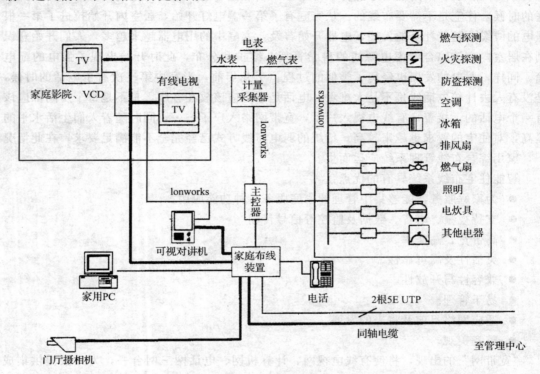

图 7-15 家用综合布线管理系统的组成示意图

第二节 综合布线系统的管理和维护

1. 综合布线系统的管理要求

要使综合布线系统始终满足用户的要求并保证布线质量，就需要进行必要的日常管理和维护工作。随着使用时间、外界环境等因素的变化对综合布线系统的性能和质量产生不同程度的影响，因此综合布线系统的日常维护和管理至关重要。综合布线系统的管理要求就是对不安全因素和故障，采取适当的维护和维修，及时、尽早消除隐患，以恢复系统的正常工作，确保系统的质量水平和通信畅通，使线路和设备安全运行。

2. 综合布线系统的防护

综合布线系统往往处于无保护的大自然环境中，易受到外界的机械、电气、化学等因素的侵害和损伤，甚至导致毁坏。为保证系统正常运行，有必要采取保护和防范措施。综合布线系统多采用地下管道或直埋的敷设方式。直埋敷设与地下土壤直接接触，环境复杂，易受到各种侵蚀和损伤，因此严格防护措施，如前面所述的防雷保护、防火保护、接地要求等，对于确保线路畅通，设备及人身安全将起到积极有效的作用；地下管道敷设方式除以上的各种防护措施外，更重要的是管道煤气的防护。随着现代化城市的发展和基础设施的配套完善，使城市地下管道中除通信管线外，还增加煤气管道和供热管道，这就增加了地下管网综合和道路断面排列的困难。由于敷设间距、埋深不够、施工质量和其他不可预见的外界影响，会造成煤气泄漏现象，一旦发生泄漏，泄漏的煤气就有可能侵入通信用的地下管道，特别是空闲的管孔、管孔与线缆间的空隙，从而造成更大的危害。目前比较有效的方法是采用管路封塞部件，对线缆（包括光缆）的进、出端孔的管口和与煤气管道交叉平行地段的通信地下管管口等进行封塞，这是一种事采用的主动性防护措施。

3. 综合布线系统的维护

（1）综合布线系统的维护包括预防性维护、纠正性维护和受控性维护。

预防性维护是故障发生前，按预定的周期和规定的标准进行维护，其目的在于减小故障出现的可能性。表 7-4 是预防性维护的计划之一。

综合布线系统的维护　　　　　　　表 7-4

设　　备	保养时间	服　务　内　容
配线架	每半年	1）表面检查和清洁 2）线路接口端子检查
用户端	每半年	端口传输速率检测（抽查）

纠正性维护是故障发生后进行的维护，其目的在于恢复系统及其设备的功能和特性。受控性维护是根据监测和抽样调查得到的信息，系统地应用分析技术，按需要安排维修，目的在于维持系统及设备的性能水平和功能，减小不必要的维护工作。

（2）在进行维护工作时应考虑的因素：

地理因素包括人口密度、系统及设备的数量、网络的规模等。

系统设备的技术水平与质量状况如技术性能好、可靠性高，能完全自动监控的传输设备，可采取集中维护方式。

维护人员的素质维护人员的技术水平和积极性是使维护工作顺利的主要条件。维护人员必须掌握必要的维护技能，管理人员必须具备相应的科学管理知识，才能从根本上提高维护工作水平。

采用先进的维护手段为提高维护质量和工作效率，应积极采用先进的技术设备，如前所述的通信网自动检测系统——气压自动检测。

（3）维护、修理作业采取分片巡查、集中修理的方式。

分片巡查是由少量人员按划定的区域沿线路进行不分工种的综合巡查。主要任务有巡视沿线环境的变化；检查外界对线路的损坏；巡查线路设备的质量、安全情况；提出维护和修理意见。

集中修理是对不适宜在现场修理的设备或部件进行集中修理，而现场只作故障诊断和备用部件的更换工作。

（4）为使综合布线系统的日常维护管理有条不紊，有必要采用科学的管理体系。通过计算机信息管理系统,并结合人工资料登记管理,随时掌握综合布线系统的有关设备、设施的工作状态,以便管理人员迅速准确地调整和排除故障,保证系统正常工作。

人工资料登记管理工作从综合布线系统实施开始,应将系统的设计文件、原始资料和各种技术文件以及有关数据、图纸收集、保存,并送入信息管理系统储存,以便日后维护管理中查考、使用。为能及时查考和妥善保存人工记录,宜采用计算机管理。

在日常维护管理工作中,采取动态追踪管理方式,根据系统的实际变化情况,随时收集和及时记录、补充、修正和改变人工资料登记工作,务必使所掌握的记录和资料能全面反映综合布线系统的状态,并按规定要求将资料和数据输入信息管理系统储存备查。

4. 综合布线系统的验收

布线工程验收分两部分进行,第一部分是物理验收;第二部分是文档验收。文档验收主要是检查乙方是否按协议或合同规定的要求,交付所需要的文档。物理验收归纳如下:

(1) 施工过程中需要检查的事项

① 环境要求
- 地面、墙面、顶棚内、电源插座、信息模块座、接地装置等要素的设计与要求。
- 设备间、管理间的设计。
- 竖井、线槽、打洞位置的要求。
- 施工队伍以及施工设备。
- 活动地板的敷设。

② 施工材料的检查
- 双绞线、光缆是否按方案规定的要求购买。
- 塑料槽管、金属槽是否按方案规定的要求购买。
- 机房设备如机柜、集线器、接线面板是否按方案规定的要求购买。
- 信息模块、座、盖是否按方案规定的要求购买。

③ 安全、防火要求
- 器材是否靠近火源。
- 器材堆放是否安全防盗。
- 发生火情时能否及时提供消防设施。

(2) 检查设备安装

① 机柜与配线面版的安装
- 在机柜安装时要检查机柜安装的位置是否正确;规定、型号、外观是否符合要求。
- 跳线制作是否规范,配线面板的接线是否美观整洁。

② 信息模块的安装
- 信息插座安装的位置是否规范。
- 信息插座、盖安装是否平、直、正。
- 信息插座、盖是否用螺丝拧紧。
- 标志是否齐全。

(3) 双绞线电缆和光缆安装

① 桥架和线槽安装
- 位置是否正确。

- 安装是否符合要求。
- 接地是否正确。

② 线缆布放
- 线缆规格、路由是否正确。
- 对线缆的标号是否正确。
- 线缆拐弯处是否符合规范。
- 竖井的线槽、线固定是否牢靠。
- 是否存在裸线。
- 竖井层与楼层之间是否采取了防火措施。

（4）室外光缆的布线

① 架空布线
- 架设竖杆位置是否正确。
- 吊线规格、垂度、高度是否符合要求。
- 卡挂钩的间隔是否符合要求。

② 管道布线
- 使用管孔、管孔位置是否合适。
- 线缆规格。
- 线缆走向路由。
- 防护设施。

③ 挖沟布线（直埋）
- 光缆规格。
- 敷设位置、深度。
- 是否加了防护铁管。
- 回填土复原是否夯实。

④ 隧道线缆布线
- 线缆规格。
- 安装位置、路由。
- 设计是否符合规范。

（5）检查线缆终端安装

① 信息插座安装是否符合规范。
② 配线架压线是否符合规范。
③ 光纤头制作是否符合要求。
④ 光纤插座是否符合规范。
⑤ 各类路线是否符合规范。

第三节 综合布线系统的测试和故障诊断

一、综合布线系统的测试

不管是预防性维护还是在故障性维护之后，都须对线路进行测试。通常，在布线工程完成后，必须对整个布线系统进行全面的测试。由布线公司与企业的技术人员组成测试工作组，对所有信息点进行导通测试。维护性测试一般按照所有信息点的20%进行抽查。验收合格之后，将由技术人员负责网络的日常维护与管理。有关人员必须掌握测试的技术要点。

（一）电缆的测试

电缆是网络最基础的部分。据统计，大约50%的网络故障与电缆有关。所以电缆本身的质量以及电缆安装的质量都直接影响网络能否健康地运行。此外，很多布线系统是在建筑施工中进行的，电缆通过管道、地板或地毯铺设到各个房间。当网络运行时发现故障是电缆引起时，此时就很难或根本不可能再对电缆进行修复。即使修复其代价也相当昂贵。所以最好的办法就是把电缆故障消灭在安装之中。如何检测安装的电缆是否合格，它能否支持将来的高速网络，用户的投资是否能得到保护就成为关键问题。这也就是电缆测试的重要性，电缆测试一般可分为两个部分：电缆的验证测试和电缆的认证测试。

1. 电缆的验证测试

电缆的验证测试是测试电缆的基本安装情况。例如电缆有无开路或短路，UTP电缆的两端是否按照有关规定正确连接，同轴电缆的终端匹配电阻是否连接良好，电缆的走向如何等。为了确保线缆安装满足性能和质量的要求，在施工的过程中由施工人员边施工边测试，这种方法就是导通测试，它可以保证所完成的每一个连接都正确。导通测试注重结构化布线的连接性能，不关心结构化布线的电气特性。电缆的验证测试要求测试仪器使用方便、快速。

常见的连接错误如下面所列，有电缆标签错、连接开路和短路等。这里要特别指出，串绕故障不易发现，因为当网络低速度运行或流量很低时其表现不明显，而当网络繁忙或高速运行时其影响极大。这是因为串绕会引起很大的近端串扰。

● 开路和短路　在施工中，由于工具、接线技巧或墙内穿线技术欠缺等问题，会产生开路或短路故障。

● 反接　同一对线在两端针位接反，比如一端为1-2，另一端为2-1。

● 错对　将一对线接到另一端的另一对线上，比如一端是1-2，另一端接在4-5上。

● 串绕　所谓串绕是指将原来的两对线分别拆开后又重新组成新的线对。由于出现这种故障时端对端的连通性并未受影响，所以用普通的万用表不能检查出故障原因，只有通过使用专用的电缆测试仪才能检查出来。

2. 电缆的认证测试

所谓电缆的认证测试是指电缆除了正确的连接以外，还要满足有关的标准，即安装好的电缆的电气参数（例如衰减、近端串扰等）是否达到有关规定所要求的指标。这类标准有TIA、IEC等。对于网络用户和网络安装公司或电缆安装公司都应对安装的电缆进行测试，并出具可供认证的测试报告。

认证测试是指对结构化布线系统依照标准进行测试，以确定结构化布线是否全部达到设计要求。通常结构化布线的通道性能不仅取决于布线的施工工艺，还取决于采用的线缆及相关连接硬件的质量，所以对结构化布线必须要做认证测试。通过测试，我们可以确认所安装的线缆、相关连接硬件及其工艺能否达到设计要求。

如果在测试过程中出现一些问题，我们可以从以下几个方面着手分析，然后一一排除故障。

● 近端串扰未通过　故障原因可能是近端连接点的问题，或者是因为串对、外部干扰、远端连接点短路、链路电缆和连接硬件性能问题、不是同一类产品以及电缆的端接质量问题等等。

● 接线图未通过　故障原因可能是两端的接头有断路、短路、交叉或破裂，或是因为跨接错误等。

● 衰减未通过　故障原因可能是线缆过长或温度过高，或是连接点问题，也可能是链路电缆和连接硬件的性能问题，或不是同一类产品，还有可能是电缆的端接质量问题等。

● 长度未通过　故障原因可能是线缆过长、开路或短路，或者设备连线及跨接线的总长度过长等。

3. 电缆测试有关要求及测试仪器

(1) 测试标准

现在的用户都大量采用 UTP5 类线，超 5 类线。那么根据什么标准才能认证用户安装的 UTP5 类线可以达到 100MHz 指标，可以支持未来的高速网络呢？1995 年 10 月，TIA（美国通信工业协会）颁布了 IA568A TSB-67 标准，它对 UTP5 类线的安装和现场测试规定了具体的方法和指标。用户可以根据这个标准来确定所安装的 UTP5 类线是否合格，是否达到 100MHz 的指标。该标准包含基本链路和信道 2 种测试方法。基本链路（Basic Link）测试一般用于布线时的测试（图 7-16）；信道（Channel）测试一般更适用与网络用户对网络布线性能的全面的测试（图 7-17）。

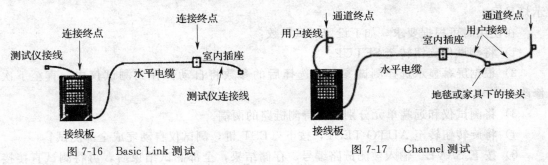

图 7-16　Basic Link 测试　　　　图 7-17　Channel 测试

(2) 数字测试仪

面对新的标准，采用传统模拟测量技术的电缆测试仪器面临严重挑战。模拟测量技术是通过多次发送不同频率的正弦信号对电缆进行测试的。如何保证测试的一致性和精度。如何排除电缆接头和插座的影响以及如何进行双向的近端串扰测试都成为问题。数字测试仪采用了专门的数字技术测试电缆，不仅完全满足所要求的二级精度标准，而且还具有更加强大的测试和诊断功能。一次测试就可替代上千次的模拟信号。

数字测试技术具有如下优点：

1) 测量速度快。17s 内即可完成一条电缆的测试，包括双向的近端串扰测试。

2) 测量精度高。数字信号的一致性、可重复性、抗干扰性都优于模拟信号。

3) 故障定位准。由于可以获得时域和频域两个测试结果，从而能对故障进行准确定位。如一段 UTP5 类线连接中误用了 3 类插头和连线，插头接触不良和通信电缆特性异常等。高精度使测量结果准确可靠。高速度节省用户大量时间。对故障准确定位,同样节省了用户查找故障的时间,可以免去在电缆两端来回奔忙。图 7-18 是一种常用的 DSP-100 测试仪。

图 7-18　DSP—100 电缆测试仪

DSP-100 测试仪由主机和远端单元组成:

主机的 4 个功能键取决于当前屏幕显示;TEXT 键自动测试;EXIT 键从当前屏幕显示或功能退出;SAVE 键保存测试结果;ENTER 键确认操作。

DSP-100 测试仪的远端单元很简洁,RJ-45 插座处有通过 PASS,未通过 FAIL 的指示灯显示。

在使用时可根据要求,如下设置测试参数:

1) 将测试仪旋钮转至 SETUP。

2) 根据屏幕显示选择测试参数,选择后的参数将自动保存到测试仪中,直至下次修改。

3) 将测试仪和远端单元分别接入待测链路的两端。

4) 将旋转钮转至 AUTO TEST,按下 TEST 键,测试仪自动完成全部测试。

5) 按下 SAVE,输入被测链路编号、存储结果,全部测试结束后,可将测试直接接入打印机。

打印可通过随机软件 DSP-LINK 与 PC 机连接,将测试结果送入计算机存储打印。如果在测试中发现某项指标未通过,将旋钮转至 SINGLE TEST 根据中文速查表进行相应的故障诊断测试。查找故障后,排除故障,重新进行测试直至指标全部通过为止。测试中有必要的话,可选择某条典型链路测出其衰减与近端串扰对频率的特性图以供参考。

(二) 光缆的测试

在光纤的应用中,光纤本身的种类很多,但光纤及其系统的基本测试方法,大体上都是一样的,所使用的设备也基本相同。对光纤或光纤系统,其基本的测试内容有:连续性和衰减/损耗。测量光纤输入功率和输出功率,分析光纤的衰减/损耗,确定光纤连续性和发生光损耗的部位等。进行光纤的各种参数测量之前,必须做好光纤与测试仪器之间的连接。目前,有各种各样的接头可用,但如果选用的接头不合适,就会造成损耗,或者造成光学反射。例如，在接头处，光纤不能太长，即使长出接头端面 $1\mu m$，也会因压缩接头而使之损坏。反过来，若光纤太短，则又会产生气隙，影响光纤之间的耦合。因此，应该在进行光纤连接之间，仔细地平整及清洁端面，并使之适配。

1. 光纤测试仪器

光纤测试仪由两个装置组成：一个是光源，它接到光纤的一端发送测试信号；另一个是光功率计，它接到光纤的另一端，测量发来的测试信号。测试仪器的动态范围是指仪器能够检测的最大和最小信号之间的差值，通常为60dB。

为了使测量的结果更准确，首先应该对功率计进行校准。但是，即使是经过了校准的功率计也有大约±5%（0.2dB）的不确定性。其次，为确保光纤中的光有效地耦合到功率计中去，最好是在测试中采用发射电缆和接收电缆。但必须使每一种电缆的损耗低于0.5dB，这时，还必须使全部光都照射到检测器的接收面上，又不使检测器过载。光纤表面应充分地平整清洁，使散射和吸收降到最低。值得注意的，如果进行功率测量时所使用的光源与校准时所用的光谱不相同，也会产生测量误差。

图 7-19 是一种 AT&T 公司生产的 938 系列光纤测试仪。

938A 光纤测试仪由下列部分组成：

（1）主机

它包含一个检波器、光源模块（OSM）接口、发送和接收电路及供电电源。主机可独立地作为功率计使用，不要求光源模块。

（2）光源模块

它包含有发光二极管（LED），作为测量光衰减或损耗的光源，每个模块在其相应的波长上发出能量。

（3）光连接器的适配器

它允许连接一个光缆连接器至 938 主机，对每一个端口（输入和输出）要求一个适配器，安装连接器的适配器时不需要其他工具。

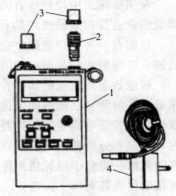

图 7-19 938A 损耗光纤测试仪
1—主机；2—光源模块；
3—光连接器适配器；
4—AC 电源适配器

（4）AC 电源适配器

当由 AC 电源给主机供电时，AC 适配器不对主机中的可充电电池进行充电。如果使用的是可充电电池，而必须由外部 AC 电源对充电电池进行充电。

2. 光缆的测试

通常我们在具体的工程中对光缆的测试方法有：连通性测试、端－端损耗测试、收发功率测试和反射损耗测试4种，简述如下。

1）连通性测试：连通性测试是最简单的测试方法，只需在光纤一端导入光线（如手电光），在光纤的另外一端看看是否有光闪即可。连通性测试的目的是为了确定光纤中是否存在断点。在购买光缆时都采用这种方法进行。

2）端－端的损耗测试：端－端的损耗测试采取插入式测试方法，使用一台功率测量仪和一个光源，先在被测光纤的某个位置作为参考点，测试出参考功率值，然后再进行端－端测试并记录下信号增益值，两者之差即为实际端到端的损耗值。

3）收发功率测试：收发功率测试是测定布线系统光纤链路的有效方法，使用的设备主要是光纤功率测试仪和一段跳接线。在实际应用情况中，链路的两端可能相距很远，但只要测得发送端和接收端的光功率，即可判定光纤链路的状况。具体操作过程如下：

● 在发送端将测试光纤取下，用跳接线取而代之，跳接线一端为原来的发送器，另一端为光功率测试仪，使光发送器工作，即可在光功率测试仪上测得发送端的光功率值；

● 在接收端，用跳接线取代原来的跳线，接上光功率测试仪，在发送端的光发送器工作的情况下，即可测得接收端的光功率值。发送端与接收端的光功率值之差，就是该光纤链路所产生的损耗。

4）反射损耗测试：反射损耗测试是光纤线路检修非常有效的手段。它使用光纤时间区域反射仪（OTDR）来完成测试工作，基本原理就是利用导入光与反射光的时间差来测定距离，如此可以准确判定故障的位置。OTDR 测试适用于故障定位，特别是用于确定光缆断开或损坏的位置。OTDR 测试文档对网络诊断和网络扩展提供了重要数据。

二、网络线缆定位

在实际施工中最好所有的网络线缆都要有标识，但在安装、维护和移动网络线缆的时候我们常会发现某些线缆的标签已经丢失，这样查找和定位线缆时会花费很多时间和金钱。目前有一种"智能数字查线仪"使用数字技术，可快速可靠地定位和隔离那些最难查找的、隐藏的或捆扎在一起的，即使是在运行的网络中语音、数据及音频电缆。

智能数字查线仪的数字音频信息包，包含一个同步信号，可以发出多种音频信号，使用最大辐射测量法能帮助定位远处的电缆，使用最小串扰测量法可隔离在一捆线缆中的一根线缆或验证电缆导体的连通性。用户可以选择数字信号处理器测量想得到的那部分数据包，测量和分析结果不仅可以像模拟探头一样控制音频高低，还可以控制 8 个 LED 信号灯的强度，避免了仅凭猜测进行线缆的定位。与用模拟方法定位线缆相比，用数字查线仪查找定位线缆有以下优点。

1. 快速识别电缆应用

有时需要检测某一个 RJ45 插座是用于数据通信的？还是电话插座？或者就是一个空闲的插座？用智能数字查线仪可以很快找到一个可利用的插座、或者是所需应用的插座。而且其上的 LED 灯可以明确地识别当今网络常见的应用类型，包括电信与数据通信应用、以及 10/100/1000 以太网链路。

2. 在运行的网络中发出音频信号

当今的网络设备对于接入其端口的线缆使用的都是共模端接方式。这种端接方式在降低线缆中的噪声和串绕的同时，会使得检测这些接入网络设备的线缆变得非常困难。使用模拟技术定位一个没有做任何标识的网络就会花费许多时间。与模拟技术不同的是，智能音频的数字信号在共模端接方式下依然有很强的幅度。智能音频发生器自动在不同线缆导体上发生音频，可以快速有效并安全地定位一个运行中的网络。

3. 追踪电缆

使用模拟音频发生器和探头时，双绞线是最难查找的线缆。有可能一根线缆上带有的是原始的信号，而另一根线缆上的信号就是干扰的结果。使用模拟技术隔离线缆，不仅需要经验，还要进行猜测，以及不断重复测试所耗费的时间。

智能音频发生器利用双绞线独有的特点发出一种信号可以减少线缆间的相互干扰。数字音频探头的智能数字信号处理技术通过音调和可视 LED 指示灯可以清楚地识别这一信号,使您能够快速地在一捆线缆或是配线架上隔离出您所要查找的线缆。

4. 克服噪声

荧光灯、PC、电脑显示器和电源线都会产生噪声,降低线缆定位的速度,甚至是使普通的模拟式音频发生器和探头无法正常工作。使用数字音频发生器的同步数字信号和数字音频探头的微处理器控制的信号识别技术,可以除去噪声和错误信号,清楚地识别线缆位置。

5. 验证电缆连通性

一旦找到了电缆,技术人员就需要检查电缆的接线。使用传统的工具,就需要返回到工作地点插入一个接线图适配器。而智能数字查线仪已经内置了线对表测试功能。将电缆的末端插入数字音频探头的插座中,激活 CABLEMAP 功能,数字音频技术就会自动测试每根导线端到端的连通性,LED 灯及发出的声调可以清晰地显示出例如开路、短路或反接等接线错误。

数字音频发生器生成可以发出多种音调及电缆接线信号,数字音频探头选择测量信息包的哪一部分,还可由探头接替发生器来进行控制。可以通过指轮旋钮选择要进行的测试,而不用去改变数字音频探头的设置或在配线间遇到问题时去更换仪器,这样就避免了电缆验证过程中的反复跑腿。

图 7-20 是一种数字查线仪的使用情况示意图。

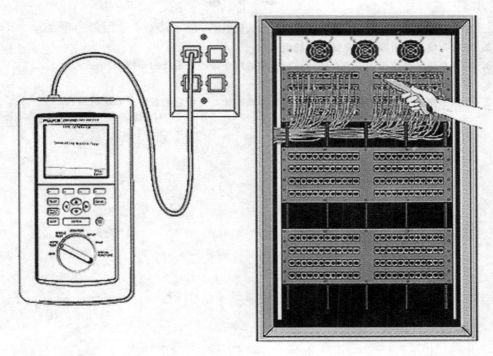

图 7-20 数字查线仪

三、网络听证与故障诊断

网络只要使用就会有故障,除了电缆、网卡、集线器、服务器、路由器以及其他网络设备可能出现故障以外,网络还要经常调整和变更,例如增减站点、增加设备、网络重新布局直至增加网段等。根据统计,大约 70% 的网络故障发生在 OSI 七层协议的下三层。

引起故障的原因包括电缆问题、网卡问题、集线器问题、服务器以及路由器等；应用层的故障主要是设置问题。网络故障造成的损失是相当大的，有些用户对网络正常运行的要求相当严格，当面对网络故障时，用户要求尽快找出问题所在。网络管理人员应对网络有清楚的了解，有各种备案的数据，一旦出现故障能立即定位排除。

网络听证就是对正常运行的网络进行测试和记录，建立一个基准，以便当网络发生异常时可以进行参数比较，知道什么是正常或异常。这样做既可以防止某些重大故障的发生又可以帮助迅速定位故障。网络听证包括对正常网络的备案和统计，例如，网络有多少站点，每个站点的物理地址（MAC）是什么，IP地址是什么，站点的连接情况等。对于大型网络还包括网段的很多信息，如路由器和服务器的有关信息。这些资料都应有文件记录以供查询。网络的统计信息有网络使用率、碰撞的分布等。

以上这些信息总是在变化之中，所以要经常不断地进行更新。网络测试仪可以方便迅速地为网管人员提供这些信息。配套的软件还可对测试的数据进行更详细的分析和处理。网络测试仪采用专门设计的网卡，具有很多专用测试步骤，不需编程解码，一般技术人员可迅速利用该仪器解决网络问题，并且仪器由电池供电，用户可以携带到任何地方使用。网络测试仪还有电缆测试的选件，网络的常见故障都可用该仪器迅速诊断。

思 考 题

1. 什么是综合布线系统，综合布线系统有什么优点？
2. 综合布线系统由哪些独立的子系统组成？
3. 综合布线系统使用的线缆有哪几种？分别适用在哪些子系统的布线中？
4. 综合布线系统的管理和维护有什么要求？
5. 实地考察并了解一个智能化建筑的综合布线系统，分析它的各个子系统的组成。

附录

物业管理信息系统

一、智能化物业管理

在当今的信息化社会中，物业管理部门不仅要处理与日俱增的日常业务信息，而且要产生大量各类辅助决策信息。现代化的管理是一门集计算机技术、通信技术、系统科学和行为科学为一体的综合学科，因此，实现物业信息化管理的目的，就是以先进的科学技术武装管理办公系统，最大限度地将人们从传统办公业务工作中的重复性劳动里解脱出来，提高工作效率和管理水平，尽量做到信息灵通、决策正确。事实上，用计算机进行房地产管理中的单项事务处理，从20世纪80年代初就开始了，例如："租金管理软件"、"房产普查统计系统"、"房屋产权数据库管理系统"等。二十年来随着房地产体制的改革和科技的发展，房地产应用软件，特别是物业管理软件经历了从无到有、从单项到集成、从低层次到高层次的发展。从目前物业管理公司使用的物业管理软件的层次来看，从低到高有三个层次：第一个层次为单项数据处理，模仿手工管理方式，多用于简单的事务性工作；第二个层次是数据综合处理，此时计算机应用呈现网络化和实时处理特点，已经具备部分提高物业管理效率的特点；第三个层次则是管理信息系统，此时信息论、系统工程等优化理论在软件程序中得以运用，计算机网络和数据库的建立，使计算机由管理某个单一系统发展成全面的管理系统。系统集成能力的高低和决策分析功能成为衡量此阶段物业管理软件水平的依据。

智能物业管理的概念是：应用现代高科技的主流技术，即信息与网络科技和自动化技术，将建筑智能化系统和计算机物业管理系统集成于一体的自动化监控和综合信息服务平台上。实现具有集成性、交互性、动态性的智能化物业管理模式，为大厦和住宅小区的使用者与住户提供高效率和完善与多样化的服务，以及低成本的管理费用。

智能物业管理与传统物业管理在管理模式上的最大区别，就是智能物业管理借助于建筑智能化系统的自动化监控与信息处理能力，并使得智能物业管理模式与建筑智能化系统运行模式相适应，相互协调和配合。通过建筑智能化系统的功能对物业管理的支持，同时通过应用网络化、信息化和自动化等高新科技来促进和提升物业管理水平。智能物业管理的主要特征表现在以下几个方面：

● 网络化：

智能物业管理是通过网络来实现物业管理信息的传递和交互。在大厦和住宅小区内建立宽频Internet内联网，并实现与Internet联接。物业管理公司可以通过网络来发送物业管理通知，住户也可以通过网络实现物业保修和管理投诉及查询物主业收费的有关资料。同时，一个物业管理公司也可以通过网络实现远程对多个异地物业楼盘的管理模式，提高物业管理的效率和优化管理的水平，降低物业管理的运作费用。

● 信息化：

传统物业管理的信息采集是静态的、单向的、独立的信息和数据，同时采集到的这些信息和数据实时性很差，大多是历史数据。信息的采集指向是单方向的，或者是广播式的；所采集的信息独立且不具有相关性，也很难实现信息的共享。物业管理信息库的建立通常采用人工方式进行，因此信息的利用和管理效率都很低。智能物业管理信息化的最主要特征是信息系统集成。智能物业管理的信息化建立在网络集成、系统集成和数据库集成的一体化信息系统集成平台上。

智能物业管理的网络集成实现了物业管理信息网络与自动化控制网络的集成。让自动化监控信息汇入信息网络，甚至可以通过互联网实现对家庭报警状态的监控和对家中电器设备的遥控。从而拓宽了自动化监控的范围和视野，丰富了物业管理的信息内容和服务领域。通过信息网络与自动化控制网络的互联，完全可以实现物业管理设备及安全报警监控计算机的协同工作和信息共享，从而为智能物业管理的信息化提供了高速的综合传输通道。

智能物业管理的系统集成了机电设备与安全报警监控系统(BMS)、智能物业管理系统(IPMS)和信息服务与管理系统(IMS)的一体化系统集成。通过一体化系统集成将物业管理的要求、功能与系统紧密地融合在一起，从而达到智能物业管理的总体目标。

智能物业管理的数据库集成了机电设备与安全报警监控数据库(BMS/SQE)、智能物业管理数据库(IPMS/SQL)和信息服务与管理数据库(IIS/SQL)的集成。通过数据库互联和数据共享，才能最终实现物业管理的交互和动态数据处理。

● 交互性：

智能物业管理充分体现了现代管理的理念，即管理无时不在、管理无所不在；同时管理是双向的，管理者(物业管理公司)和被管理者(房产、设备、住户)共同参与管理。通过智能物业管理信息的交互，实现人(管理员)与物(设备)、人(管理员)与人(住户)之间的信息交互和意见与建议的沟通。智能物业管理的交互性体现在以下信息的交互上：

设备维护管理信息的交互

三表交费、物业收费和财务查询信息的交互

IC卡"一卡通"管理与信息的交互

物业通知与住户投诉信息的交互

家庭智能化信息的交互

● 动态性：

传统的物业管理采集到的数据是静态的、历史的，这种管理模式既费时又费力，同时成本也高。智能化的物业管理信息的采集是通过网络，自动化地实现信息的采集和综合、信息的分析和处理、信息的交换和共享。因此智能物业管理信息化的动态性特征，体现在信息采集的自动化、实时性和可靠性。与物业管理相关的数据库大多可以自动生成，例如：机电设备运行与维修数据库、三表数据与收费数据库、小区公共与家庭安全报警管理数据库，甚至应用IC卡管理数据库可以自动生成有关房产与住户资料数据库。智能物业管理信息化的动态性特征还体现在数据采集的实时性。智能物业管理通过建筑智能化系统所提供的机电设备运行和故障报警信息，综合安全报警信息，火灾报警信息和三表数据远程，都属实时监控信息。实时信息的提供将有利于物业管理对突发事件的处理和事件现场形势的控制。

二、物业管理信息系统

1. 物业管理信息系统的构成

一个好的物业管理软件，应构建在一个好的网络、数据库、程序语言和操作系统平台上。

物业管理信息系统软件最好采用Intranet技术，Intranet技术是在Internet和Client/Server模式下发展起来的系统，采用Intranet作为小区内部信息网络，其结构的要点是：各部门内的微机均通过网络连接到服务器上，其客户端软件以客户/服务器（C/S）模式开发，能为小区内部不同职能部门的合作提供服务，包括文件共享、数据共享等。

客户/服务器（Client/Server）是近年来迅速发展的分布式信息处理体系结构。客户/服务器体系把信息处理过程分成几个部分，并把它分配到整个计算机网络上，使信息处理过程能最佳地利用计算机的系统资源。在客户/服务器结构中，前台应用程序并不直接对数据库文件进行操作，必须通过服务器上的数据库引擎来实现，可以有效的对数据库进行维护。在物业管理系统中，为了避免多个用户同时对同一数据进行操作，减少系统开销，尽可能地少耗用网络资源，系统宜采用客户/服务器结构。

小区住户运行浏览器，以B/S方式连入小区内部网，浏览器自动下载客户端JAVA小程序，住户即可轻轻松松享受小区的服务与娱乐，又大大减少了软件维护和升级的费用。

下面是常用的软件开发平台：

● 服务器系统：Windows NT Server或Windows 2000 Server、Internet Information Server。

● 客户机：Windows98或Windows2000、IE5.0。

● 开发软件：推荐采用VB5.0、VC或DELPHI4等通用先进的开发语言。

● 数据库：ACCESS数据库或其他具备ODBC接口的通用大型数据库。

2. 物业管理信息系统软件的功能

广义的物业管理软件设计应该覆盖物业管理公司的整个办公自动化系统，它除了包含传统的资料维护、财产管理、入住装修管理、维修管理、人事管理、财务管理等功能以外，还应该包括物业管理公司下属的保安部门的安防监控系统软件和应用于社区内部局域网上的Web网站软件。

狭义的管理功能包含传统的资料维护、财产管理、入住装修管理、维修管理、人事管理、财务管理等功能。下面说明的狭义物业管理软件模块功能是参照全国优秀物业管理小区的物业管理流程制定的，可以针对不同岗位单独使用，各个模块之间共享一个数据库，可以实现数据共享。

（1）资料维护

初始化物业管理的必需基本数据，如发展商资料，物业基本资料，房屋基本资料，业主资料，管理员资料，操作员资料等。这些是运行此物业管理软件的前提条件。可以在此项目中查找、添加、修改、浏览和打印相应的基本资料。

（2）物业财产管理

包括房产、设备、道路、卫生绿化、停车管理等。

1）房产管理

● 房产住户名细表：可以方便地查找打印房号所对应的住户详细信息，包括户主的照片，并可加以编辑修改和统计查询。使本来工作量相当大且繁琐的资料登记和存档工作变得极为方便，并可对大量资料及时进行分类、加工处理、保存和传递。
- 钥匙管理：对住户入住钥匙的领取管理，查询和统计。
- 装修管理：包括住户装修申请管理，小区内房屋装修状况的统计查询。
- 交接管理：包括接管验收资料的录入整理、分类建档及查询管理。

2) 设备管理
- 包括对安全防范设备、卫生绿化设备、水电气油设备和通讯网络设备等的资料维护及维护记录的管理。

3) 道路管理
- 对小区内各主干通道、辅助通道和重要的分支通道进行管理。

4) 卫生绿化
- 小区内卫生绿化情况的安排和管理。

5) 停车管理
- 小区内停车场车位管理和进出车量的登记及停车收费的管理统计等。

(3) 入住管理

业主入住登记管理（入住基本资料、入住户内验收）、打印入住正式通知单、住户家庭资料录入、房产资料查询。

(4) 人事管理

小区管理人员、居住人员、保安纠察的人事档案及相关资料的管理。

(5) 财务管理

1) 提供了水电费、物业管理费的单价设置，水电费抄表输入、收费管理，物业管理费的收取和查询管理，特约服务、罚款没收管理，工作人员工资的查询管理。

2) 只需输入相应的数据既可自动计算出用户的应缴费用，并自动打印出收费单据，并可以 E-MAIL 形式给住户发出收费通知单、催款单。对财务数据可进行统计对比，通过财务核算、财务分析为管理者提供公司的资金运营状况，使管理者及时了解小区物业管理中各项有关业务的收支状况，为其科学决策提供重要依据。

3) 对可收费超时期限进行设置，当有住户未能按时缴纳费用时，系统会自动弹出对话框发出报警，并将超时住户资料列出。这使得收费管理和查询非常方便，免除了管理人员的大量重复繁琐的手工查找和计算过程。

(6) 保卫治安

对小区内保安的巡逻巡更、投拆上访、事件处理进行管理。

(7) 维修管理

1) 包括房屋建筑设备和小区公共设施的维修管理。房屋建筑设备管理中根据住户维修委托书填写维修项目，并登记维修所用的材料及相应费用的收取。公共设施管理中对电梯等公共设施的维修保养记录进行资料管理。

2) 对设备和公共设施的检测维修定期查询统计，对比各种数据，可及时进行维护修缮，采取有效措施，对易发生问题的重要设备建立检修档案，定期强制更换部件和保养，做到防患于未然。

(8) 综合查询

综合资料的统计查询，包括小区资料、小区地图、楼群查询、娱乐设施、卫生保健、办公设施、公共设备、公共物产以及财务和人事情况的查询。

（9）系统工具

1）包括数据的备份、恢复，操作员的更换，添加，权限的设置。

2）为考虑到系统的安全性，提供了多级权限设置控制功能，可自定义使用权限和密码，系统会自动跟踪、记录所有报警和违规操作记录。

3）系统可进行所要数据的备份，以便系统数据的安全恢复。

（10）办公工具

系统应具备日志管理等办公工具，可以用于会议召开、任务分派、日记记录以及自动产生设备维护、费用交纳等工作，大大提高物业管理人员日常工作效率。

广义的物业管理软件下属模块软件必须具备互相数据共享的网络特性，即具备高度的系统集成能力。比如安防、监控的报警数据和处理情况可以被狭义物业管理模块调用，物业管理模块的收费数据可以被网站调用等。而且物业管理软件还应该具备与房屋开发公司售楼管理系统软件和工程管理系统软件数据共享能力，比如售楼系统中输入的房产和业主数据在房屋卖出后，可以自动转入物业管理系统；而工程管理软件中设备的资料建立后也能在房屋建成后自动转入物业管理系统。

3. 安防监控

目前一般智能小区的安防监控系统包括图像监控与周边防盗系统、室内安防系统和电子巡更系统，前两者构建了小区住户内外两道安全屏障，电子巡更系统则是为了规范管理保安巡逻人员在指定时间到达指定的巡逻点。软件设计时应该附加企业管理模块，管理人员可以考察保安人员的警情处理情况，及时对其工作绩效作出考评，同时可随时了解小区的安防情况。

（1）图像监控与周边防盗系统软件应该具备以下功能：

● 多路图像的实时监控——用户可任意选择需监视的图像，可迅速实现图像的切换。

● 图像存贮——提供对单一画面或连续图像的实时存贮，自动侦测磁盘容量。

● 图像属性设置——用户可方便地调整图像源、尺寸、亮度、对比度等，使图像达到最佳显示效果。

● 图像压缩——提供对图像的压缩及解压功能。

● 图像锁定——可随时锁定图像。

● 摄像机控制——方便的变焦、变倍、光圈调整、云台转动等操作。

● 报警联动——用户可任意设置报警动作响应，诸如：当周边红外探测器报警时，产生图像切换、摄像机动作、录像机动作、图像捕获等联动动作。

● 组态——用户可新增防区图，新增可组态设备，在防区图上设置需添加的监控设备（如摄像机，红外对射探测器，红外微波双鉴探测器等）属性，灵活布置，随时更改，无需退出程序，所作修改即可生效。

● 实时报警——若有报警能及时在报警窗口中弹出，同时有语音提示，图标闪烁提示。

● 报警存贮——报警信息存贮于数据库中，用户可随时查询历史报警记录，并可报表打印。

- 多协议支持——支持多厂家监控产品。
- 友好的界面——全中文操作界面，灵活调整窗口布局。

（2）室内安防系统软件应该具备以下功能：
- 可任意定义每个家庭的基本情况和系统安装情况。
- 可绘制电子地图，在地图上表示所有家庭，还可进行地图之间跳转，方便在大范围区域显示各级地图和所有的家庭。
- 可对每个家庭单独绘制平面图，方便处理报警。
- 多媒体工作方式，当收到报警信号时，可用语音提示警情。
- 处理完警情可存档，可按多种方式查询，如按警情类型，按日期，按用户等，并可将警情详细内容选择性地打印出来。可记录用户多种信息，用户主机安装情况如防区数，探头位置等，以及主机使用者登记等，并可选择用户受中心定时监控时间，从而最大限度地保护用户。
- 对中心操作员还提供一个管理功能，可通过密码控制，使得只有登记的操作员才可操作中心系统，从而保证中心系统不被破坏。
- 日后可容易地扩展为二级或二级以上联网方式。

（3）电子巡更软件应该具备以下功能
- 编辑巡更点：可对交接点，工作人员点，上巡更点，下巡更点进行增加，修改、删除操作。
- 设置班次时间：用于设置早中晚班的时间段设置。
- 录入数据：将巡更人员的巡更信息采集到计算机中。
- 查询记录：查询巡更人员的巡逻情况。
- 备份记录：可将数据库信息存入软盘，用于存档，同时清除数据库内的信息。
- 调入记录：将盘片中存档的巡逻信息调入计算机，进行查询。
- 设置巡更路线和报警点：软件中，通过组态功能，在小区地图上可动态设置巡更路线和报警点。若在指定时间保安人员未能到达指定地点（已设为报警点），软件会产生报警，并在实时报警窗口中显示此告警，同时有声音提示。

4．网络服务

社区网络服务软件作为社区的门户网站主要是为社区住户提供具有社区特色的网上服务内容，并为住户上网提供一些好的链接，引导住户享受因特网上的无穷资源。具体可以具备以下功能：
- 新闻速递：传送国际国内港台实时新闻，帮助住户掌握经济科技体育最新动态；与各大报纸的友情链接，让住户足不出户即可知晓天下事。
- 休闲娱乐：包括流行精品、网络游戏、书香门第、银屏天地、体育世界等，为住户的生活增色添彩。

社区服务：是网站中最重要一块，包括网上教育，通过网站中的内容和链接，住户可以随时随地给自己充充电；网上购物，通过轻点鼠标即让住户实现置身于各大商场、超市，实现方便、快捷、便宜的购物；网上查询，让住户方便查询各类收费信息及小区各项服务。
- 公共栏：提供广告栏、天气预报、常用电话、市府热线、小区介绍、站点链接等功能，为住户的日常生活提供便利。

最后，物业管理软件应该具备有一定智能功能的日志管理模块和领导决策分析模块软件，前者可以根据部门工作流程和原始输入的数据自动生成诸如设备维护派工单、物业管理费用收取通知、会议召开等日常事务性工作；后者可以通过数据共享和相关接口软件实现报警数据查询、工作日志管理、部门业绩统计、工作自动交接等各项管理功能，为领导决策提供科学依据。这些都将对提高智能小区物业管理水平、降低管理成本、提高工作效率能够发挥重要的作用。

三、实用物业管理软件介绍

近几年，随着计算机技术的不断发展和物业管理水平的日益提高，特别是在深圳、上海、北京等地，物业管理计算机化得到了快速的应用和发展，并由此出现了物业管理软件专业开发商。随着计算机专业人士的介入，极大增强了物业管理软件的功能，基于Windows平台的单机版、网络版等大型管理软件成为这个阶段的主流产品。其代表产品如：深圳思源公司、上海金仕达公司的物业管理系列软件都在全国有较大影响。同时，也涌现了许多中小软件公司开发的物业管理实用软件，也有一定数量的用户。下面介绍的是思源物业管理软件系统。

思源公司作为最早将计算机技术引入房地产物业管理行业的软件开发商之一，自1994年推出物业管理软件以来，已相继推出了从3.0、5.0到6.0版本的思源物业管理系列软件，最近又推出思源物业管理软件系统7.0版。6.0版是定位在中小物业管理公司的单机和局域网版上的。开发工具采用VFP6.0，数据库仍然用FOXPRO自带的数据库。

思源物业管理软件系统7.0版属于专家型的物业管理软件，能够给物业公司内部管理提供全面的解决方案，并从以下4个层次满足专业物业管理公司、新建小区或大厦的发展商、大单位的物业管理部门或后勤部门不同人员的需求：

1. 系统定位

（1）业务处理：用于基层办事人员，如收款员、管理员、保安员、维修员等，包括各种物业档案、台账等静态数据的录入、查询、打印报表；每月各种收费数据的录入、计算、打单、收款；日常工作日志及数据的录入、查询、打印。

（2）运行控制：用于基层干部，如管理处的财务经理、物业经理、保安经理、工程经理等，包括雇佣和培训工作人员，日常工作（设备保养、维修、保安巡逻、清洁）的调度、工作进展的定期考评与分析、事件提醒等。

（3）管理控制：用于管理处主任及公司管理人员，包括对每一项工作实际与计划的对比，如收费结果统计比较、设备完好率统计比较、安全达标结果统计比较等。

（4）战略计划：用于公司最高领导决策层，包括企业发展战略的分析、新市场开发分析及人力资源政策分析等。

2. 系统架构

7.0版物业管理系统是基于广域网，采用C/S体系结构的大型数据库系统，是一个支持群件系统（根据管理职责协同作业）、工作流系统（突出过程管理）的MIS系统。公司内部局域网，通过路由器、Modem Pool使用电话线接入；各部门和管理处以路由器和Modem接入各自的局域网中；而对于零星管理处及外地流动点，可采用拨号方式接入来访问公司总部的服务器。

系统架构图如图附1所示：

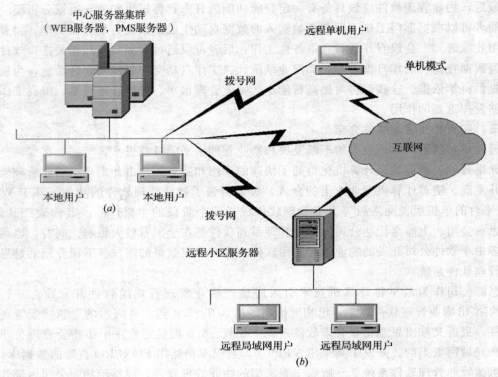

图附 1　系统架构图
(a) 广域网模式；(b) 局域网模式

3. 系统特点
● 无纸化办公
实现公司内各种文件在电脑上的编辑、发送、接收，在电脑上进行公文申报、审批，取代以往的人工报审，有纸操作；在公司网络的基础上提供一个足够开放的平台，实现充分的数据共享和内部通信。

● 功能强大、实用
系统集邮件系统、业务信息管理、统计分析于一体，涉及多种物业类型，功能涵盖整个物业管理行业及 ISO 9000 的作业流程，并且这些功能还可以根据实际需要融合交叉使用。

● 任务自动提醒
系统会随时校验一些数据的功能，提醒操作人员进行操作。

● 灵活方便的万能查询功能
系统支持对所有的事件记录、费用数据等进行检索、统计、总览，从而对日常管理的计划、控制和决策起到实际的支持作用。

● 个性化的操作界面
主界面集成了办公自动化及业务处理的所有功能，能够根据操作人员的不同权限自动实现操作界面的个性化。

● 实现全面自定义功能

用户可以根据自身需要对字段、报表、界面、权限、人员工作范围、查询内容、统计分析内容等项目进行完全的自定义。

● 敏感数据修改的日志跟踪和分级的权限控制

对应保密或较敏感的数据修改提供跟踪，能清楚地记录数据每次更改的情况（更改人、时间、值、数额等），提供敏感数据更改的依据。

● 形象丰富的决策分析

系统有快速、自动、强大的统计汇总功能和丰富的报表打印功能。

● 易扩展、易升级

系统采用参数化、模块化设计，可以方便地对系统进行扩展升级。只要经过简单的鼠标拖拽，就可方便地在软件界面上增加新的功能模块；当某一模块有升级版本时，单独替换该模块即可，不影响其他功能的正常使用。

● 与 Internet 及其他智能化系统的无缝链接

内含与 Internet、财务软件、各智能化系统的接口，系统能够实时采集各智能化系统中的数据，并以图形的形式表示出来，完成对各智能化系统的集成管理。

4. 系统的软件平台及开发技术

（1）软件平台

包括用于应用程序服务器和网络共享的 Windows NT 4.0 或 WINDOWS 2000，用于保存物业公司和客户信息的 SQL Server7.0 和用于实现办公自动化各项功能的 Exchange Server2000。

● Windows NT 4.0

Windows NT 是一种可以在网络环境中用作客户和服务器的多功能操作系统。它是主从结构、可靠、稳定且安全的系统平台，是为具有大型业务系统的机构而设计的一种强大的、多用途的服务器操作系统。

● Microsoft SQL Server7.0

Microsoft SQL Serve 是一个高性能的关系型数据库管理系统，它具有客户机/服务器体系结构、图形化的用户界面及丰富的编程接口工具。

● Microsoft Exchange Server 2000

办公自动化需要一种包含创建丰富协作应用所需工具的综合消息传送平台。Microsoft Exchange Server 2000 即此平台。

（2）开发平台

思源物业管理系统 7.0 版的软件开发主要运用了 Borland 公司的 Delphi5.0 开发工具。另外，某些与接口相关模块将根据编程的实际需要，用 C 或 C++ 编写。

5. 系统运行环境

（1）网络硬件环境：

PII450、256M 以上机型的服务器，硬盘剩空间 10G 以上；

（2）网络软件平台：

Windows NT 4.0 或以上版本的网络操作系统；

MS SQL Server 7.0 的数据库系统；

Exchange 2000 邮件服务器；

(3) 工作站硬件环境：

586 200 以上 CPU、64M 内存以上的机型，硬盘剩空间 2G 以上；

(4) 工作站的软件环境：

Outlook 2000；

Windows 98/2000 或 Windows NT 4.0 的操作系统；

(5) 联网方式：

可组成局域网，也可组成广域网；

可实时联网，广域网可利有线电视联接，或电话拨号等方式；

可脱机运行，服务器和各工作站数据实行定时同步。

6. 系统功能简解

思源物业管理软件系统 7.0 版由 OA 子系统、物业管理子系统和通用 MIS 平台三大功能模块组成。其功能结构图如图附 2 所示：

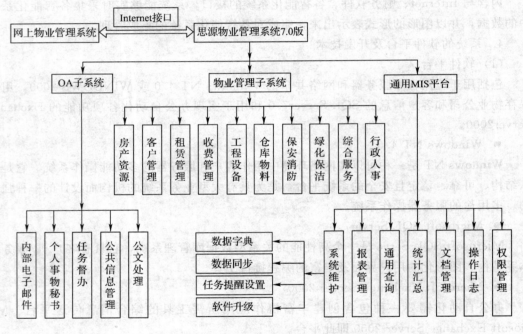

图附 2　思源物业管理软件系统 7.0 版功能结构图

(1) OA 子系统

● 内部电子邮件

内部电子邮件具有以下特点：

◇ 邮件内容在传递时可进行加密操作，只有拥有解密密码的用户才能阅读该邮件；

◇ 发送人在发送邮件时，可对邮件内容进行电子签名；

◇ 系统支持多种电子邮件协议，能与 Internet 电子邮件兼容。

● 个人事务秘书

个人事务秘书包括个人通信录、个人日程表、约会安排、时间提醒等功能。

◇ 个人通信录：

可以存储与用户通信的人或单位的信息，用户还可以通过联系人的电子邮件地址发送邮件。

◇ 个人日程表：

系统提供了详细的日历、日程安排表和任务栏，用户可以在日程表上安排个人的约会和任务。

◇ 约会安排：

系统能够自动根据现有的约会和已有的约会安排判断现有的约会时间是否合适，帮助个人把约会安排的更为合理。

◇ 时间提醒：

系统根据用户输入的相关数据，通过响铃、弹出界面等方式来提醒用户。

● 任务督办

主要针对已发出的任务，对所接受者进行监督催办，此外系统还具有备忘功能。

◇ 催办：

对合同到期续签、设备定期保养、欠缴费用追收等任务，系统到时会从数据库中提取相关信息自动发出提醒，从而避免重要公务延误情况的发生。

◇ 备忘录：

系统能够对已完成的事件作好备忘，为日后的工作提供参考。

（2）物业管理子系统

● 房产资源

针对物业公司所属的一切房产，对房产信息进行集中管理的模块，此模块面向物业管理处的所有工作人员。房产资源管理模块可详细描述记录小区、楼盘、住户单元的位置、物业类型、小区设施分布、房屋结构、房号、户型等信息，并可对小区、楼盘、房屋提供"实景图片、照片"的描述接口。

二级功能模块包括：

① 生成房产：登记公司管理的管理区、大楼和房间的资料，可以自动生成房间资料；生成后可以手工调整单个或多个房间的编号；

② 房产验收：物业公司从开发商手中接管验收，记录验收过程的详细情况；

③ 范围选择：可只对一定范围的小区、大楼和房间进行显示及编辑；

④ 列项管理：可对房产管理所需要的弹出式列项进行编辑，如房间朝向可分东、南、西、北等。

● 客户管理

帮助物业管理公司建立起完整的客户档案，对物业公司所管房间的业主、租户进行管理的功能模块，面向物业管理处所有工作人员。可详细记录住户的姓名、身份证号、银行托收账号等信息，有关人口的描述信息，均采用公安部标准代码，并且还可记录和反映"同住人"的相关信息。

● 租赁管理

面向物业公司的房产租赁中介部门使用，能够对所管物业的使用状态进行管理，可以按租赁状态等方式进行分类汇总、统计，还可根据出租截止日期等租赁管理信息进行查询、汇总，预先对未来时间段内的租赁变化情况有所了解、准备，使租赁工作预见性强。

● 收费管理

对物业公司向住户收取各种费用的活动进行管理的功能模块,所有收费项目、客户价格类型、损耗分摊、各类报表均可采用客户自定义方式,可随时增减修改,满足物业管理公司灵活多变的收费管理模块。此模块面向物业管理处的费用征收员。

收费管理输出以下报表清单:

住户标准收费通知单、水表读数清单、电表读数清单、费用清单、费用减免表、欠收客户清单、已交客户清单、走表读数复核清单、日收款统计表、月收款详细统计表、银行划款统计表、滞纳金收取统计表、费用分布图、费用实收图等。

● 工程设备

全面的对物业管理公司内所有公用设施及自有固有资产进行分类管理,从其采购到更换,对其位置、数量、价格、维修、保养进行全面的管理。此模块面向物业管理处里面的设备部门或管理公司的设备部门。

● 仓库物料

完成物业管理公司物品进出库管理、库存物品统计查询等工作,此模块面向仓库管理人员。

仓库物料模块输出以下报表清单:

物品清单、库存、物品入库明细表、入库汇总表、出库明细表、出库汇总表、盘点空白表、盘点结果表。

● 保安消防

保安消防管理完成对保安、消防设备安装情况、使用情况、公共区域监控状况等信息的录入、查询、统计、分析,此模块是面向管理处的保安消防工作管理人员,如保安班长、消防班长等。

● 绿化保洁

对物业管理处所管辖区域的绿化、消杀、清运等工作进行记录、检查和管理,此模块是面向管理处的相关工作人员。

● 综合服务

对小区内和面向住户的服务相关的各种情况进行管理的功能模块,此模块面向物业管理公司所辖小区内的所有住户。

包含的二级模块有:

① 社区活动;

② 公共关系管理;

③ 客户投诉;

④ 二次装修管理;

⑤ 房产维修;

⑥ 有偿服务。

综合服务输出以下报表清单:

投诉情况一览表、违章情况一览表、维修记录清单、有偿服务清单。公共关系一览表,社区活动一览表。

- 行政管理

明确人员组成及岗位职责，实现人事档案及工资管理来客登记、此模块面向管理处的领导、行政部门。

行政管理输出以下报表清单：

员工登记表、正式员工花名册，临聘工花名册，奖惩记录清单、工资表、工资发放条、部门汇总表、福利发放表。

(3) 通用 MIS 平台

- 数据字典

数据字典是一个对数据库中使用的数据表进行维护的工具。通过数据字典可以在数据库中建立一个新的数据表，修改原有数据库中的数据表，并可对数据库中表属性和字段属性进行设置，也就是让用户自定义自己的输入界面，并加上校验规则，给予用户最大的方便和最小的维护。

- 报表管理

多种自定义报表格式，包括简单型、复合型和汇总型。用户可以自定义报表的名称、需要统计的项目、排序方法、过滤条件、汇总方法、页面的左右和上下间距等内容，支持报表的无级放大和缩小，可进行分组统计，并提供可以形成多种报表模板的工具。

- 通用查询

可按模块，对数据表、数据项、计算项、分组选择、查询条件、结果排序等几项条件进行组合来构造一个具体的查询，并将查询出的结果能够打印成统计图，可另存为 EXCEL、DBF 等文件，并能够在网上进行流转。公司领导可以随时调用实时更新的详细资料，从而快速准确地作出决策。

- 统计汇总

可按时间段、按管理处、按大楼、按部门，完成对多种数据的统计汇总，分析总结工作，统计分析结果能够打印成统计图。

- 操作日志管理

具有应用级的用户操作日志，在进入退出、修改数据、删除数据、备份数据、恢复数据等重要的操作上进行日志记录。系统操作日志管理对应保密或较敏感的数据修改提供跟踪，能清楚地记录数据每次更改的情况（更改人、时间、值、数额等），最大限度的保证系统的安全性和稳定性。

- 用户权限控制

系统能够根据用户的部门及其工作职责，分表单、模块、字段、记录来定义不同的操作权限，保证每一个用户使用的合法性，以保障公司数据的保密及安全。如万能查询统计，只允许公司内的主要领导使用，管理处的工作人员仅能看到本管理处的数据，财务经理有权修改费用单价，收费员只能录入读数进行计算。

- 任务自动提醒

系统会随时校验一些数据的功能，提醒操作人员进行操作。如对于合同到期续签、设备定期保养、欠缴费用追收等任务，系统到时将自动发出提醒，促使相关工作人员完成该任务，从而避免重要公务延误情况的发生。

- 数据同步

实现多个管理处数据库与总公司数据库间同步，以减少分管理处间或分公司与总公司间公用一个数据库专线连接的通信费用，适合并非实时数据要求的场合。

- 文档管理

用户能自己分类管理 ISO 9000 文件、公司规章制度、各种法律法规、岗位职责、技术规范等各种文档，能登记文件的上传者、更改时间、现在的阅读人。

- 主界面对模块的控制

主界面只显示该用户拥有权限的模块。

图附 3 是思源物业管理系统 6.0 版的几个操作界面。

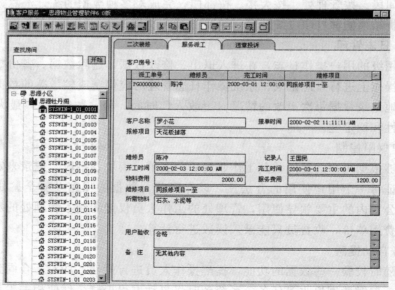

图附 3　思源物业管理系统 6.0 版的操作界面（一）

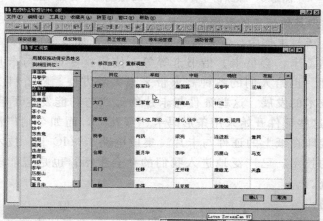

图附3　思源物业管理系统6.0版的操作界面（二）

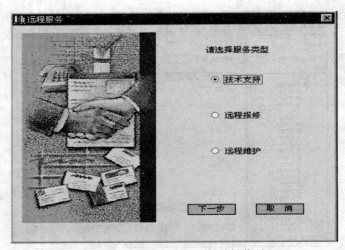

图附3　思源物业管理系统6.0版的操作界面（三）

四、物业及用户其他信息的采集及处理

在现代人的生活与工作中，需要各类证件与卡片，如身份证、驾驶证、通行证、病历卡、住宿卡、储蓄卡、会员卡、借书卡等等。使用这些证件与卡片。既有利于政府与有关部门的管理。也给人们的各种需求带来很大的方便。随着科学技术的进步。尤其是计算机网络技术的发展。这些证件与卡片的形式与功能发生了巨大的变化。自20世纪70年代起。这些证件开始采用条形码卡、穿孔卡，而如今则广泛使用的磁卡与集成电路卡，来替代印在纸上的证件与卡片。集成电路卡（IC卡）技术是正在迅速替代磁卡的一种先进的技术，已广泛地进入我们的社会生活，也是智能建筑中使用得较多的一种智能化系统。

（1）IC卡的特点

IC卡（Intergraded 集成电路卡片）又称智能卡。它把集成电路芯片封装入塑料基片中，外形与普通磁卡做成的信用卡相似，厚度为 0.76～0.08mm。其保存介质是低功耗的互补型金属氧化半导体大规模 IC，通过读写存储在芯片中的数据来达到信息交换的目的。卡内的信息加密后不可复制，与传统的磁卡相比较，IC 卡具有以下优点：

- 使用寿命长。IC 卡的使用寿命是磁卡的 10 倍
- 存储量大
- 抗干扰能力。IC 卡不受电磁的干扰，性能可靠
- 设备故障率较低
- 系统容易维护
- 不易复制，安全性能较高

物业管理以 IC 卡为媒介，杜绝了现金流通，财务管理可以自动建立各种账目，自动生成统计用的各种报表，自动建立卡片库，具有多种灵活方便的查询检索功能。提高了财务处理的效率，堵塞了财务管理的漏洞。

在小区范围内用 IC 卡取代了现金交易，方便了业主。业主通过一张卡就可以完成各种支付、身份认证等多种功能。

卡片管理中心可以对所有的卡片独立控制，使其在安防系统中有效或无效，有利于安

全防范。管理中心能对所有卡片进行加密、注销和挂失等功能。通过设置不同类型的卡片（如工作人员卡和业主卡）能够区别对待小区用户和服务人员。

IC 卡固有的安全性和先进性保证了网上交易，网上支付的可行性和安全性，IC 卡的不可伪造性也保证了安防系统的可靠性。

IC 卡芯片可以写入数据与存贮数据，根据芯片功能的差别，可以将其分为 3 类：
- 存储型：卡内集成电路为电可擦的可编程只读存储器（EEPROM）。
- 逻辑加密型：卡内集成电路具有加密逻辑和 EEPROM。
- CPU 型：卡内集成电路包括 CPU、EPROM、随机存储器（RAM）以及固化在只读存储器（ROM）中的卡内操作系统 COS（Chip Operating System）。

从对 IC 卡上进行信息存储和处理的方式来看可以分为接触卡和感应卡。前者由读写设备的接触点和卡片上的触点相接触接通电路进行信息读写，后者则由读写设备通过非接触式的技术进行信息读写。

由于在 IC 卡问世前，磁卡在全世界已得到广泛应用，因此通常 IC 卡仍保留磁卡的功能，即 IC 卡上按磁卡标准封装磁条，可以与磁卡兼容使用。

（2）IC 卡系统的构成和功能

IC 卡应用系统有两种结构类型：智能终端＋后台主机；IC 卡读写器＋后台主机。整个系统可分为四层，如图附 4。

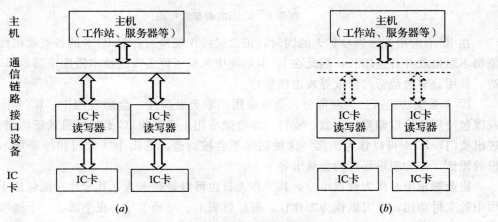

图附 4　IC 卡应用系统的逻辑结构图

图附 4（a）为 IC 卡读写器＋后台主机的系统。这里的主机负责对 IC 卡读卡机送来的应用信息进行处理、存储、显示、打印。小规模系统的后台主机可以是通用 PC 机，规模稍大的系统采用工作站或服务器。IC 卡读写器是控制 IC 卡与后台主机之间的信息交换的界面，读写器上除配有 IC 卡的读写电路外，还配有一套机械装置负责控制 IC 卡的进出，配有读写器的工作电源及与主机通信的接口电路。图附 4（b）为智能终端＋后台主机的系统。后台主机的功能与图附 4（a）相同。智能终端除了具有 IC 卡读写器的全部功能外，在终端上配备了键盘和显示器，以供用户与系统进行信息交互。如用户键入个人密码，查询 IC 卡上的信息等。图中虚线表示在有些应用系统中，IC 卡的智能终端亦可以与后台主机脱网，独立运行。智能终端的内部结构如图附 5 所示。

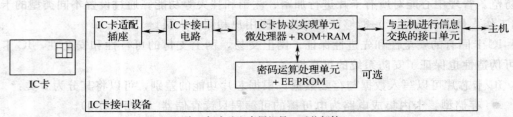

*注：如为独立应用机具，无此部件

图附5 智能终端的内部结构图

IC卡的内部结构如图附6所示。CPU通过触点接收从读写器发送来的指令，经过固化在IC卡内ROM区中的操作COS（Chip Operating System）的分析与执行，访问数据存贮器，进行加密、解密等各种操作运算。

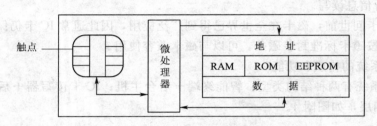

图附6 IC卡的内部结构图

在IC卡应用范围逐步扩大的同时，正常误操作现象与针对IC卡的各类攻击性犯罪现象都不断出现并日益增长，因此在IC卡系统中采取了许多安全技术措施来防范IC卡的伪造、冒用、非法截听与修改等攻击性操作。

IC卡系统功能可分为两部分：金融应用和非金融应用。金融应用中，IC卡作为存折或钱包使用，可以储蓄，取款，支付。非金融应用主要是指IC卡的身份认证功能，包括：进出楼门，IC卡可以作为钥匙，这种钥匙不会被伪造。进出小区大门和停车场，作为身份的凭证。作为娱乐场所的会员卡等。

物业管理中心作为管理单位，其工作人员也可以是持卡人，其卡片功能包括了金融应用中的支付功能，还可以作为工作证、餐厅就餐卡、考勤卡等。在小区"一卡通"应用系统中，所有在小区之内活动的人员都可以是持卡人，卡片包括业主卡、工作人员卡和各种管理卡，此外还可以设置临时卡，作为流动人员的临时身份证，设置会客卡，作为来宾或来访客人的临时身份证等。

小区卡片管理中心负责卡片的发行，挂失和注销等卡片的管理工作，IC卡系统的财务管理，与各消费场所进行金融结算。考虑到小区的多种应用，包含了电子支付，身份认证等各项功能，小区拟采用接触式和非接触式二合一的IC卡（CPU卡），以方便用户使用。

五、家庭联网信号的处理

家庭智能管理是指将业主家中的温/湿度、电器、照明、安全防范、三表数据及对外通信等信号进行集中的智能化操控，使整个住宅运作在最佳状态。它是小区物业管理不可缺少的部分，也是未来住宅智能化的发展趋势。

一般可采用在每户设置"集中控制盒"的方式，来实现业主家庭的智能化管理。

1. 信息采集

收集业主家居运行的各种参数，包括三表数据、居室温湿度等。这些数据既可以在其自带的显示屏上显示，又可以上传至物业管理中心进行统计和计费。

2. 可视对讲

自带可视对讲功能，业主可通过它与访客对讲，观察访客，开启单元门。

可视对讲的门口机配备IC卡接口，本楼住户进入时使用小区发放的IC卡。

3. 家用电器的启停管理

对业主家中的空调等主要电器设备进行控制。

家用电器的控制方式如下：业主在外时可通过双音频电话机或手机拨打专用电话号码，若家中无人应答时，集中控制机自动接听电话，并给业主提供语音信息，业主在语音提示下进行相应的操作，遥控启动或关闭家中空调等电器。

4. 信息服务

业主通过集中控制盒可以了解自己家庭运作的各种参数，如房间温、湿度，三表读数，被控家电状态等，同时可通过网络进行各种交费用的简单查询。并可通过集中控制盒上自带的IC卡接口进行费用的结算。

物业管理部门可通过小区网络及控制盒向业主发出交费通知及其他有关物业管理方面的通知等。

5. 申请社区服务

业主需要维修、搬运、送货等社区服务时，通过集中控制盒提供的直通语音功能可直接同小区的社区服务中心联系。具体操作是，业主只要拿起集中控制机上的听筒并按下社区服务按键，业主就与社区服务人员建立了直接的语音联系，业主说出自己的要求。而社区服务中心的工作站会自动显示出要求服务业主的楼号和房号并记录。

6. 防入侵报警

连接门磁开关、双鉴探头等防入侵探测器，当有入侵发生时及时发出报警信息至物业管理部门和小区保安部门。

集中控制盒具有紧急呼救功能，有紧急情况发生时，业主按动紧急呼救按键通知物业和保安部门采取紧急措施。

集中控制盒的通讯采用直接连接楼中的综合布线然后进入小区通讯主干线的方式，其通信协议采用标准的传输控制协议TCP/IP协议，这种方式保证了集中控制盒通信的开放，高速和信息量，也保证了集中控制盒的功能实现。

7. 自动抄表计费

三表（或称四表、五表）远传计费系统是与住户密切相关的一个智能化系统。它以数字化输出的水表、电表、气表等表具为系统前端计量仪表，住户采集器对前端仪表进行实时采集，并保存采集结果。当物业管理系统主机发出读表指令时，住户采集器立即向管理系统传送多表数据。物业管理主机负责多表数据采集指令的发出、数据的接受、计费、统计、查询、打印，以及将收费结果分别传送到相应公用公司职能部门的计算机上。

思 考 题

1. 智能物业管理的主要特征表现在哪几个方面？
2. 物业管理信息系统软件的功能应覆盖哪些方面？
3. 什么是家庭智能管理？它可以采集和控制哪些家庭联网信号？
4. 实际操作并了解一个物业管理信息系统软件，谈谈你对该软件的功能的实用性、使用的方便性的看法。

参 考 文 献

1. 陆良伟、诸建华. 智能建筑物业管理. 北京：电子工业出版社，2002
2. 赵善嘉等. 智能建筑物业管理教程. 上海：上海人民出版社，2003
3. 叶小莲. 物业管理信息系统. 上海：上海财经大学出版社，2001
4. 龙惟定、程大章. 智能化大楼的建筑设备. 北京：中国建筑工业出版社，1997
5. 程大章. 智能住宅小区工程建设与管理. 上海：同济大学出版社，2003
6. 梁华、梁晨. 建筑智能化系统工程设计手册. 北京：中国建筑工业出版社，2003
7. 左斌. 智能建筑设备手册. 北京：中国建筑工业出版社，2003